기독교문서선교회 (Christian Literature Center: 약칭 CLC)는 1941년 영국 콜체스터에서 켄 아담스에 의해 시작되었으며 국제 본부는 미국 필라델피아에 있습니다.
국제 CLC는 약 650여 명의 선교사들이 59개 나라에서 180개의 서점을 운영하며 이동 도서 차량 40대를 이용하여 문서 보급에 힘쓰고 있으며 이메일 주문을 통해 130여 국으로 책을 공급하고 있는 국제적 문서선교 기관입니다.

추천사 1

이 덕 승 박사
부천열방교회 담임목사

『그리스도인 형성: 신학과 인간 발달 이론의 통합』(Christian Formation: Integrating Theology and Human Development)은 기독교 교육과 사회과학의 인간 발달 이론을 접목해 그리스도인의 성장, 정확하게는 성화의 과정에 대한 이해를 통해 기독교 교육의 목적을 밝힌다. 저자의 주장대로 기독교 교육의 목적이 그리스도인의 성화를 돕는 것이라면 사회과학의 통합적 이해야말로 전 연령층에 걸쳐 참된 그리스도인의 형성을 이루는 데 도움이 된다고 할 수 있다.

특히, 본서는 그리스도인의 문화관을 분명하게 제시한다. 문화에 대한 무조건적 수용이나 배제가 아닌 예수그리스도의 인격과 삶으로 변화시키는 성령의 역사를 통한 궁극적 연합이 바로 본서가 말하는 그리스도인의 문화관이다. 필경 본서는 지금까지도 은연중에 계속되어 온 한국 교회 내의 문화에 대한 논란에 마침표를 찍는 책이라고 할 수 있다.

끝으로 가정을 돌보며, 함께 동역하며, 바쁜 가운데서도 사명감으로 귀한 책을 소개하는 노은성 목사의 열정에 찬사를 보내며 기쁜 마음으로 본서를 추천한다.

추천사 2

정 우 홍 박사
총신대학교 목회신학전문대학원 신약학 교수, 천호동 명성교회 담임목사

본서는 신앙과 영성의 발달에 대한 이해를 인간 발달 이론의 관점에서 해석한다. 분명한 성경적 근거와 사회과학적 근거를 들어 아직까지도 한국 기독교 교육계 내에 깊이 스며 있는 근본주의적 입장, 즉 사회과학이라는 일반계시적 접근을 의도적으로 도외시하거나 배제하려는 입장의 전환을 모색한다.

무엇보다 본서는 기독교 교육의 대상을 성인의 영역으로까지 확대시켰다. 지금까지 기독교 교육에서 주로 다루고 있는 정신분석적, 구조주의적, 신앙발달적, 행동주의적 이론과 더불어 문화적 발달 관점에서 기독교 교육을 해석함으로 기독교 교육에 대한 이해를 한 단계 더 업그레이드시켰다.

끝으로 본서는 기독교 교육은 인생의 어느 시점과 연령에 영향을 미치는 단편적 과정이 아니라 사회복지에서 흔히 회자되고 있는 구호인 "요람에서 무덤까지"처럼 인간의 일생에 걸쳐 영향을 미치는 과정이며, 그 결과가 바로 그리스도인 형성이라는 미완의 완성, 성화임을 거듭 강조하고 있다. 본서는 기독교 교육에 대한 우리의 이해 폭을 한층 넓히는 데 일조할 것이 분명하다.

추천사 3

정 푸 름 박사
치유상담대학원대학교 목회상담학 교수

　교회와 상담 현장에서 많은 사람을 만나다 보면 인간의 신앙과 삶의 경험들이 얼마나 맞닿아 있는지를 절실히 느끼게 된다. 그리스도인은 모두 자신의 신앙을 점검하며 성장해 나가야 하기에 기독교 인간론과 인간 발달 단계에 대한 깊은 이해는 하나님과 우리의 관계를 더 깊게 이어지도록 도울 수 있다.
　본서는 인간론으로 시작하여 그리스도인의 인격 형성과 영성 형성에 영향을 주는 다양한 요인을 체계적으로 잘 설명해 주고 있다. 기독교 교육자뿐만 아니라 사람을 만나고 돌보는 목회자, 상담가, 평신도 모두가 본서로부터 많은 유익을 얻으리라 확신한다. 무엇보다도 역자가 선택하여 성실하고 매끄럽게 번역해 낸 본서를 믿고 추천한다.

추천사 4

황 성 철 박사
총신대학교 신학대학원 은퇴교수

본서는 기독교적 인간 발달은 영적 성장, 즉 그리스도인의 성화임을 분명하게 전제하면서, 이것이 바로 기독교 교육의 목적임을 강조한다. 단언컨대, 그리스도인의 성화라는 이 목적은 현대 복음주의가 지향해야 할 기독교 교육적 과제이기도 하다.

본서는 그 내용 면에서 기독교 교육에 관계된 여느 책보다 훨씬 더 학문적이며 체계적인 정보를 제공하고 있다. 특히 제3장부터 제6장에서 제공하고 있는 인간 발달 이론들은 기존의 인간 발달 이론들이 담고 있는 포괄적 정보들을 체계적으로 정리하여 기독교 교육자들이 반드시 알아야 할 핵심 내용만을 제시함으로 사회과학적 이해에 필요한 시간의 효율성을 극대화했다.

무엇보다도 단순한 이론의 제시로 그치는 것이 아니라 그 이론들에 대한 구체적인 성경적, 신학적 통찰을 제시함으로 기독교 교육자가 실제 교육 현장에서 인간 발달 이론과 그리스도인 형성의 통합적 적용을 고민하도록 유도한다. 역자가 이미 서문에서 밝혔듯이 본서는 트리니티신학교, 남침례신학교, 나사렛대학교 등 미국의 유수한 복음주의 신학교에서 기독교 교육학 분야의 주 교재로 사용되고 있다.

본서가 담고 있는 복음주의 신학을 바탕으로 한 학문적 깊이를 감안할 때 분명 본서는 국내 복음주의 신학교에서 교재로 사용되기에 전혀 손색이 없다. 부디 본서가 기독교 교육을 고민하는 학자들, 학생들, 목회자들에게 널리 읽혀지기를 바란다.

추천사 5

마크 H. 하이네만(Mark H. Heinemann) 박사
Dallas Theological Seminary 기독교 교육학 부교수

본서의 편집자이자 작가인 제임스 라일리 이스텝 주니어(James R. Estep, Jr.)와 조나단 H. 킴(Jonathan Kim)은 많은 사람이 너무나 자주 언급하지만 거의 시도하지 않는 신학과 과학의 통합, 이 경우에는 신학과 사회과학을 통합하려는 철저한 시도를 한데 모아서 보여 주고 있다.

신학과 과학 양쪽에서 파생된 어마어마한 정보를 정리, 해석, 평가한 결과물로 그 내용 면에서 매우 전문적임에도 불구하고 누구라도 쉽게 기독교적 영적 형성과 발달에 대해 이해할 수 있도록 돕는 좋은 안내서이다.

본서는 독자들 모두에게 학문적으로나 실천적으로나 도움이 될 것이며, 앞으로도 계속해서 신학과 사회과학의 통합에 관한 기준으로 자리매김할 것이다.

윌리엄 R. 욘트(William R. Yount) 박사
The Southern Baptist Theological Seminary 기독교 교육학 교수

신앙과 과학 사이의 긴장은 마치 오래전 갈릴레오의 망원경으로 천체를 보는 것을 거부했던 가톨릭 학자들의 거짓된 이야기에 얽매여 있는 것처럼 오래도록 지속되고 있다. 그러나 기독교 교육은 한 발은 성경에, 다른 한 발은 학습 이론, 동기 이론, 성격 이론에 굳건히 뿌리를 내리고 있다.

제임스 라일리 이스텝 주니어와 조나단 H.킴은 우리가 가정, 교회, 학교에서 실용적이고 효과적인 그리스도인 형성을 추구하도록 이끌면서 신학적, 이론적 진리의 협력을 통한 상승 작용에 관한 철저한 성경적 관점을 제공한다.

로저 화이트(M. Roger White) 박사
Azusa Pacific University 명예교수

제임스 라일리 이스텝 주니어와 조나단 H.킴은 명확한 내용을 체계적으로 정리한 이 입문서를 통해 그들의 주제, 즉 신학과 사회과학의 통합에 대한 환영할 만한 초학문적 접근 방식을 제공하여 학문 분야의 전문화로 인해 야기되는 분열에 효과적으로 대응한다.

그리스도인 형성

신학과 인간 발달 이론의 통합

Christian Formation: Integrating Theology and Human Development
Edited by James Riley Estep, Jr, Jonathan H. Kim
Translated by Eun Sung Roh

Copyright © 2010 by James Riley Estep, Jr, Jonathan H. Kim
Originally published in English under the title
Christian Formation: Integrating Theology and Human Development
by B&H Publishing Group,
200 Powell Place, Suite 10,0 Brentwood, TN 37027-7707, USA
All rights reserved.

Translated and printed by B&H Publishing Group.
Korean Edition Copyright © 2025 by Christian Literature Center, Seoul, Korea.
This Korean edition published in arrangement with B&H Publishing Group through Riggins Rights Management.

그리스도인 형성
신학과 인간 발달 이론의 통합

2025년 11월 27일 초판 발행

편 저 자	제임스 라일리 이스텝 주니어, 조나단 H.킴
역 자	노은성

편 집	전희정
디 자 인	박성준, 소신애
펴 낸 곳	(사)기독교문서선교회
등 록	제16-25호(1980. 1. 18.)
주 소	서울특별시 서초구 방배로 68
전 화	02-586-8761~3(본사) 031-942-8761(영업부)
팩 스	02-523-0131(본사) 031-942-8763(영업부)
이 메 일	clckor@gmail.com
홈페이지	www.clcbook.com
송금계좌	기업은행 073-000308-04-020 (사)기독교문서선교회
일련번호	2025-76

ISBN 978-89-341-2885-4 (93230)

이 한국어판 저작권은 Riggins Rights Management 에이전시를 통해 B&H Publishing Group과 독점 계약한 (사)기독교문서선교회가 소유합니다. 신저작권법에 의하여 한국 내에서 보호를 받는 저작물이므로 무단 전재와 무단 복제를 금합니다.

그리스도인 형성
신학과 인간 발달 이론의 통합
Christian Formation
Integrating Theology and Human Development

제임스 라일리 이스텝 주니어, 조나단 H. 킴 편저

노은성 옮김

CLC

사랑과 신실함을 삶으로 보여 주시고,
내 사역에 변함없는 지지를 보내 주신 사랑하는 부모님,
제임스 이스텝(James Estep)과 수 이스텝(Sue Estep), 두 분께
본서를 바칩니다.

제임스 라일리 이스텝 주니어

내가 선생이자 목사로 사역하는 동안
변함없는 사랑과 지지를 보내 준 아내 크리스티(Christie)와
딸 에슐린(Ashlynne)과 케이틀린(Kaitlynne)에게
본서를 바칩니다.

조나단 H. 킴

목차

추천사 1	이 덕 승 박사_부천열방교회 담임목사	1
추천사 2	정 우 홍 박사_총신대학교 목회신학전문대학원 교수, 천호동 명성교회 담임목사	2
추천사 3	정 푸 름 박사_치유상담대학원대학교 교수	3
추천사 4	황 성 철 박사_총신대학교 신학대학원 은퇴교수	4
추천사 5	마크 H. 하이네만 박사 외 2인	5

기고자	14
편저자 서문	15
한국어판 편저자 서문	21
역자 서문	22

제1장	인간론	25
제2장	발달 이론	58
제3장	지적 발달과 그리스도인 형성	87
제4장	인격 발달과 그리스도인 형성	125
제5장	도덕 발달과 그리스도인 형성	148
제6장	신앙 발달과 그리스도인 형성	187
제7장	성인 발달과 그리스도인 형성	238
제8장	영적 발달과 그리스도인 형성	270
제9장	문화 발달과 그리스도인 형성	311

[도표 목록]

도표 1.1: 인간의 특별한 지위로서의 하나님의 형상   41
도표 1.2   43
도표 1.3: 죄 가운데 있는 인간과 그리스도 안에 있는 인간   47
도표 1.4: 인간의 상태   48
도표 1.5: 삼분론에 관한 두 모델   52
도표 1.6: 하나님의 형상(*Imago Dei*)과 발달 이론   57
도표 2.1: 존스의 발달 이론 분류   61
도표 2.2: 통합의 범위   63
도표 2.3: 하나님의 두 계시   69
도표 2.4: 통합의 단계   74
도표 2.5: 신학과 이론   77
도표 3.1: 마음의 차원   89
도표 3.2. 피아제의 사고   92
도표 3.3: 피아제의 지능10   93
도표 3.4: 피아제의 지능 발달 이론   94
도표 3.5: 지능 발달 개요   97
도표 3.6: 사회문화적 발달11   98
도표 3.7: 고차원적 사고와 저차원적 사고   101
도표 3.8: 근접발달 영역(ZPD)   102
도표 3.9: 구약 지혜 문헌의 학습(learning)   105
도표 3.10: 그리스도인 형성에 대한 스키마적 관점과 테마적 관점   109
도표 3.11: 그리스도인 형성의 모형   118
도표 4.1: 에릭슨의 심리사회적 발달   130
도표 4.2: 마르시아의 정체성 지위   135
도표 4.3: 인간 영혼의 특성   136

도표 4.4: 그리스도인의 성화 141

도표 5.1: 도덕 발달 이론들 151

도표 5.2: 콜버그/길리건과 성경 159

도표 5.3: 도덕성의 세 가지 차원 165

도표 5.4: 도널드 조이의 도덕 발달 체계 168

도표 5.5: 클라우스의 포괄적 도덕 형성 171

도표 5.6: 윤리와 도덕에 대한 기독교적 접근 방식 174

도표 5.7: 교회 안에서의 교화, 가치 명료화, 도덕 교육 180

도표 5.8: 인지부조화 야기65 181

도표 5.9: 도덕적 형성을 위한 가르침 182

도표 6.1: 파울러의 언약적 삼자관계(Covenantal Triad) 199

도표 6.2: 하인츠 슈트라이프의 다섯 가지 종교 양식 213

도표 6.3: 종교 및 신앙 발달에 관한 사회과학 이론의 공통점 224

도표 6.4: '신앙'에 대한 관점 분류96 229

도표 6.5: 기독교 신앙 발달을 위한 역동적 모델99 233

도표 7.1: 성경적 진행 단계 250

도표 8.1: 전통적 기독교 순례 295

도표 8.2: 영적 형성 영역 304

도표 8.3: 인간의 여섯 가지 측면 306

도표 9.1: 집단주의와 개인주의의 주요 차이점 317

도표 9.2: 집단주의 vs 개인주의12 319

도표 9.3: 문화 발달 이론15 321

도표 9.4: 문화에 대한 기독교적 관점 330

도표 9.5: 문화와 그리스도인 형성 331

도표 9.6: 신앙의 본질적 영역과 경험적 영역 333

도표 9.7: 문화와 그리스도인 형성에 대한 통합적 성찰 336

기고자

- **제임스 라일리 이스텝 주니어(James Riley Estep, Jr) 박사**
  Dallas Theological Seminary 교육목회학 박사과정 디렉터

- **조나단 H. 킴(Jonathan H. Kim) 박사**
  Talbot School of Theology, Biola University 기독교 사역과 리더십 교수

- **티모시 폴 존스(Timothy Paul Jones) 박사**
  Southern Baptist Theological Seminary 기독교 가정사역 부교수

- **마이클 와일더(Michael S. Wilder) 박사**
  Southern Baptist Theological Seminary 기독교 교육학 조교수, 교육목회 프로그램 박사과정 디렉터

- **그레고리 C. 칼슨(Gregory C. Carlson) 박사**
  Trinity International University 기독교 사역 교수, Church Relations 학장

- **마크 A. 매딕스(Mark A. Maddix) 박사**
  Northwest Nazarene University 신학부 학과장

편저자 서문

제임스 라일리 이스텝 주니어(James Riley Estep, Jr) 박사
Dallas Theological Seminary 교육목회학 박사과정 디렉터

조나단 H.킴(Jonathan H. Kim) 박사
Talbot School of Theology, Biola University 기독교 사역과 리더십 교수

로버트 프로스트(Robert Frost)의 시 〈가지 않은 길〉(The Road Not Taken) (1949)은 갈림길을 마주한 여행자의 딜레마를 보여 준다. 한쪽 길은 사람들이 지나간 흔적이 많이 남겨져 있고 다른 한쪽 길은 사람들이 지나간 흔적은 적지만 "발자취를 남기고 싶은 길"이다.

단풍 든 숲 속에 두 갈래 길이 있더군요.
몸이 하나이니 두 길을 다 가볼 수 없는 나는 서운한 마음으로 한참을 서 있었습니다.

두 갈래 길에 대한 프로스트의 유일한 해결책은 "나는 사람이 덜 지나간 길을 택했고, 그것이 내 운명을 바꿔 놓았습니다"[1]이다. 기독교 교육자들 역시 다른 사람들과 마찬가지로 실제 사역에서 이 같은 딜레마에 직면한다.

---

1 www.internal.org

> 사회과학은 인간을 대상으로 연구하는 학문이다. 기독교 교육자와 가장 관련이 있는 사람들은 인간의 생애에 따른 성장과 성숙을 의미하는 인간 발달과 주로 인간의 인지 또는 지적 능력 발달과 결부된 학습 이론을 다루는 사람들이다.

기독교 교육자는 신학과 이론이라는 두 길 사이에 있다. 신학의 길은 신학자들과 기독교 신앙을 고백하는 모든 사람들이 흔히 지나는 길인 반면, 이론의 길은 과학계에 참여하는 사람들, 이 경우에는 사회과학에 관여하는 사람들로 인해 복잡하다.

그러나 신학과 과학 중 반드시 하나만 선택해야 하는 것일까?

숲 속을 여행할 새로운 제3의 길은 없을까?

『그리스도인 형성: 신학과 인간 발달 이론의 통합』(Christian Formation: Integrating Theology and Human Development, 역자 주: 본서가 의미하는 Christian formation은 '그리스도인으로 자라가기' 또는 '그리스도인으로 성장하기'이다. 그러나 이 역서에서는 사전적 의미인 '그리스도인 형성'으로 번역했다)은 학문적 상황과 교회적 상황 양쪽 모두에서 사용될 수 있는 영적 성숙과 관련된 통합 체계를 제공함으로써 신학과 심리학의 상호 관계를 다룬다.

본서는 발달 이론들에 대한 해석이 인간론 그리고 성화론과 어떻게 만나는지를 연구한다. 본서의 목적은 세 가지이다.

첫째, 그리스도인 형성과 관련된 성경 자료와 인간론(Christian doctrine of humanity)에 관한 신학적 관점을 살펴본다.

둘째, 인간의 발달과 학습에 관한 주요 이론들을 성경적 관점에서 탐구한다.

셋째, 그리스도인의 영적 형성과 발달에 대한 종합적인 개요를 제공한다.

성경의 저자들처럼, 우리 역시 "인간이란 무엇인가"[2] 묻고, 시편 기자가 답했던 것처럼 대답한다.

> 내가 주께 감사하옴은 나를 지으심이 심히 기묘하심이라.
> 주께서 하시는 일이 기이함을 내 영혼이 잘 아나이다.
> 내가 은밀한 데서 지음을 받고 땅의 깊은 곳에서 기이하게 지음을 받은 때에
> 나의 형체가 주의 앞에 숨겨지지 못하였나이다.
> 내 형질이 이루어지기 전에 주의 눈이 보셨으며
> 나를 위하여 정한 날이 하루도 되기 전에 주의 책에 다 기록이 되었나이다(시 139:14-16).

기독교 교육의 핵심 교리는 그리스도인으로 자라가는 것, 즉 그리스도인 형성이다. 바울은 골로새 교회의 성도들에게 다음과 같이 편지했다.

> 우리가 그를 전파하여 각 사람을 권하고 모든 지혜로 각 사람을 가르침은 각 사람을 그리스도 안에서 완전한 자로 세우려 함이니 이를 위하여 나도 내 속에서 능력으로 역사하시는 이의 역사를 따라 힘을 다하여 수고하노라(골 1:28-29).

기독교 교육자들이 헌신하는 궁극적 목표는 신자가 그리스도인으로 형성되는 과정을 돕는 것이다. 기독교 교육자는 두 길을 동시에 걸어가야 한다. 본서의 과제는 사회과학에서 발견한 것들과 교회의 신학을 인간 발달 이론에 대한 독특한 기독교적 관점, 즉 그리스도인 형성과 관련하여 통합하는 것이다.

---

2   성경은 여러 차례 "인간은 무엇인가"라는 질문을 던진다. 때때로 이 질문은 하나님이 인간에게 베푸시는 관심에 대한 놀라움의 표현인 신적 경외와 관련하여 제기된다(욥 7:17; 시 144:3). 다른 경우에 이 질문은 비난(욥 15:4)이나 메시아적 그리스도를 나타내는 문맥(시 8:4-5; 히 2:6-8)에서 사용된다.

1. 가정들

이미 이 글의 목적을 확인했으므로 독자들은 본서의 방향을 보여 주는 세 가지 핵심 가정을 알고 있어야 한다. 이 가정들은 책을 읽을 때 어느 정도는 자명(self-evident)하며, 때로는 그리스도인 형성에 대한 필연적이며 합리적인 접근 방식으로 설명되거나 심지어 옹호될 것이다.

첫째, 그리스도인 형성은 부분적으로 인간적이다. 이 말은 신자의 삶에서 성령의 위치와 참여를 감소시키는 것이 아니라 인간은 하나님과 관계를 맺기 위해 창조되었음을 인정하는 것이다. 그 창조의 일부가 인간의 발달 과정이다. 예를 들면, 영성은 많은 동양 종교나 뉴에이지 그룹에서 말하는 것처럼 육체에서 분리된 별개의 경험이 아니라 인간 존재의 실체를 확증하는 체화된(embodied) 경험이다.

둘째, 우리는 일반적으로 신학에 중점을 두고 신학과 사회과학에서 얻은 정보를 통해 그리스도인 형성의 의미를 이해한다. 신학은 구별된 그리스도인이 되는 영적 형성을 위한 필수적이며 대체 불가한 요소이다. 그러나 사회과학 역시 인생 전반에 걸쳐 그리스도인 형성 과정에 귀중한 통찰력을 줄 수 있다. 예를 들어, 어린이, 청소년, 성인(청년에서 노년)이 수십 년간의 삶을 통해 변화하고, 성장하고, 성숙해진다는 것을 인정할 때, 그리스도인 형성을 설명하고 촉진하는 것은 개인의 발달 수준을 고려해야 하므로 사회과학적 통찰력을 포함시켜야 한다.

셋째, 그리스도인 형성은 교회 사역의 영향을 받을 수 있으며, 사회과학에서 가치 있는 통찰력을 얻을 수 있다. 기독교 교육은 매우 광범위하고 다양한 사역이다. 가령, 어린이 사역은 어린이에 관한 신학뿐만 아니라 아이들이 어떻게 생각하고, 어울리고, 배우는지에 대한 공감도 필요하다. 사회과학은 우리가 목회하는 대상들을 우리보다 더 잘 이해하기 때문에 더 효과적인 목회를 할 수 있게 해 준다.

2. 본서에 대해

본서는 모두 아홉 장으로 구성되어 있으며, 크게 세 부분으로 나눌 수 있다.

제1-2장은 신학과 사회과학의 통합에 대한 기독교적 근거에 관한 통찰력을 제공한다. 기독교 교육자에게 사회과학의 통찰력을 통합하기 위해 하나님의 형상(*Imago Dei*)이라는 인간의 본질적 속성과 이론적 체계를 상기시킨다.

제3-6장은 인간의 발달에 관한 고전적 차원, 즉 지능, 성격, 도덕, 신앙의 발달에 대해 다룬다. 각 장은 각 분야의 주요 목소리와 이론들을 확인할 뿐만 아니라 성경적-신학적 통찰력과 발달 차원에 대한 기독교적 관점으로 사상을 통합한다. 특히, 각 장은 사역을 위한 실질적 점검으로 끝을 맺는다.

제7-9장은 추가적으로 세 가지 전문적 차원의 발달, 즉 성인 발달, 영적 발달, 그리고 문화적 발달을 다룬다. 이 장들은 좀 더 전문적인 장으로 기독교 교육자들의 흥미를 불러일으킨다.

본서를 위해 자신의 소중한 글을 기고해 준 사람들은 현대 복음주의의 다양성을 대변하는 복음주의자들이다. 본서의 기고자이자 공동 편집자는 탈봇신학교(Tallbot School of Theology)에서 기독교 교육을 가르치는 조나단 H. 킴(Jonathan Kim)과 링컨크리스천대학교(Lincoln Christian University) 기독교 교육학 교수로 재직했던 제임스 라일리 이스텝 주니어(James R. Estep)이다. 두 사람은 트리니티신학교(Trinity Evangelical Divinity School) 동기생으로 기독교 교육 박사과정에서 함께 공부했고 1999년 함께 졸업했다.

제6장, "신앙 발달과 그리스도인 형성"은 남침례신학교(Southern Baptist Theological Seminary)의 티모시 존스(Timothy P. Jones)와 마이클 와일더(Michael

Wilder) 두 사람이 함께 집필했다. 티모시는 리더십스쿨(Leadership and Church Ministry)의 부교수로, 마이클은 교육목회 프로그램 박사과정의 디렉터이자 리더십스쿨의 조교수로 학생들을 가르치고 있으며, 복도를 사이에 두고 두 사람의 집무실이 인접해 있기에 공동 집필이 가능했다.

트리니티국제대학교(Trinity International University)에서 기독교 사역 교수이자 학장으로 섬기는 그레고리 C. 칼슨(Gregory C. Carlson)은 제7장, "성인 발달과 그리스도인 형성"을 집필했다.

제8장, "영적 성장과 그리스도인 형성"을 기고한 마크 A. 매딕스(Mark A. Maddix)는 나사렛대학교(Northwest Nazarene University) 신학부의 학과장이며, 제임스 라일리 이스텝 주니어, 조나단 H.킴과 함께 트리니티 신학교에서 공부했다.

어쩌면 본서의 숨겨진 의제(agenda)는 기독교 교육자들과 다른 기독교 지도자들이 더 이상 신학과 사회과학 이론을 서로 독립적이거나 심지어 적대적인 것으로 간주하지 않고, 그리스도인 형성과 관련하여 상호의존적인 것, 즉 그리스도 안에서 성장 과정과 그 결과를 이해하기 위해 함께 노력하는 협력자로 간주한다는 것이다.

2009. 10.

한국어판 편저자 서문

제임스 라일리 이스텝 주니어(James Riley Estep, Jr) 박사
Dallas Theological Seminary 교육목회학 박사과정 디렉터

조나단 H. 킴(Jonathan H. Kim) 박사
Talbot School of Theology, Biola University 기독교 사역과 리더십 교수

우리의 책, 『그리스도인 형성: 신학과 인간 발달 이론의 통합』(*Christian Formation: Integrating Theology and Human Development*)이 한국어로 출간되게 되어 너무 기쁘게 생각합니다.

본서는 기독교적 관점에서 인간의 발달에 초점을 맞춘 책으로, 인간은 모두 하나님이 형상(*Imago Dei*)로 창조되었고, 창조된 인간성은 죄로 말미암아 타락하고 손상되었지만, 하나님의 형상은 여전히 우리 안에 남아 있다는 본질적인 주장에서 출발합니다.

본서는 우리가 섬기는 사람들을 더 잘 이해하기 위해 사회과학과 성경에서 수집한 통찰력을 사용하여 인간 발달의 다양한 측면을 다루고 있습니다. 궁극적으로 본서를 읽는 독자 여러분은 인간이 된다는 것이 무엇을 의미하는지를, 그리고 요람에서 무덤에 이르기까지 삶의 전 영역에 걸쳐 사역하는 방법을 더 잘 이해할 수 있게 될 것입니다.

모쪼록 본서가 한국의 신학교와 목회현장에서 수고하는 모든 주의 종에게 미력하게나마 도움이 되길 소망합니다. 끝으로, 본서를 한국의 독자들에게 소개하기 위해 번역으로 함께한 노은성 박사에게 심심한 감사를 드립니다.

역자 서문

노은성 박사
전주온누리교회 담임목사

   2010년에 출간된 본서가 이제서야 한국에서 출간되게 된 것은 어쩌면 역자 본인의 게으름 때문인지도 모르겠다. 필자가 본서를 처음 접하게 된 것은 남침례신학교(The Southern Baptist Theological Seminary) 박사과정 수업에서 였다. 마이클 와일더(Michael Wilder) 교수와 함께 본서 제6장을 공동 집필한 티모시 존스(Timothy P. Jones) 교수가 이끄는 세미나의 주 교재가 바로 본서였다.

   당시 본서를 통해 많은 유익을 얻었던 역자는 본서가 한국에 소개되면 참 좋겠다는 생각을 잠깐 가졌었고, 모든 공부를 마치고 한국에 와서 현장 사역을 하는 가운데서도 가끔씩 책꽂이에 꽂혀 있는 본서를 볼 때마다 하루 빨리 누군가 소개해 주면 좋겠다는 생각을 하곤 했다.

   목마른 사람이 우물을 판다고 했던가?

   결국, 역자가 직접 번역을 시작했고, 마침내 본서가 출간되게 되었다.

   본서는 기독교 교육을 위한 책이다. 혹자는 교회 안에서 아이들 또는 청소년들을 잘 돌보기 위한 프로그램을 개발하고 그 프로그램을 목회 현장에 접목시키는 것이 기독교 교육의 핵심이라고 말한다. 그러나 방법론에 중점을 둔 이런 접근 방식이 불편한 사람들은 기독교 교육의 핵심은 방향성에 있음을 강조하면서 피교육자의 행동 교정과 더불어 신앙(faith)의 전수가 기독교 교육의 핵심 목표라고 말한다.

사실 조금만 생각해 보아도 방법론과 방향성이라는 두 관점 모두가 기독교 교육의 핵심 요소임을 알 수 있다. 그런데 문제는 이 두 관점이 실제 기독교 교육에서 실천될 때 드러나는 한계, 즉 교육의 대상을 일정 연령으로 제한하는 한계를 당연시하는 환경에 우리가 너무도 익숙해져 있다는 것이다.

본서는 작금의 기독교 교육이 가지고 있는 이런 한계를 단호히 배제한다. 그래서 본서가 강조하고 있는 것이 바로 "그리스도인 형성"(Christian Formation)이다. 편저자를 비롯해 각 장의 저자는 한목소리로 기독교 교육의 목표는 바로 그리스도인 형성을 돕는 것이라고 말한다. 저자들이 말하고 있는 그리스도인 형성의 의미는 우리가 막연히 상상하고 있는 어떤 이상적인 그리스도인을 만드는 것이 아니라 일평생에 걸쳐 점진적으로 더욱 더 그리스도인답게 성장해 가는 과정(process)을 의미하며, 이 의미는 자연스럽게 그리스도인의 성화와 연결된다.

요약하면, 기독교 교육의 궁극적 목적은 그리스도인이 더욱 더 그리스도인답게 성장하는 과정, 즉 그리스도인의 성화를 돕는 것이며 그 방법론으로 제시된 것이 바로 인간을 대상으로 연구하는 사회과학과의 통합이다. 본서의 저자들은 신학을 특별계시로, 사회과학을 일반계시로 이해하면서 신학과 사회과학의 조화야말로 실질적인 그리스도인 형성을 위한 최선의 방법임을 강조한다.

본서는 그리스도인 형성을 위한 신학과 사회과학의 통합을 위해 가장 먼저 성경이 말하는 인간의 본질적 속성에 대해 분명히 밝히면서 인간에 대한 성경적 이해의 토대를 구축하고, 구속사적 입장에서 인간이 회복해야 할 하나님의 형상이 바로 기독교 교육의 목표인 그리스도인 형성임을 강조하면서, 신학과 사회과학의 통합적 입장이야말로 그리스도인 형성을 이해하기 위한 가장 바람직한 학문적 자세임을 자연스럽게 강조한다.

무엇보다 본서는 고전에서 현대에 이르는 인간 발달 이론을 구체적으로 제시함과 동시에 각 발달 이론이 담고 있는 그리스도인 형성에 대한 의미를 제시하면서 기독교 교육이 가지고 있는 그리스도인 형성이라는 목적에 대한 방향성을 시종일관 견지할 뿐만 아니라 기독교 교육자들에게 목표 의식을 계속해서 일깨워 준다. 그리고 각 장의 마지막 부분에서 복습을 위한 질문을 제시하여 독자들로 하여금 본서의 내용을 숙지함과 동시에 자신의 것으로 체화할 수 있도록 배려하고 있다.

사회과학 이론을 그리스도인의 성화적 입장에서 해석한 본서는 특별히 신학교에서 기독교 교육을 가르치고 배우는 이들에게 많은 도움이 될 것이라고 확신한다.

끝으로 부족한 본인이 본서를 귀한 독자들에게 소개할 수 있음을 영광으로 생각하며 하나님께 감사드린다. 번역에 일천한 필자에게 기회를 주신 기독교문서선교회(CLC)의 대표 박영호 목사님과 본서의 출판을 위해 수고하신 모든 분께 감사를 드린다. 혹여 이해하기 난해한 문장이 있다면 이는 전적으로 번역자인 본인의 학문적 부족함 때문임을 말씀드린다.

ALL TRUTH IS GOD'S TRUTH.
전주 온누리교회 목양실에서

제1장

인간론

하나님의 형상(*Imago Dei*)으로서의 인류

제임스 라일리 이스텝 주니어(James R. Estep Jr.)

> 주의 손가락으로 만드신 주의 하늘과 주께서 베풀어 두신 달과 별들을 내가 보오니 사람이 무엇이기에 주께서 그를 생각하시며 인자가 무엇이기에 주께서 그를 돌보시나이까 그를 하나님보다 조금 못하게 하시고 영화와 존귀로 관을 씌우셨나이다 주의 손으로 만드신 것을 다스리게 하시고 만물을 그의 발 아래 두셨으니(시 8:3-6).

인간이 된다는 것은 무슨 의미일까?
무엇이 우리를 인간으로 만드는가?
텔레비전에서 방영된 다큐멘터리 〈유인원에서 인류로〉(*Ape to Man*)는 진화론의 역사가 지난 2세기에 걸쳐 그 베일을 벗었다고 소개한다. 이 다큐는 과학적으로 "인류의 기원을 알아내기 위한 탐구"를 연대순으로 기록하고 있다.[1]

다큐는 묻는다.
"어디까지 유인원이고, 어디부터 사람일까?"
다큐는 이 질문을 시작으로 그 유명한 사라진 연결고리(missing link, 역자 주: 진화 과정에서 유인원과 인간 사이에 존재했을 것으로 추정되지만 그 화석은 발견되지 않은 동물)를 찾는 조사를 한다. 현대 진화론은 인간의 진화를 수백만 년에 걸쳐 연속적으로 이어진 선이 아니라 오히려 여러 갈래로 갈라지고 단절된 선으로 간주하고 있지만, 여전히 인류의 기원을 나타내는 공통적인 "인간 가계도의 뿌리"를 찾는 일을 계속 하고 있다.

> 그러나 우리를 인간으로 만드는 것은 무엇인가?
> 무엇을 찾을 수 있을까?
> 우리를 인간으로 만드는 결정적 표식은 무엇인가?
> 우리의 인간성은 뇌의 크기, 두개골의 용량의 문제인가?

---

1 "Ape to Man," History Channel documentary (Arts & Entertainment Television Network, 2005). www.historychannel.com

돌을 가지고 도구를 만들어 사용하거나 불을 사용하는 것이 우리가 인간임을 의미하는가?
언어의 발달이나 직립 보행 능력이 인류의 탄생을 알리는 신호였을까?[2]
진화론은 삶에서 이해하기 어려운 본질적인 질문, 즉 우리를 인간답게 만드는 것은 무엇인가?

이 질문의 해답을 찾는 이론이다.

그리스도인에게 있어서 이 질문은 그다지 이해하기 어려운 질문은 아니다. 우리는 그 해답을 진화론이 아닌 성경에서 찾을 수 있기 때문이다.

성경은 우리가 인간인 이유를 하나님의 형상으로 만들어졌기 때문이라고 말한다. 우리는 하나님의 이미지, 즉 하나님의 형상(Imago Dei)을 지닌 사람들이다. 하나님의 형상은 하나님의 창조 안에서 인간만이 갖는 본질적 특별함이다. 아마도 하나님의 형상을 가장 잘 보여 주는 것은 진화도에 그려진 인간과 시스티나 성당(Sistine Chapel)의 천장(역자 주: 시스티나 성당의 천장에는 미켈란젤로의 '천지창조'가 그려져 있다)에 그려진 인간의 차이일 것이다. 하나님의 형상은 우리를 창조하신 하나님의 신성한 표식이다.

학습, 발달 및 수명의 변화에 관한 사회과학 이론이 모든 측면에서 성장 과정을 설명하는 반면, 기독교 교육자는 우리의 인간성은 사회과학이 발견할 수 있는 것 이상이라는 점, 즉 하나님의 형상임을 기억해야 한다. 인간에 대한 성경의 가르침은 하나님의 형상 그 이상을 포함하지만, 인류학에 대한 기독교적 이해의 중심은 하나님의 형상을 지닌 인간이다.

제1장은 인간에 대한 교리를 철저히 다루기 위한 장이 아니다. 이 장은 기독교 교육자에게 인간에 대한 우리의 이해는 사회과학뿐만 아니라 신학, 즉 성경이 인간에 대해 가르치는 것에 더 기반을 두고 있다는 사실을 다시금 일깨우기 위한 장이다. 이를 위해 우선 성경 구절들을 찾고, 그 가르침

---

[2] Ibid.

을 요약하여 제공함으로 인간에 대한 성경의 밑그림을 하나님의 형상이라고 설명할 것이다.

그런 후에는 하나님의 형상의 의미와 본질에 대해 신학적으로 살펴보고, 이를 통해 죄(아담과 우리의 죄)가 인류에 미치는 영향을 평가하면서 인간의 상태를 평가할 것이다.

끝으로 이 장은 하나님의 형상에 대한 통합적 관찰뿐만 아니라 기독교 교육에서의 발달 이론으로 마무리될 것이다.

1. 하나님의 형상(Image Dei)으로서 인간에 대한 성경의 밑그림

우리는 "태초부터" 인간만이 가지는 고유하고 특별한 차이를 접하게 된다. 창세기 1장 26-28절은 다음과 같이 말한다.

> 하나님이 이르시되 "우리의 형상(image)[*tselem*]을 따라 우리의 모양(likeness)[*demuth*] 대로 우리가 사람을 만들고 그들로 바다의 물고기와 하늘의 새와 가축과 온 땅과 땅에 기는 모든 것을 다스리게 하자"하시고 하나님이 자기 형상[*tselem*] 곧 하나님의 형상[*tselem*] 대로 사람을 창조하시되 남자와 여자를 창조하시고 하나님이 그들에게 복을 주시며 하나님이 그들에게 이르시되 "생육하고 번성하여 땅에 충만하라, 땅을 정복하라, 바다의 물고기와 하늘의 새와 땅에 움직이는 모든 생물을 다스리라" 하시니라(창 1:26-28).

상호적인 두 단어, 형상(image)과 모양(likeness)에 관해서는 많은 의견이 있다. 주로 형상(image)으로 번역된 첼렘(*tselem*)은 어떤 것을 자르거나 조각했다는 물리적 표현을 의미하는 반면, 모양(likeness)을 말하는 데무트(*demuth*)는 원본과 유사함을 지닌 비슷한 존재라는 개념을 전달한다.[3]

---

[3] Cf. Francis Brown, S.K. Driver, and Charles Briggs, *Hebrew and English Lexicon*, 198, 854; *PC Study Bible V5 Beta* (2008) edition.

첼렘은 보통 어떤 것의 물질적 표현과 관련이 있는데, 이 경우에는 창조주와 관련이 있는 반면, 데무트는 본질상 절대로 물질적이지 않은 표현들과 관련이 있다는 것에는 대체로 이견이 없다. 그러나 형상/모양의 구체적 관계는 폭넓게 논의 중이다.[4]

예를 들어, 서방교회는 역사적으로 두 용어를 동의어 또는 상호 교환이 가능하다고 여긴 반면, (AD 180년 이레니우스로 시작되는) 동방교회는 각 용어가 인간 안에 있는 하나님의 형상의 특정 영역을 지칭하기 때문에 동의어가 아닌 유사한 병행어로 간주했다. 그런데도 "두 단어 모두 우리에게 인간이 어떤 면에서 하나님과 비슷한 모습을 가지고 있음을 말하고 있다"[5]는 것은 명백하다.

모세는 이 두 단어를 통해 우리가 하나님의 형상을 지닌 하나님의 대리자임을 보여 주는데, 이는 고대 근동에서 사용된 유사한 문구와 일치한다. 예를 들어, 이집트에서 파라오는 (이집트 신들 중 최고 신) 라(Ra)의 형상을 지닌 자, 즉 지상에 있는 라의 대리인으로서[6] 고대 이집트에서 이 지위는 전형적으로 왕족에게만 주어졌다.

구약성경은 드러내 놓고 모든 인간을 하나님의 형상을 지닌 자, 즉 창조 안에서 하나님을 대리하는 임무를 맡은 자로 간주한다. 창조 안에서 우리는 창조주 하나님의 현세적 대리자이다.

창세기 1장의 표현과 감정은 인간의 독특성과 관련하여 구약 전체에 반영되어 있다. 구약에서 창세기 1장 다음으로 형상/모양의 표현이 나오는 구절은 창세기 5장 1-2절로 인간 창조의 독특성과 창조 안에서 인간이 가지는 특별한 위치를 재확인한다. 형상/모양은 창세기 9장 6절에서 한 번

---

[4] Cf. Gordon J. Wendham, *Genesis 1-15, Word Biblical Commentary*, Volume 1 (Waco, Texas: Word Books), 29-33; Edward M. Curtis, "Image of God (OT)," *Anchor Bible Dictionary*, Volume 3, 389.

[5] Anthony A. Hoekema, *Created in God's Image* (Grand Rapids: Eerdmans Publishing Company, 1986), 13. 하나님의 형상의 물리적 특성에 대한 논의는 Gerhard Von Rad, *Genesis* (Philadelphia: Westminster Press, 1972), 58-9를 보라.

[6] Curtis, 390-1; Von Rad, 58.

더 나타난다.

> 다른 사람의 피를 흘리면 그 사람의 피도 흘릴 것이니 이는 하나님이 자기 형상대로 사람을 지으셨음이니라(창 9:6).

인간 생명의 가치를 동물의 목숨과 같은 수준에 놓고 상대적으로 인간의 생명이 동물의 목숨보다 더 중요하다고 치부할 수 없다. 우리가 하나님의 형상으로 만들어졌다는 것은 "왜 인간의 생명은 특별히 보호되지만 동물의 생명은 그렇지 않은지에 대한 이유를 설명해 준다."[7] 살인죄는 사형에 처해질 정도로 인간의 생명은 신성하다. 하나님의 형상에는 윤리적 함의가 수반된다.

시편 기자는 "하나님의 형상"이라는 표현을 사용하지는 않았지만, 시편 8편을 통해 창조에서 인간이 가지는 독특성, 중요성 및 위치를 확언함으로 "하나님의 형상"을 분명히 반영했다. 시편 8편의 시작과 끝은 "여호와 우리 주여 주의 이름이 온 땅에 어찌 그리 아름다운지요"(1a, 9절)라는 단언이지만, 그 내용은 주님의 창조 안에 있는 인간의 위치에 초점을 맞추고 있다.

> 사람이 무엇이기에 주께서 그를 생각하시며 인자가 무엇이기에 주께서 그를 돌보시나이까 그를 하나님보다 조금 못하게 하시고 영화와 존귀로 관을 씌우셨나이다 주의 손으로 만드신 것을 다스리게 하시고 만물을 그의 발 아래 두셨으니(시 8:4-6).

성경은 다시 한번 인간의 독특성과 창조 안에서 인간의 구별된 위치를 단언한다. 시편 기자는 7-8절, "곧 모든 소와 양과 들짐승이며 공중의 새와 바다의 물고기와 바닷길에 다니는 것이니이다"에서 인간이 다스리는 피조물들을 나열함으로 "만물이 인간의 발 아래 있다"는 주제를 계속 이어 가고 있다.

---

[7] Wenham, 194.

바벨론의 창조 서사시에 반영된 것과 같은 고대 메소포타미아의 관점과 비교하면, "이스라엘 민족의 사고방식에서 인류의 지위는 매우 높았다."[8] 즉, 인간은 단순히 일에 지친 신들의 종으로 간주되기보다는 하나님의 형상으로 창조된 존재이며, 인간의 존엄성은 하나님의 형상처럼 인간 내면에 내재된 것이 아니라 섬김을 통해 성취된 것이다. 구약성경은 하나님의 형상을 지닌 자로서 모든 인간의 가치와 타고난 가치를 단언한다.

1) 신약에 나타난 하나님의 형상(*Imago Dei*)

하나님의 형상이라는 개념과 표현은 구약성경에만 국한되지 않는다. 신약성경 안에도 하나님의 형상을 지닌 자로서 인간에 대한 많은 언급이 있으며 이는 구약성경에 기록된 내용들과 유사하다. 구약성경과 마찬가지로 신약성경의 저자들 역시 거의 동의어와 다름없는 두 용어를 사용하는 것 같다. 신약의 저자들은 히브리어 첼렘(*tselem*)과 유사한 헬라어 아이콘(*eikōn*)을, 그리고 히브리어 데무트(*Demuth*)와 유사한 헬라어 호모이오신(*homoiōsin*)을 주로 사용한다.

예를 들면, 고린도전서 11장 7절은 사람, 특히 남성을 가리켜[9] "하나님의 형상[*eikōn*]과 영광"이라고 표현한다. 마찬가지로 야고보는 자신의 독자들에게 혀를 사용하여 "주 아버지를 찬송하고 또 하나님의 형상[*homoiōsin*]대로 지음을 받은 사람을 저주"(약 3:9)하는 모순을 경고한다.

8　*IVP Bible Background OT*, Psalm 8:4-6 in *PC Study Bible V5 Beta* (2005).
9　일부 주석가는 이 진술을 사도 바울이 고린도인들의 태도나 입장을 반영하거나, 고린도식 슬로건 또는 유대인들의 랍비적 전통을 반영한 것이라고 간주하지만, 고린도전서 11장 11-15절에서 좀 더 그리스도의 입장에서 교회 내부의 남녀 구별을 보려는 사도 바울에 비추어볼 때 반드시 그의 견해라고 볼 수는 없다. Gordon Fee, *The First Epistle to the Corinthians* (Grand Rapids: Eerdmans Publishing, 1987), 491-512 and David E. Garland, *1 Corinthian: Exegetical Commentary of the New Testament* (Grand Rapids: Baker Book House, 2003), 505-23를 참조하라.

이 마지막 구절에서, 하나님의 형상은 창세기 9장과 마찬가지로 도덕적 암시의 근거와 동일시된다는 사실에 주목해야 한다. 우리는 하나님의 형상을 지닌 사람들이기 때문에, 하나님의 형상을 지닌 다른 사람과의 관계 역시 하나님과의 관계와 일치해야 한다.

그러나 신약성경에서만 볼 수 있는 독특한 요소는 하나님의 형상에서 기인한 기독론이다. 바울은 골로새 교회의 성도들에게 보낸 편지의 인사말에 그들에게 친숙했을 찬송가나 초기 신조들을 포함시켰다.[10]

바울은 인사말에서 그리스도에 대해 다음과 같이 단언한다.

> 그는 보이지 아니하는 하나님의 형상이시요 모든 피조물보다 먼저 나신 이시니(골 1:15).

바울은 골로새서 3장 9b-10절에서 하나님의 형상을 지닌 자 개념을 보다 구원론적 관점에서 바라보도록 한다.

> 옛 사람과 그 행위를 벗어 버리고 새[neos] 사람을 입었으니 이는 자기를 창조하신 이의 형상을 따라 지식에까지 새롭게[anakainoumen] 하심을 입은 자니라(골 3:9b-10).

이 구절은 분명 창세기의 창조 이야기에 대한 언급이지만 새로운 정황을 담고 있는 구절이다. 이 구절의 기본 요지는 그리스도인으로서 우리는 새로운[neos] 상태에 있다는 것이다. 우리는 새로운 피조물이며, 창조주의 형상에 따라 우리 자신의 형상을 재형성하는 과정[anakainoumen]에 있다.

바울은 완료 분사를 사용하여 진행 중인 의미와 함께 완료된 행동을 나타낸다. 즉, 우리는 새롭고 계속해서 새롭게 된다. 이것은 고린도후서 5장 17절과 일치한다.

---

10 Cf. Markus Barth and Helmut Blanke, *Colossians: The Anchor Bible* (New York: Doubleday, 1994), 194-5; Curtis Vaughan, "Colossians The Expositor's Bible Commentary: Ephesians-Philemon," *Volume11* (Grand Rapids: Zondervan Publishing House, 1978), 181.

> 그런즉 누구든지 그리스도 안에 있으면 새로운 피조물이라 이전 것은 지나갔으니 보라 새 것이 되었도다(고후 5:17).

신약성경에서 하나님의 형상은 인류학적일 뿐만 아니라 그리스도 안에서 인간의 정체성에 대한 개념에 새로운 차원을 더한다.

2) 일반적인 성경적 고찰

(1) 인간 존재와 정체성은 하나님께 달려 있다

성경은 인간의 창조를 삼위일체 하나님의 직접적인 의도로 묘사하고 있다.

> 우리의 형상을 따라 우리의 모양대로 우리가 사람을 만들고 … (창 1:26).

인간의 기원은 하나님께 있으며 하나님이 없었다면 인간은 존재하지 않았을 것이다. 인간으로서, 또 한 사람의 개인으로서 우리의 정체성은 하나님의 형상대로 창조된 인간의 존재 자체와 결부되어 있다.

(2) 인간은 다른 피조물과 달리 독특하고 구별되게 창조되었다

인간은 하나님의 창조의 한 부분이지만, 단순한 일부가 아니다. 창세기 1장과 2장은 인간의 창조가 다른 피조물들의 창조와는 확실히 달랐다고 단언한다. 그 어떤 피조물도 창조주의 형상이라는 특별한 표식을 지니고 있다고 주장할 수 없다. 피조물의 일부로서 인간 역시 유한하고 시간의 제약을 받는다. 그러나 우리는 인간에게 주어진 한계를 알도록 하는 하나님의 형상을 지니고 있다는 점에서 다른 피조물과는 다르다.

(3) 인간은 모든 피조물 위에 있다

인간의 창조는 창조 행위의 절정이었고, 따라서 하나님은 인간에게 다음과 같은 특별한 목적을 주셨다.

> 하나님이 그들에게 복을 주시며 하나님이 그들에게 이르시되 생육하고 번성하여 땅에 충만하라, 땅을 정복하라, 바다의 물고기와 하늘의 새와 땅에 움직이는 모든 생물을 다스리라(창 1:28).

인간이 가지는 특별함은 피조물 안에서 인간의 위상이다. 모든 창조의 날이 하나님이 보시기에 "좋았다"(1:4, 10, 12, 18, 21, 25). 그러나 인간, 즉 남자와 여자(1:26-30)를 창조하신 이후에 하나님은 시편 기자가 시편 8편에서 다시 언급했던 것처럼 "지으신 그 모든 것을 보시니 보시기에 심히 좋았더라"(1:31a, 강조 추가)라고 평하셨다. 인간은 하나님의 창조 사역의 정점이다.

(4) 모든 인간은 성별에 관계없이 똑같이 하나님의 형상을 지녔다

가정 또는 사회에서 인식되는 남녀의 차이와는 상관없이, 성경은 하나님의 형상이 남자와 여자 안에 차별없이 동등하게 존재한다고 단언한다. 우리 모두는 하나님의 형상을 반영하는 공통된 인간성을 가지고 있다. 성별은 타락의 일부가 아니라 창조된 질서의 한 부분, 즉 하나님의 의도적 설계이다. 하나님의 형상은 남자 50퍼센트 또는 여자 50퍼센트가 아니라 남녀가 똑같이 100퍼센트를 공유한다. 남녀의 차이는 타락 이후에 비로소 강조되었다.[11]

형상(image)과 모양(likeness)은 아주 유사하지만 완전한 동의어는 아니다. 그러나 두 용어 모두 우리가 하나님을 형상화하고 있다는 개념을 전달한다

---

11 Cf. Allan F. Johnson and Robert E. Webber, *What Christians Believe: A Biblical and Historical Summary* (Grand Rapids: Zondervan Publishing Company, 1989), 191-2

신구약 성경의 첼렘(*tselem*)/데무트(*Demuth*), 아이콘(*eikōn*)/호모이오신(*homoiōsin*)은 인간 존재의 어떤 특정 요소나 차원이 인간 안에 있는 하나님의 형상을 반영하고 있는지를 확인하는 것이라기보다는, 보다 전인적 표현을 의미한다. 하나님의 형상은 전인적 이미지로 인간 전체를 아우른다. 우리는 육체적, 물질적 실재와 정신 또는 영적 삶을 분리할 수 없으며, 하나가 다른 것보다 더 "실재적"이라고 생각할 수 없다.

(5) 죄와 타락에도 불구하고 인간은 여전히 하나님의 형상을 지니고 있다

창조와 타락 이후에도 성경의 저자들은 계속해서 하나님의 형상을 지닌 자로서 인간의 가치와 존엄을 말하고 있다. 아담과 하와의 타락에서 죄로 말미암아 잃어버린 것이 무엇이든 하나님의 형상은 그대로 남아 있다. 죄로 인해 인성은 망가졌고, 죄의 영향을 받지만 우리는 여전히 하나님의 형상을 지니고 있다.

로널드 하버마스(Ronald Habermas)는 하나님의 형상에 관한 세 가지 "실제적 차원"을 다음과 같이 밝히고 있다.

첫째, 하나님의 형상은 다른 사람에 대한 "변화된 태도"를 가능하게 한다.
둘째, 하나님의 형상은 다른 사람을 대하는 방식에 대해 "변화된 행동"을 요구한다.
셋째, 하나님의 형상은 모든 인류의 "다양성에 대해 더 큰 감사"를 불러일으킨다.[12]

---

[12] Ronald T. Habermas (1993), "Practical Dimensions of the Imago Dei," *Christian Education Journal*, 13 (2): 90-1.

(6) 하나님의 형상은 윤리적 함의를 수반하는 인간 존엄성의 기초이다

인간은 야고보서에서 언급한 바와 같이 서로를 대하는 적절한 방법을 확인하는 것에서부터 창세기 9장에서 처음 지적한 것처럼 하나님의 형상으로 만들어진 다른 사람을 살해하는 사람에 대한 사형에 이르기까지 특별한 배려를 받아야 한다.

인간은 하나님의 피조물 중 또 다른 영역인 동물처럼 취급받아서는 안 된다. 인간은 그야말로 하나님의 형상을 지닌 존재이기 때문에 사회적 계급, 신분, 모습에 관계없이 상호 존중과 윤리적 대우라는 기본적 수준을 요구한다.

(7) 신약성경 속 하나님의 형상은 인류학적 의미 외에도 기독론과 구원론적 의미를 담고 있다

성경은 인간의 핵심 본질이 하나님의 형상임을 단언한다. 하나님의 형상이 성경적 인간론의 핵심이다. 그러나 이 형상은 또한 그리스도 예수의 인격과 새로운 피조물로서 그리스도를 따르는 사람들, 즉 골로새서에 묘사된 것처럼 창조주의 형상을 계속해서 닮으려는 사람들에게 적용된다.

이제 이런 성경 구절들과 기조에서 좀 더 신학적 논의로 눈을 돌리도록 하겠다. 지금까지 살펴본 성경 구절들이 기독교 인류학의 기본적인 밑그림을 제공한다면, 신학은 기독교적 관점에서 인간에 대한 철저한 이해를 위한 보다 완벽한 그림을 제공할 것이다.

2. 하나님의 형상(Imago Dei)으로서 인간에 대한 신학적 묘사

성경은 인간을 가리켜 하나님의 형상을 지닌 존재라고 분명히 단언한다. 그렇다면 하나님의 형상은 정확하게 무엇을 의미하는 것일까?

신학자들은 다양한 방법으로 하나님의 형상을 규명하기 위해 노력했다.

하나님의 형상은 인간인 우리의 일부인가?

아니면 우리가 하는 일 또는 다른 어떤 것의 일부인가?

하나님의 형상에 대한 궁금증을 정확히 파악하기 위한 시도의 결과가 다음 네 가지 일반적 관점이다.

1) 실재론적 관점(*substantive view*)

가장 자주 언급되는 관점으로서 하나님의 형상을 인간의 육체적, 심리적, 윤리적, 영적 특징과 같은 요소들 중 하나 또는 그 이상으로 정의할 수 있다고 주장한다. 아마도 실재론적 관점은 인간 안에 있는 하나님의 형상을 식별하는 데 사용되는 가장 흔한 방법일 것이다.

예를 들어, 창세기 1장 26-27절의 히브리어 첼렘(형상)은 "여호와 하나님이 땅의 흙으로 사람을 지으시고"(창 2:7)처럼 일반적으로 물질적 표현을 나타낸다. 마찬가지로 인간의 이성 또는 지적 독특성은 동물의 이름을 짓고(창 2:19-20) 여자의 이름을 이브라고 짓는(창 2:22-24) 아담의 능력에서 볼 수 있다.

또한, 인간의 윤리적 도덕적 능력은 도덕적 명령을 받아들이고(창 2:7), 도덕적 정직함을 표현하거나(창 2:25), 범죄 후 죄책감을 보이는 것으로(창 3:7) 입증된다. 이런 특성들은 실제로 인간을 다른 하나님의 피조물들과 구별되게 만든다. 그러나 이 모든 특성 중에서 인간의 특별함을 가장 쉽게 식별하고 구별할 수 있는 것은 우리의 영적 능력일 것이다. 영성은 이미 확인된 다른 모든 특성에 실제로 영향을 미치고 교감한다.

실재론적 관점은 하나님의 형상을 정의하는 데 이런 요소들 중 하나 또는 전부를 이용한다. 인간은 육체적으로 그리고 그 외 현세적 형태로 하나님을 표현한다는 점에서 하나님의 형상을 반영한다.

2) 기능적 관점(functional view)

또 다른 이들은 하나님의 형상을 인간에게 주어진 하나님이 정하신 목적과 사역으로 보는 관점을 제시했다. 창세기 1장 26-28절에서 하나님이 인간에게 내리시는 사역 명령이 그 대표적 예이다.

> 모든 것을 다스리게 하자 하시고 … 생육하고 번성하여 땅에 충만하라 땅을 정복하라 바다의 물고기와 하늘의 새와 땅에 움직이는 모든 생물을 다스리라 하시니라(창 1:26-28).

기능적 관점에 의하면 인간은 태어날 때부터 하나님이 부여하신 목적을 가지고 태어난다. 성경 속 하나님은 늘 일하고 계신다. 창조 사역을 완성하고 쉬셨다 할지라도, 하나님은 오늘도 여전히 섭리로 다스리시기 위해 일하고 계신다(요 5:17; 9:3-4). 우리가 일하면서 발휘하는 창의성, 에너지, 권위가 바로 우리 안에 있는 하나님의 성품을 반영하는 것이다.[13] 기능적 관점은 우리가 하나님의 피조 세계를 다스리고 관리 감독하는 것을 통치자 하나님의 신적 측면을 반영하는 것으로 본다.

3) 관계적 관점(relational view)

인간의 사회적 또는 관계적 능력에서 하나님의 형상을 볼 수 있다고 주장한다. 하나님의 형상은 하나님의 형상을 공동으로 반영하는 남자와 여자 같이 인간 사이의 관계적 능력을 의미한다. 아담과 하와는 하나님의 형상으로 함께 창조되었으며(창 1:26-28), 서로에 대해 잘 알고 있다(창 2:18, 23; 3:6-8; 4:1). 궁극적으로 관계적 관점은 성경 전반에 걸쳐 우리와 하나님과의 관계로 표현된다. 우리는 서로 간에, 그리고 하나님과의 관계 속에서 하나

---

[13] John S. Hammett, "Human Nature," *A Theology for the Church*, Daniel L. Akin, ed. (Nashville: Broadman-Holman, 2007), 362.

님의 형상을 반영한다.

4) 목적론적 관점(*teleological view*)

일부에서는 여전히 인간 존재의 궁극인 목적의 반영을 암시하는 관점을 제안한다. 오늘날 인간은 분명히 하나님의 형상을 지닌 존재이지만, 그 형상은 영원에 이르러야만 완성된다. 따라서 하나님의 형상은 현재적 실재이며 종말론적인 미래적 실재이다.

이 관점은 죽음, 구원, 영원이 실제로 죄의 치명적 결과, 구원의 필요성, 영원한 목적지를 눈앞에 둔 사람들, 즉 신약성경의 구원론적 차원과 기독론적 차원을 받아들이는 사람들에게만 해당될 것이기 때문에 하나님의 형상의 타락 이후 개념이라고 이해하는 것이 가장 좋을 것이다.

그러나 이 모든 접근 방식은 남침례신학교(Southern Baptist Theological Seminary)의 그렉 앨리슨(Gregg R. Allison)이 평가한 것처럼 공통적 결함을 가지고 있다.

> 문제는 이 모든 관점이 하나님의 형상(*Imago Dei*)을 우리 인간의 특정 부분이나 특정 측면으로 축소시키는 경향이 있다는 것이다. 따라서 이 견해들은 핵심 요점, 즉 우리 인간은 퍼즐의 조각들처럼 단편적으로 만들어지고 합쳐지는 존재가 아니라는 사실을 놓치고 있다. 오히려 인간성에 있어서 우리는 이 부분이나 저 부분으로 나눌 수 없는 온전함과 완전함을 가지고 전인적으로 이루어졌다. 우리는 우리 전체로 인간이며 … 하나님의 형상으로 창조되었다.[14]

---

14 Gregg R. Allison, "Humanity, Sin, and Christian Education," *A Theology for Christian Education*, James Riley Estep, Jr., Michael J. Anthony, and Gregg R. Allison, eds. (Nashville: Broadman-Holman, 2008), 180.

아마도 그렉의 비판에서 해답을 찾을 수 있을 것이다. 하나님의 형상은 그 구성 요소, 기능, 관계적 능력 또는 목적론적 차원으로 규정할 수 없다. 하나님의 형상에 관한 이 모든 관점은 인간의 영적 능력이라는 공통분모를 가지고 있지만 사실상 인간 안에 있는 하나님의 형상 전체의 일부분이다.

사실상 위에서 살펴본 하나님의 형상에 대한 모든 관점이 창조에 들어 있는 인간의 특별함을 반영할 수 있을까?

스탠리 그렌츠(Stanley Grenz)가 창조 속 인간의 "특별한 지위"라고 명명한 것처럼[15] 본질적으로 인간은 다른 피조물들과 구별되었고, 그야말로 구별되도록 만들어졌기 때문에 하나님의 형상을 지닌 존재이다. 이는 인간만이 가지고 있는 선천적인 자질이다. 인간 안에 있는 하나님의 형상은 있는 그대로의 우리이며, 결과적으로 우리 존재의 요소들, 상호 간 그리고 하나님과 관계를 맺는 능력, 인간을 위해 하나님이 보여 주신 목적을 성취하기 위한 우리의 기능, 심지어 우리를 기다리고 있는 종말론적 현실 안에 반영된다(도표 1.1).

---

[15] Stanley J. Grenz, *Theology for the Community of God* (Grand Rapids: Eerdmans Publishing Company, 1994), 171, 177-80.

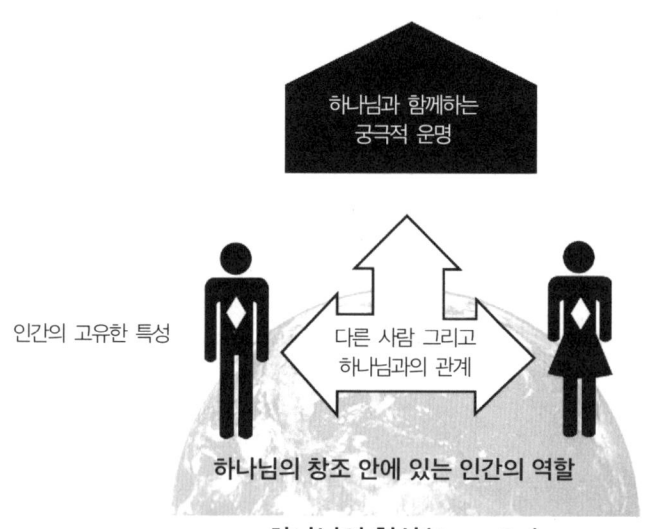

하나님의 형상(*Imago Dei*)
도표 1.1: 인간의 특별한 지위로서의 하나님의 형상

인간만이 지니고 있는 고유한 특성으로 인해 우리는 다른 사람 및 하나님과 관계를 맺을 수 있으며 하나님이 우리를 창조하신 목적을 성취할 뿐만 아니라 궁극적으로 하나님과 영원토록 함께할 수 있다. 만일 인간 존재의 한 요소가 하나님의 형상으로 인식되어야 한다면, 아마도 인간 존재의 다른 모든 차원에 직접적으로 영향을 미치는 영적 능력이야말로 모든 사람이 선천적으로 가지고 태어난 특별한 능력일 것이다.

거울이 우리의 육체적 형상을 반영하듯이, 우리는 단순한 육체적 의미에서만이 아니라 인간으로서 타고난 역량과 능력, 우리를 향한 목적에 대한 깨달음, 서로에 대한 상호 연관성, 그리고 궁극적인 영적 완전성에 대한 열망에서 하나님의 형상을 반영하는 거울 역할을 한다.

우리 안에 있는 하나님의 형상은 인간으로서 우리의 모습, 서로를 향한 유대감, 우리가 하고자 하는 것, 우리가 궁극적으로 될 수밖에 없는 것 속에서 볼 수 있다. 우리는 모두 창조주 하나님이 하나님의 형상으로 승인한 하나님의 형상을 지닌 자이다.

1) 하나님 형상으로서 인간: 창조, 손상, 구속

무슨 일이 있었던 것일까?

텔레비전 뉴스, 라디오에서 들리는 사건들, 신문의 기사들, 심지어 이웃과 나누는 얘기조차도 우리가 창조 당시의 인간의 모습이 아님을 깨달을 수 있는 증거가 된다.

죄 없이 완벽한 하나님의 형상으로 창조된 이상적 인간상은 어디에 있는 것일까?

성경이 말하는 인간상은 세 개의 그림으로 표현할 수 있다(도표 1.2).

첫째 그림은 창조된 상태의 인간이다. 아담과 하와는 하나님의 형상으로 창조되었다. 죄가 없는 상태에서 어떤 영향도 받지 않은 그들 안에 있는 하나님의 형상은 너무도 분명하게 드러난다. 그들은 맑고 깨끗한 지성을 지니고 있다. 그들은 도덕적으로 순결하며, 본래적 의(original righteousness)를 지니고 있으며(창 1:31; 전 7:29), 심지어 선과 악에 대한 지식조차 없다(창 2:9, 17; 3:5, 22).

남자와 여자는 서로 다르지만 하나님의 형상을 지닌 자들로서 하나님 앞에 평등하며 조화롭게 존재한다. 그들은 하나님이 주신 삶의 목적과 방향을 분명하게 알고 있다. 요약하면, 하나님의 형상은 우리를 창조하신 하나님을 전적으로 반영하고 있다.

창조된 하나님의 형상　　손상된 하나님의 형상　　구속된 하나님의 형상
Imago Dei Created　　　*Imago Dei* Broken　　　*Imago Dei* Redeemed

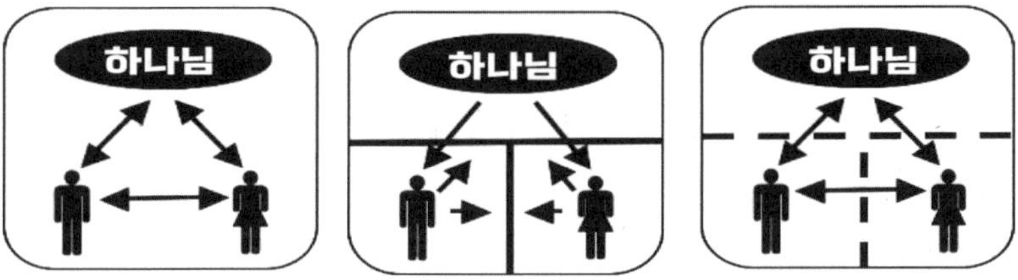

도표 1.2

죄는 피할 수 없는 불행한 현실이다. 창세기 3장은 인간을 포함하여 창조 세계 안으로 침투하는 죄를 묘사하고 있다. 이 시점 이후의 인간은 더 이상 하나님이 창조 당시 원했던 인간의 모습이 아니다. 창세기 3장을 보면, 죄가 인간에게 미치는 몇 가지 영향을 발견할 수 있다.

- 아담과 하와와 하나님의 대화(3:9-13), 사탄에 대한 정죄(3:14-15)에서 명백하게 드러나는 것처럼 죄는 하나님이 만들거나 의도한 결과가 아니다.
- 인간은 더 잘 알고 있었다. 하와는 사탄이 그녀에게 요구하는 것이 잘못된 것임을 알았고(3:2-3), 아담과 함께 열매를 먹은 후에 하나님을 피해 숨었다(3:8).
- 아담과 하와와 나눈 하나님의 대화(3:9-13)에서뿐만 아니라 하와(3:16)와 아담(3:17-19)에 대한 하나님의 선언에서 보는 바와 같이 기만적 유혹에도 불구하고 인간은 자신의 죄에 대해 책임을 져야 한다.
- 죄의 영향은 충격적이다. 인간은 육체적(3:7, 10-11, 16), 지적(3:6, 13), 감성적(3;10), 도덕적(3:7, 12-13)으로 손상되었다. 서로의 관계(3:12, 16, 20) 그리고 하나님과의 관계(3:8-9, 11, 13)는 깨졌다. 죄로 인해 하나님이 인간에게 부여하신 땅을 다스리는 일이 상당히 어렵게 되었고(3:17-19), 선악을 알게 되었으며 하나님이 경고하신 대로 죽게 되었다(3:22-24).

죄는 인간의 모든 영역에 영향을 미쳤다. 로마서 1장 18-23절, 5장 1-21절은 사람뿐만 아니라 모든 창조 세계에 끼친 죄의 결과를 보여 주지만, 이 모든 결과에도 불구하고 인간은 여전히 하나님의 형상을 지닌 존재이다. 죄가 창조 세계에 도래한 이후에도 성경에서 보여 주는 인간은 여전히 하나님의 형상을 지닌 존재이다.

창세기 9장 6절, 고린도전서 11장 7절, 야고보서 3장 9-11절은 모두 인간에게 있는 하나님의 형상이 타락 이후에도 여전히 존재하고 있음을 증명한다. 그러나 깨진 거울이 우리의 모습을 온전히 비추지 못하는 것처럼 인간은 하나님의 형상을 지니고 있지만 하나님을 제대로 반영하지 못한다. 죄가 인간에게 미치는 영향이 무엇이든, 죄는 인간의 특별한 지위를 깎아내리거나 인간에게서 하나님의 형상을 제거하지 못했다.

예를 들어, 링컨크리스천대학교(Lincoln Christian University)의 구약 교수 마크 망가노(Mark Mangano)는 하나님의 형상이 실재하기 때문에 실제로 "구약 성경의 법률"은 "인격에 대한 높은 관심"을 반영하며, 이 관심은 남성과 여성, 노예와 자유인, 부모와 자녀, 이스라엘과 이방의 관계 문제에서도 그대로 반영된다고 주장한다.[16] 하나님의 형상에 관한 신학적 논쟁은 그 형상의 완전한 상실에 관한 논쟁이 아니라 아담과 하와의 죄가 오늘날까지도 개인에게 영향을 미치는 정도에 관한 논쟁이다.

창세기 3장은 우리에게 소망을 준다.

> 내[하나님]가 너[사탄]로 여자와 원수가 되게 하고 네 후손도 여자의 후손과 원수가 되게 하리니 그[여자의 후손]가 네 머리를 상하게 할 것이요 너는 그[여자의 후손]의 발꿈치를 상하게 할 것이니라 하시고(창 3:15).

---

[16] Mark J. Mangano, *The Image of God* (New York: University Press of America, 2008), 44-7.

이 말씀은 구세주에 대한 약속, 그리고 사탄의 기만과 죄의 황폐함에서의 구원을 약속하는 복음의 원형이다.

인간은 타락한 상태에서 절망 가운데 살아가도록 예정되지 않았다. 하나님은 "보이지 않는 하나님의 형상"(골 1:15a)이신 예수 그리스도를 통해 구원의 기회를 주셨다. 그런 점에서 예수님은 완벽한 인간 원형(prototype)이자 인간의 전형(archetype)이다. 인간의 타락으로 훼손된 하나님의 형상은 이제 창조주 하나님과 우리의 관계를 되돌리기 위해 "보이지 않는 하나님의 형상"으로 오신 그리스도에 의해 회복되었다.

앞서 언급했듯이, 신약성경은 하나님의 형상대로 만들어진 인류학적 인간상 위에 새로운 차원을 더한다. 골로새서 1장 15절은 그리스도를 가리켜 "보이지 않는 하나님의 형상"이라고 한다.[17] 아마도 이것은 히브리서 1장 3절 말씀이 보여 주고 있는 생각일 것이다.

> 이는 하나님의 영광의 광채시요 그 본체의 형상이시라 그의 능력의 말씀으로 만물을 붙드시며 죄를 정결하게 하는 일을 하시고 높은 곳에 계신 지극히 크신 이의 우편에 앉으셨느니라(히 1:3).

조지 캐리(George Carey)는 예수님을 가리켜 "패러다임의 인간(paradigm man) … 우리가 되어야 할 궁극적 인간(what human should be)의 계시"라고 주장한다.[18] 그러나 하나님의 형상이라는 이미지는 또한 새 신자의 삶에서 구원의 과정, 특히 성화의 과정 설명에도 사용된다. 인간의 타락으로 잃어버린 것이 무엇이든 그것은 그리스도 예수 안에서 되찾을 수 있다. 또다시 골로새서 3장으로 돌아가 보면, 죄 가운데 있는 옛 삶을 묘사한 목록에 이어

17　Cf. Kurt Anders Richardson, "Imago Dei: Anthropological and Christological Modes of Divine Self-Imaging," *The Journal of Scriptural Reasoning*, 4.2 (2004), 1-11; http://etext.lib.virginia.edu/journals

18　George Carey, *I Believe in Man* (Grand Rapids: Eerdmans Publishing Company, 1977), 63, 67.

바울은 골로새 교회의 그리스도인들에게 다음과 같이 권고한다.

> … 옛 사람과 그 행위를 벗어 버리고 새 사람을 입었으니 이는 자기를 창조하신 이의 형상을 따라 지식에까지 새롭게 하심을 입은 자니라(골 3:9-10).

동사 "벗어 버리고"(*apekdusamenoi*)와 "입었으니"(*endusamenoi*)는 모두 완료된 행동을 나타내는 부정과거시제로 기록되어 있다. 그러나 동사 "새롭게 하심"(*anakainoumenon*)은 사실 인간의 과거 신분과 현재 신분 두 시점을 연결시키는 완료분사시제이다.[19] 우리는 이미 옛 것을 버리고 새로운 것을 받아들였기 때문에 계속해서 새롭게 되고 있다.

이는 바울이 다음 구절에서 표현한 다른 감정과 유사하다.

> 너희는 유혹의 욕심을 따라 썩어져 가는 구습을 따르는 옛 사람을 벗어 버리고 오직 너희의 심령이 새롭게 되어 하나님을 따라 의와 진리의 거룩함으로 지으심을 받은 새 사람을 입으라(엡 4:22-24).

구원은 부분적으로는 하나님의 속성을 최대한으로 표현하여 하나님의 형상을 회복하는 과정이다.

이 구원의 과정은 신약성경 전반에 걸쳐 표현되어 있다(참고: 엡 5:1-2; 고전 11:1; 빌 2:5-11). 이 회복은 아담, 하와, 에덴동산으로 돌아가는 것이 아니라 "새로운 피조물"(고후 5:17)이 되는 것이다. 바울은 에베소서 2장 1-10절에서 타락한 상태와 구원받은 상태를 비교함으로 구원을 향한 이 변화를 나타낸다(도표 1.3).

---

19 Hoekema, 25.

에베소서 2:1-3	에베소서 2:4-7
죽었던 너희(2:1)	그리스도와 함께 살리셨고(2:5)
허물과 죄(2:1)	너희는 은혜로 구원을 받은 것이라(2:5)
이 세상 풍조를 따르고(2:2)	그리스도와 함께 일으키사(2:6)
육체의 욕심을 따라 지내며 육체와 마음의 원하는 것을 하여(2:3)	그리스도 예수 안에서 함께 하늘에 앉히시니(2:6)
본질상 진노의 자녀이었더니(2:3)	그리스도 예수 안에서 우리에게 자비하심으로써 그 은혜의 지극히 풍성함을 오는 여러 세대에 나타내려 하심이라(2:7)

도표 1.3: 죄 가운데 있는 인간과 그리스도 안에 있는 인간

인간은 이 회복으로 인해 인간의 본성과 영적 지위를 근본적으로 변화시키는 "그리스도 안"에 있게 된다. 지금 그리스도 안에 있는 신자는 인종, 문화, 사회 또는 성별에 의한 구분과 같이 인간을 분열시키는 관점을 초월해서 인간을 바라본다(골 3:11; 갈 3:23). 궁극적으로 이 새로운 창조와 새로운 공동체는 종말론적 관점에서만 깨달을 수 있다.[20]

3. 인간의 상태: 얼마나 손상되었나?

아담은 죄를 지었고 하와도 죄를 지었으며, 마찬가지로 우리 모두 죄를 지었다.

그렇다면 인간은 죄로 인해 얼마나 손상됐을까?

죄의 오염 정도는 단순한 신학적 문제가 아니라 철학자들 역시 깊은 관심을 보인 문제이다. 영국의 철학자이자 사상가인 존 로크(John Locke, 1632-1704)는 인간을 가리켜 타불라 라사(*tabula rasa*), 즉 순진하고 도덕적으로 중립적인 백지 상태라고 말했다. 그의 은유를 빌리면, 인간의 상태는 세 가지로 생각해 볼 수 있다(도표 1.4).

---

[20] Ibid., 30; Grenz, 180.

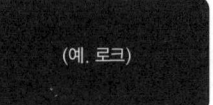

표 1.4: 인간의 상태

로크의 타불라 라사가 백지 상태로 중앙에 있고 두 개의 다른 서판이 양옆에 있다. 왼쪽에 속한 사람들은 인간은 순수하게 태어날 뿐만 아니라, 프랑스의 철학자 장 자크 루소(Jean-Jacques Rousseau, 1712-78)가 『에밀』(Emile)에서 묘사한 것처럼 도덕적으로 선하게 태어난다고 주장한다. 로크의 오른쪽에 있는 사람들은 죄의 영향은 피할 수 없다고 믿기 때문에 죄는 모든 인간에게 선천적인 표식을 남기며 인간을 어느 정도 타락한 상태로 태어나도록 만든다고 주장한다.

그러나 이런 측면에 비추어 볼 때 우리는 얼마나 손상되었을까?

이는 수세기 동안 지속된 중요한 신학적 논쟁이다. 어거스틴(Augustine) 대 펠라기우스(Pelagius)(5세기), 칼빈(Calvin) 대 알미니우스(Alminius)(16세기), 그리고 오늘날까지도 아담의 죄가 인간의 상태에 얼마나 영향을 미쳤는지에 대한 의문이 남아 있다.

펠라기우스는 아담의 죄가 인류에게 직접적인 영향을 거의 미치지 않았다고 주장했다. 그의 주장에 따르면, 인간은 죄 없이 태어나거나 죄로 인한 훼손 없이 태어난다. 그렇게 함으로써 인간의 원죄를 부정하고 은혜와 예정의 필요성을 부인했다. 모든 것이 인간의 자유롭고 독립적인 선택에 달려 있다.

이 생각에 반대하는 어거스틴(Augustine)과 후대의 존 칼빈(John Calvin)은 인간은 전적으로 타락했고, 아담의 죄로 인해 피할 수 없는 손상을 입었으며, 태어날 때부터 죄인으로서 타락한 인성을 가졌으며, 하나님의 무조건적 선택(unconditional election)이 절대적으로 필요하다는 정반대 주장을 했다.

알미니우스(James Alminius)는 온건한 입장을 취했다. 반펠라기우스주의(semi-Pelagianism)로 불리는 알미니우스는 아담의 죄는 사실상 인간에게 영향을 미치며, 인간은 태어날 때부터 부패한 인간성을 아담으로부터 물려받지만, 아담의 죄에 대해서는 무죄라고 주장했다. 즉, 인간은 아담의 원죄의 영향을 받아 죄의 경향성을 갖지만, 원죄에 대한 책임은 없다.

4. 원죄의 전유?

아담의 죄는 오늘날 인류에게 어떤 영향을 미칠까?
아담의 죄는 인간에게 어떻게 전가되며 어떤 영향을 미칠까?
아마도 이 점을 가장 잘 설명하고 있는 구절이 로마서 5장 12-21절일 것이다. 그러나 아담의 죄가 인류에 의해 전용되는 실제 구조에 대해서는 여전히 의문의 여지가 있다.

이 의문에 대한 대답 중 하나는 아담의 죄를 자신의 죄의 선례(example)로 보는 관점으로, 로마서 5장 12절이 언급하는 것은 아담의 원죄를 반영하여 (본받아) 각 개인이 죄를 저지르는 것이라고 주장한다. 아담과 마찬가지로 인간은 모두 죄를 지었고, 아담과 마찬가지로 인간은 죄인이다.

보다 일반적인 견해는 연대(solidarity)이다. 이 견해는 아담과 인류가 생물학적 또는 유전적 연관이 있다고 보는 생식설(seminalism) 또는 아담을 인류의 대표적 머리(the representative head)로 간주하는 언약대표설(federalism)을 통해 인류와 아담의 죄가 어떻게든 연결되어 있다고 주장한다.

연대의 두 가지 유형 중 하나에서, 인류는 아담의 죄를 전용하고, 아담의 죄는 인간의 죄가 되었다. 선례(example)든 연대(solidarity)든 어떤 경우에도 인간은 원죄의 영향을 벗어날 수 없다. 인간은 창조주를 거역한 아담의 행위의 결과를 절대로 벗어날 수 없다.

다시 한번 로크의 백지 그림을 빌리면, 아마도 인간의 상태는 깨끗하지만 손상된 백지 상태로 묘사할 수 있을 것이다. 어떤 의미에서 깨끗한 백지처럼 인간은 죄 없이 태어난다. 그러나 모든 인류에게 퍼진 원죄로 인해 오염되었기에 그 백지는 손상되었다. 인간은 손상되었지만, 여전히 백지 상태이다.

인간은 손상된 인격과 아담의 죄의 결과라는 흔적들을 지니고 있다. 인간으로서 우리는 원죄에 대한 직접적 책임은 없지만, 실제로 원죄의 직접 영향을 받는다. 개인으로서 우리는 백지 상태와 같지만, 인간으로서 그 백지 자체는 손상되었다.

5. 인간의 구성

우리는 무엇으로 구성되어 있을까?

인간을 구성하는 것은 무엇인가?

이 단순한 질문은 기독교계 내에서 신학적 논쟁을 불러일으키고 기독교 신앙을 다른 세속 종교 및 이단과 구별한다. 예를 들면, 기독교 신학자들은 우리가 물질, 단순한 살 그 이상이라는 것을 인정한다.

그러나 우리에게 또 무엇이 있을까?

이분론자(dichotomist)들은 인간은 혼(soul)과 몸(body) 두 부분으로 구성된 존재이며 성경에 언급된 혼(soul)과 영(spirit)은 동의어로 심지어 서로 바꿔서 사용할 수도 있다고 믿는다. 반면, 삼분론자(trichotomist)들은 인간이 몸, 혼, 영의 세 부분으로 구성되어 있고, 혼과 영은 서로 구별된다고 단언한다. 그뿐만 아니라, 기독교 신학이 인간의 물질적, 육체적 실체, 즉 육신은 인간 존재의 실질적이고 가시적인 부분이라고 확증하는 반면, 힌두교를 비롯한 많은 동양 종교가 물질적 존재의 실체를 환상으로 간주하여 그 존재를 부인한다.

마찬가지로 크리스천사이언스(Christian Science, 역자 주: 1879년 메리 베이커 에디〈Mary Baker Eddy, 1821-1910〉에 의해 창시된 기독교 이단으로 기독교를 '과학적'이고 '형이상학적'으로 해석하려 함)는 육체적 실체 또는 물질적 존재에 대한 긍정을 죄로 여겨 이를 거부한다.

그러면 인간은 정말 무엇으로 만들어졌을까?

이분론자와 삼분론자 모두 물질적 존재의 실체, 즉 인간이 육신을 가지고 있음을 인정한다. 이들 사이의 논쟁은 인간의 비물질적 요소(nonmaterial components)의 본질에 관한 것이다. 이 논쟁 자체는 성경이 직접 답하고 있지 않는 것을 묻기 때문에 부분적으로 부족한 근거 구절들, 단어의 의미, 그리고 성경적 추론에 지나치게 의존하는 문제들을 가지고 있다.

바울은 말했다.

> 평강의 하나님이 친히 너희를 온전히 거룩하게 하시고 또 너희의 온 영(spirit, pneuma)과 혼(soul, psychē)과 몸(body, *sōma*)이 우리 주 예수 그리스도께서 강림하실 때에 흠 없게 보전되기를 원하노라(살전 5:23).

이 구절에서 바울은 인간의 구성을 몸, 혼, 영 세 부분으로 단언하는 것처럼 보인다. 확실하지는 않지만 바울일지도 모르는 히브리서 저자 역시 이와 유사한 주장을 했다.

> 하나님의 말씀은 살아 있고 활력이 있어 좌우에 날 선 어떤 검보다도 예리하여 혼(soul, psychē)과 영(spirit, pneuma)과 및 관절과 골수를 찔러 쪼개기까지 하며 또 마음의 생각과 뜻을 판단하나니(히 4:12).

이분론자와 삼분론자의 차이는 혼과 영의 구별이다. 이분론자들은 혼과 영 사이에는 아무런 차이가 없으며 사실상 상호 교환이 가능하다고 믿는 반면, 삼분론자들은 혼과 영에는 분명한 차이가 있다고 단언한다.

(사실 혼과 영이 동의어라면) 바울은 이 두 용어를 단지 중복해서 사용한 것이고, 히브리서 기자는 분해할 필요가 없는 단어를 단순히 나누어 말한 것이라고 보기는 어렵다. 그것은 인간 존재의 개념을 이중적인 것으로 보느

냐 삼중적인 것으로 보느냐에 달려 있다. 어떤 면에서 우리는 물질과 비물질로 나눌 수 있는 이분법적 존재이다. 그러나 여기에 한 가지 질문이 남는다.

"비물질은 나뉘어져 있는가?"

성경은 우리의 비물질적 요소가 실제로 혼과 영으로 나뉘어져 있다고 말하는 것처럼 보인다. 혼은 지배적 요소이다. 따라서 어떤 면에서 우리는 몸과 혼으로 구성된다.

> … 오직 몸과 영혼을 능히 지옥에 멸하실 수 있는 이를 두려워하라(마 10:28).

영은 완전히 분리된 요소가 아니라 도표 1.5와 같이 혼 안에 존재하는 것이기 때문에 성경에서 상호 교환이 가능한 것처럼 보이는 영과 혼을 설명할 수 있다.

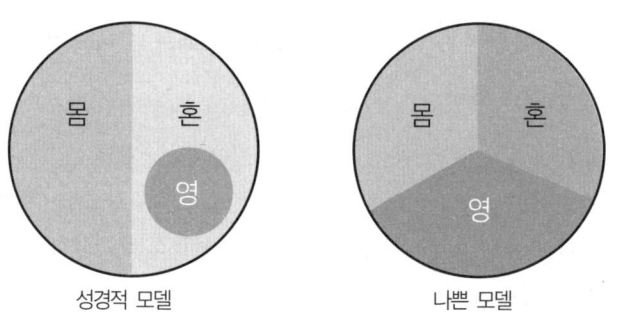

성경적 모델 　　　　　　 나쁜 모델

표 1.5: 삼분론에 관한 두 모델

오른쪽 모델에서 보듯이 인간이 세 개의 다른 부분들로 구성되었다고 표현하는 것은 바람직하지 않은 모형이다. 왜냐하면, 인간은 물질적(body)인 동시에 비물질적(soul)이어서 나머지 한 부분(spirit)은 어디에 속하는지 규정할 수 없기 때문이다. 왼쪽 모델은 인간이 물질적인 동시에 혼과 영으로 나뉘어져 있는 비물질적 존재임을 보여 주고 있으며, 이 모델이 성경의 증거와 더 일치하는 것 같다.

로버트 소시(Robert L. Saucy)는 "영은 형이상학적 실체, 즉 능력을 부여하는 생명의 원리인 반면, 혼은 그 생명을 소유한 개별 주체이다"[21]라고 말하면서 혼은 일반적으로 "인간 전체"를 지칭하기 때문에 혼의 개념이 "영의 개념보다 더 광범위하다"라고 지적한다.

그러므로 혼과 영을 지칭하는 언어와 그 개념은 양립할 수 있고 상호 보완적이지만 단순한 동의어는 아니다. 인간의 구성은 몸과 영-혼이다.

6. 하나님의 형상(Imago Dei), 인간의 발달, 그리고 그리스도인 형성

무엇이 우리를 인간으로 만드는가?

성경적 인간상, 특히 하나님의 형상은 우리를 자신의 형상으로 만드신 창조주에게서 인간성의 뿌리를 찾을 수 있음을 상기시켜 준다. 우리는 하나님의 형상을 지닌 존재이기 때문에 인간이다. 기독교 인간론은 사회과학(특별히 학습 이론과 발달 이론과 같이 기독교 교육자들과 가장 관련이 깊은 것)이 목회를 위해 효과적으로 활용될 수 있는 신학적 상황을 제공한다.

여기서는 기독교 교육자들이 사회과학을 활용하기 위해 신학에서 제공하는 통찰력의 일부를 항목별로 정리하여 신학이 기독교 교육에서 발달 및 학습 이론을 건설적으로 사용할 수 있는 필수적인 근거를 제공할 수 있음을 보여 줄 것이다.

---

[21] Robert L. Saucy, "Theology of Human Nature," *Christian Perspective on Being Human*, J. P. Moreland and David M. Ciocchi, eds. (Grand Rapids: Baker Books, 1993), 33. 마찬가지로 혼에 대한 개념을 지나치게 포괄적으로 본 소시는 혼이 육체를 포함, 즉 혼의 맥락 안에서 혼을 육체와 영으로 구성된 생명으로 만들 수도 있다고 단언하곤 했다. 따라서 혼은 단순한 부분이 아니라 전체 사람을 의미한다.

첫째, 어떤 발달 이론으로도 하나님의 형상을 대체할 수는 없다. 인간으로서 우리는 일평생 동안 그리고 수많은 이론에 반영된 것처럼 인지, 사회, 도덕, 인격 같은 측정 가능한 다양한 영역에서 발전한다. 그러나 우리는 선천적으로 하나님의 형상을 지닌 자로 태어난다. 우리는 하나님의 형상으로 발전하는 것이 아니라 하나님의 형상이다.

발달 이론은 유아부터 노년까지 각 개인 안에 있는 다양하고 분명한 인간적 차원들의 성장을 볼 수 있는 렌즈를 제공한다. 예를 들어, 인간이 인지적으로 어떻게 발달하는가에 대한 보다 나은 이해는 어린이 사역자에게 어린아이들의 마음에 신학적 진리를 표현하거나 정체성 때문에 어려움을 겪고 있는 청소년들이 인격 발달 이론에 비추어 자신의 정체성을 찾도록 돕기 위한 통찰력을 제공하면서, 동시에 그들이 하나님의 형상을 지닌 자로서 자신의 타고난 가치를 항상 확인할 수 있도록 해 준다.

둘째, 기독교 인간론은 인간은 물질, 비물질 양쪽 모두로 이루어졌다고 단언한다. 인간은 물질적 또는 비물질적인 것으로 축소될 수 없다. 우리는 분리할 수 없는 둘 모두를 가지고 있다. 비록 구별할 수 있을 정도로 확연히 다르지만, 우리는 우리의 생각을 분리시킬 수 없다.[22] 물질 또는 비물질 중 어느 하나만 존재한다고 단언하는 일원론(monism)과 물질과 비물질이 절대적으로 독립적이라고 주장하는 이원론(dualism)은 그야말로 불충분하다. 그러므로 기독교 신학은 인간을 어느 하나가 아닌 물질과 비물질, 몸과 혼-영의 전인적 존재로 여긴다.

발달 이론 또한 인간의 발달을 물질적 성장의 한 부분으로 설명하지만 인간의 발달은 물질적인 것을 넘어선다. 예를 들면, 구조주의(structuralism)를 발전시킨 피아제(Jean Piaget)는 인지 발달은 뇌의 신경세포망의 실질적인 발달 때문으로 본 반면, 비고츠키(Lev S. Vygotsky)는 인식 또는 지적 발달은

---

22 Cf. J. P. Moreland, "A Defense of a Substance Dualist View of the Soul," *Christian Perspective on Being Human*, J. P. Moreland and David M. Ciocchi, eds. (Grand Rapids: Baker Books, 1993), 55-79.

두뇌의 단순한 물리적 "연결"을 넘어서는 것으로 이해했다.

셋째, 남자와 여자는 모두 하나님의 형상으로 만들어진 공통된 인성을 공유하지만, 분명 다르다. 발달 이론은 이 공통적 핵심 인간성을 반영하지만, 서로 분명히 다르면서도 유사한 발달 과정을 인정한다.

예를 들어, 도덕적 사고 발달(moral reasoning)에서 콜버그(Lawrence Kohlberg)는 남성을 대상으로, 길리건(Carol Gilligan)은 여성을 대상으로 연구했다. 남성과 여성이 모든 수준의 도덕적 추론을 똑같이 할 수 있다는 점에서 그들의 연구 결과는 비슷하지만, 남성에게는 정의라는 윤리로, 여성에게는 배려라는 윤리로 귀결되는 것을 보면, 남성과 여성의 발달 과정 자체는 분명 다르다.

정의와 배려 사이의 공통 요소, 즉 남성과 여성 모두 다른 사람의 필요를 자신의 이익보다 우선시한다는 것을 깨닫는 것은 똑같이 유효한 두 표현에 있는 공통된 도덕적 중심을 보여 준다.[23]

넷째, 기독교 인간론은 발달 이론으로는 그리스도인 형성의 의미를 충분히 설명할 수 없다는 것을 알고 있다. 발달 이론은 영적 성장의 인간적 측면을 이해하는 데 도움이 될 수 있지만, 영적 측면을 다룰 수는 없다. 일례로, 발달 이론은 부분적으로 인지 발달 단계의 차이들로 인해 하나님에 대한 개인의 이해 정도가 연령에 따라 차이를 보이는 이유를 설명하는 데 매우 유용하다.

그러나 발달 이론은 신자의 삶에서 역사하시는 성령을 설명할 수 없다(롬 8장). 인간의 타고난 발달 과정은 죄의 영향을 극복할 수 없다. 아담의 문제는 단순한 무지의 문제가 아니었기 때문에 구원은 단순한 인지나 도덕적

---

23 Cf. James Riley Estep, "Education and Moral Development," *Christian Ethics: The Issues of Life and Death*, Larry Chouinard, David Fiensy, and George Pickens, eds. (Joplin, Missouri: Parma Press, 2004), 33-7; James Riley Estep and Alvin W. Kuest, "Moral Development," *Introducing Christian Education: Foundations for the 21st Century*, Michael Anthony, ed. (Grand Rapids: Baker Book House, 2001), 75-7.

사고의 문제가 아니다.[24] 그리스도인 형성에 대한 영지주의적 접근은 인간의 본성에 대한 성경적 가르침과 비교할 때 용납될 수 없다.

다섯째, 기독교 인간론은 인간을 선천적으로 하나님의 형상을 지니고 태어난 존재로 이해한다. 따라서 우리는 하나님의 형상으로 발전하는 것이 아니다. 우리는 현재 하나님의 형상이다. 인간에게 발달 과정은 타고난 것으로, 인간 게놈(genome, 역자 주: 유전물질 DNA를 담고 있는 염색체 세트로 인간의 유전형질을 결정한다) 안에 들어 있는 창조주의 계획의 한 부분이다. 따라서 많은 발달 이론이 하나님의 형상과 관련된 인간의 차원과 유사하다는 것에 놀랄 필요는 없다(도표 1.6).

기독교 인간론의 중심은 이마고 데이의 인간 즉, 하나님의 형상을 지닌 인간이다. 발달 이론들은 그리스도인들이 하나님의 형상을 지닌 존재라고 여기는 인간의 독특성을 인정한다. 기독교 교육자는 인간 발달에 대한 더 나은 이해를 통해 그리스도인 형성 과정에 대한 예리한 통찰력을 얻을 수 있다. 신학의 통찰력과 인간 발달에 대한 이해가 함께한다면 보다 정확한 인간상을 만날 수 있다.

우리는 시편 기자와 함께 말할 수 있다.

> 내가 주께 감사하옴은 나를 지으심이 심히 기묘하심이라 주께서 하시는 일이 기이함을 내 영혼이 잘 아나이다(시 139:14).

---

[24] Cf. Calvin Linton, "Man's Difficulty-Ignorance or Evil?" in Millard J. Erickson, ed., Readings in Christian Theology, Volume 2: Man's Need and God's *Gift* (Grand Rapids: Baker Book House, 1976), 125-30.

하나님의 형상(Imago Dei)	성경	발달 이론
신체적(Physical)	눅 2:52 마태와 누가의 예수 탄생 기사에 나오는 용어들	인간의 발달 특징 중 가장 일반적인 특징
지적(Intellectual)	창 1:26-28; 시 8:4-9	인지 발달(Cognitive Development): 피아제(Piaget), 비고츠키(Vygotsky)
도덕적(Moral)	창 1:31; 2:17,25; 3:7; 전 7:29	도덕 발달(Moral Development): 피아제(Piaget), 콜버그(Kohlberg), 길리건(Gilligan)
사회적(Social)/ 인격적(Personality)	창 2:18,23; 3:8; 4:1	심리 발달(Psychological Development): 에릭슨(Erikson), 마르시아(Marcia), 케건(Kegan)
의도적(Purposeful)	창 1:26,28	심리 발달(Psychological Development): 에릭슨(Erikson) 또는 전 생애 발달(Lifespan Development): 레빈슨(Levinson)
영적(Spiritual)	창 3:8-10	영적 성장(Spiritual Formation) 또는 신앙 발달(Faith Development): 파울러(Fowler)

도표 1.6: 하나님의 형상(Imago Dei)과 발달 이론

7. 복습을 위한 질문

1. 하나님의 형상을 당신의 말로 정의해 보라.

2. 제1장을 읽은 뒤 신학과 교육에 대한 당신의 생각에 변화가 있는가? 보다 구체적으로, 하나님의 형상에 대한 당신의 믿음을 어떻게 교육에 적용시킬 것인가?

3. 우리는 교육적 맥락에서 하나님의 형상(Imago Dei)을 사용했지만, 그 함의가 사회적 목회, 봉사/전도, 선교 사역에 어떤 영향을 미칠 수 있을까?

4. 이 성경적 원리를 교회의 리더들에게 어떻게 전달할 것인가?

제2장

발달 이론

적인가, 친구인가, 아니면 어리석은 짓인가?
그리스도인 형성에 있어서 발달 이론의 역할[1]

제임스 라일리 이스텝 주니어(James R. Estep Jr.)

---

[1] 본서를 쓰기 이전에 이미 기독교 신앙과 일치하고 교회에서 활용하기에 적합한 교육적 접근 방식을 제공하기 위해 신학과 교육 이론의 통합의 필요성에 대한 글을 썼다. 따라서 제2장에서 언급하는 내용 중 일부는 Broadman & Holman에서 출판한 이전 자료와 유사할 수 있다. 참조. James Riley Estep, "What Makes Education Christian?" *A Theology for Christian Education*, James Riley Estep, Gregg R. Allison, and Michael J. Anthony, eds. (Nashville: Broadman and Holman, 2008), 25-43.

영적 성장을 기독교적으로 만드는 것은 무엇인가?

이 질문은 20세기 내내 심지어 오늘날까지 기독교 교육계의 핵심적인 관심 사항이었고, 기독교 교육계는 신학이 그 해답이라고 여겼다. 기독교 교육계는 신학적 신념이 교육과 영적 성장에 대한 접근 방식에 영향을 미쳐야 한다고 생각했다. 그 결과 교육과 영성에 대한 천주교(Catholic)식, 루터교(Lutheran)식, 감리교(Wesleyan)식, 개혁주의(Reformed)식, 침례교(Baptist)식의 접근 방식이 존재한다. 이 대화에 신학을 포함시키자고 주장하는 것은 다 알고 있는 사실을 말하는 것과 마찬가지이다.

> 질문을 뒤집어 보는 것은 어떨까?
> 기독교 교육을 교육적으로 만드는 것은 무엇인가?
> 보다 구체적으로, 인간 발달에 관한 이론들은 그리스도인으로 자라가는 과정에 대한 중요한 통찰력을 제공하는가?
> 기독교 교육계는 사회과학에서 얻은 통찰력, 즉 인간, 학습, 전 생애 발달 이론들을 받아들이는 데 얼마나 열심인가?

테드 워드(Ted Ward)의 우려를 반영하면, "기독교 교육은 둘 다 아니다. 기독교 교육은 너무 많은 경우에서 완전히 기독교적이지도 않고 철저히 교육적이지도 않다."[2]

> 그리스도인 형성에 대한 우리의 접근 방식에 대해서도 같은 말을 할 수 있을까?
> 그러나 발달 이론은 무엇인가?
> 발달 이론들은 모두 같은 가정, 정의, 결과를 가지고 있는가?

---

[2] Ted Ward, "Facing Educational Issues (1977)," *Reader in Christian Education Foundations and Basic Perspectives*, Eugene Gibbs, ed. (Grand Rapids: Baker Book House, 1992), 333.

남침례신학교의 티모시 존스(Timothy P. Jones)는 도표 2.1에서 기본적인 설명, 발달 단계의 정의, 문화의 영향 및 각 모델에 대한 예들(모델 대부분은 본서 후반부에서 논의되고 있다)을 통해 발달 이론의 네 가지 기본적 접근법, 즉 경성 발달 이론(Hard Developmental Theory), 연성 발달 이론(Soft Developmental theory), 기능적 발달 모델(Functional Model of Development), 문화-시대적 발달 모델(Cultural-Age Model of Development)을 정확히 담아냈다(역자 주: 경성〈hard〉의 의미는 개인이 둘 또는 그 이상의 발달 단계를 동시에 경험할 수 없다는 것이며, 이와 반대로 연성〈soft〉은 개인이 하나 이상의 발달 단계를 중복적으로 동시에 경험할 수 있다는 의미이다).

경성 발달 이론 (Hard Developmental Theory)	연성 발달 이론 (Soft Developmental Theory)	기능적 발달 모델 (Functional Model of Development)	문화-시대적 발달 모델 (Cultural-Age Model of Development)
각 단계는 동일한 과업에 대해 질적으로 다른 접근 방식을 초래하는 통합된 일련의 인지-신경 작용을 나타낸다.	각 단계는 동일한 현실에 대해 질적으로 다른 인식과 반응을 초래하는 통합된 일련의 인지-신경, 사회적, 정서적, 자기반성적 작용을 나타낸다.	각 양식이나 단계는 개인의 인생 이야기에서 드러나는 문화에 근거한 과업이나 위기에 대한 응답으로 개인의 주된 자아 기능을 나타낸다.	각 양식이나 단계는 개인의 사회문화적 생태계가 자신의 역할을 인식하고 제시하는 방식의 변화를 나타낸다.
모든 단계는 계층적이면서 변하지 않는다. 각 단계는 이전 단계에서 발전한다. 사람은 단계를 거스르거나 건너뛰지 않는다.	모든 단계는 순차적이면서 변하지 않는다. 각 단계는 이전 단계에서 발전한다. 사람은 단계를 거스르거나 건너뛰지 않는다.	모든 단계 또는 양식은 개인의 삶에 대한 이야기에 근거를 두고 있으며, 생물학적 성장과 문화적 기대 사이의 상호작용에서 비롯되었기에 심리사회적이고 현상학적이다.	모든 단계 또는 양식은 종종 통과 의례로 표현되는 사회적 기대에 근거한 문화이다.
문화생태학은 발달에 영향을 미치지만, 문화적 맥락에 상관없이 모든 사람들은 같은 단계를 경험한다.	문화생태학은 발달에 영향을 미치지만, 문화적 맥락에 상관없이 모든 사람은 같은 단계를 경험한다.	개인은 다른 단계로 이동할 때 한 단계 또는 양식을 완전히 떠나지 못할 수도 있다. 단계나 양식의 일부 측면은 문화마다 다를 수 있다.	모든 단계 또는 양식은 사회 문화 체계마다 다르다.

예:	예:	예:	예:
장 피아제(Jean Piaget), 인지 발달(cognitive development) 로렌스 콜버그(Lawrence Kohlberg), 도덕 발달(moral development) 프리츠 오저(Fritz Oser)와 폴 그뮌더(Paul Gmünder), (일부에서 연성 발달 이론으로 간주하는) 종교적 판단 단계들(stages of religious judgment).[3]	제임스 파울러(James Fowler), 신앙 발달(faith development) 제인 로빙거(Jane Loevinger), 성격 발달(personality development) 로버트 케건(Robert Kegan), 평형 단계(equilibrium stages)	에릭 에릭슨(Erik Erikson), 심리사회적 발달(psychosocial development) 베일리 길레스피(V. Bailey Gillespie), 신앙 환경(faith situations) 하인츠 슈트라이프(Heinz Streib), 종교 양식(religious styles)	로마가톨릭 전통: 유아세례, 첫 번째 성체배령, 견진성사, 혼인성사, 성품성사, 병자성사 유대교 전통: 할례(Brit milah), 성인식(bar mitzvah), 약혼(kiddush'in), 결혼(nissu'in) 미국 사회: 유치원 입학, 중학교 졸업, 운전면허 취득, 고등학교 졸업, 21살 생일(역자 주: 법적으로 18세가 성인이지만 음주와 카지노 출입은 21세에 가능하기에 많은 이가 21세 생일을 진짜 성인이 되는 날로 생각한다), 대학 졸업, 결혼, 은퇴

도표 2.1: 존스의 발달 이론 분류[4]

따라서 발달 이론의 통찰력을 받아들이거나 거부하기 전에 특정 유형의 이론을 고려해야 한다. 발달 이론은 모두 동등하게 만들어지지 않았으며, 다루는 주제뿐만 아니라 그 방식 역시 다양하다.

제2장에서는 그리스도인 형성의 개념을 다루는 데 있어서 사회과학, 특히 학습 이론과 인간 발달 이론 사용의 적절성에 대한 질문을 다룬다. 이 질문은 세 부분으로 나눌 수 있다.

---

3 어떤 사람들은 이것을 부드러운 발달 이론이라고 생각한다. 오저(Fritz Oser)와 그뮌더(Paul Gmünder)가 경성 또는 연성 발달 이론을 발전시켰는지에 대한 논의는 다음을 참조하라. C. Power, "Hard versus Soft Stages of Faith and Religious Development," *Stages of Faith and Religious Development*, J. Fowler, K. Nipkow, F. Schweitzer, eds. (New York: Crossroad, 1991).

4 티모시 존스(Timothy Jones)는 다음 자료를 비롯해 여러 자료를 함께 발전시키고 조정해서 이 표를 만들었다. J. Snarey, L. Kohlberg, G. Noam, "Ego Development in Perspective: Structural Stage, Functional Phase, and Cultural Age-Period Models," *Developmental Review* 3 (1983): 303-38; J. Snarey and D. Bell, "Distinguishing Structural and Functional Models of Human Development," *Identity* 3 (2003): 221-30.

첫째, 현재 기독교 교육계 내에서 벌어지고 있는 논쟁의 개요를 제공한다. **둘째**, 사회과학 이론이 그리스도인 형성에 대한 어린 시절 우리의 이해에 어떤 영향을 미쳤는지 논의하고 발달 양식에 대한 평가를 제공한다. **셋째**, 기독교 교육자를 위해 그리스도인 형성을 이해하는 데 사회과학 이론을 활용하는 것의 의미를 밝힌다.

1. 현재 논쟁

제2장을 읽으면서 당신은 기독교 교육계에서 현재 벌어지고 있는 역사적 논쟁에 실제로 참여하게 된다. 이 논쟁은 기독교 공동체 내에 항상 존재해 왔고, 복음주의 진영에서 계속된 논쟁이기 때문에 역사적으로 중요하다. 이 논쟁은 수세기에 걸쳐 다양한 형태를 취했지만, 모두 기독교와 기독교 문화와의 관계라는 기본 질문과 관련이 있다. 기독교 교육계 내에서 이 논쟁은 훨씬 더 명료하고 구체적이다.

논쟁은 기원후 3세기까지 계속되었다. 터툴리안(Tertullian)은 "세속적" 가르침을 배우는 그리스도인의 가치와 로마학교 '루디'(*ludi*, 역자 주: 고대 로마의 초등학교로 읽기, 쓰기, 셈하기를 주로 가르쳤으며, 역사와 문학도 가르쳤다)[5]를 다니는 그리스도인 어린이들의 가치에 대해 의문을 제기했다.

오늘날 기독교 교육계에서 이 논쟁은 더 명확해졌다.

> 기독교 교육에서 발달 이론의 적절한 위치는 어디인가?
> 발달 이론은 태생부터 반기독교적인가?
> 발달 이론은 어리석은 짓인가?
> 기독교 교육자들을 위한 합리적 통찰력을 가지고 있을까?

---

[5] Tertullian, *On Idolatry*, 10.

| 아니면 사회과학은 우리의 신앙에 이롭고 친근한 친구가 될 수 있을까? |

이 질문들에 대한 답을 가지고 있는 사람들은 세 진영으로 나눌 수 있으며, 이들은 사회과학 사용에 관한 다섯 가지 선택을 제시하고 있다(도표2.2).

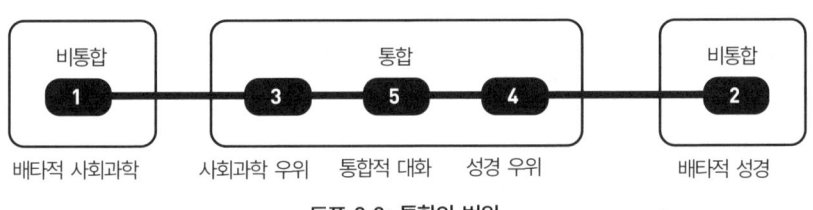

도표 2.2: 통합의 범위

2. 선택1: 배타적 사회과학?

도표 2.2의 가장 왼쪽에는 사실상 사회과학의 배타적 사용, 즉 오직 사회과학만을 선호하는 비통합적 입장이 자리하고 있다. 이 관점에서, 그리스도인 형성은 사회과학 관점에서 이해되며, 신학적 통찰력은 불필요한 정도가 아니라 심지어 해롭다고 여길 수도 있다.

이 진영에는 실제로 명백하게 비기독교적인 영적 성장을 위한 심리적 또는 사회학적 모델을 대표하는 비기독교 교육자들이 자리하고 있으며, 이런 이유로, 복음주의 기독교 교육자들은 이 입장을 옹호하기 어렵다.

롬니 모슬리(Romney Moseley)가 말한 바와 같이, "따라서 기독교 교육이 그리스도인 형성 목표와 인간 발달의 심리학 이론들을 혼동한다는 비판을 받는 것은 놀라운 일이 아니다."[6] 심지어 신학이나 기독교 사상이 사회과학

---

6 Romney Mosley, "Education and Human Development in the Likeness of Christ," *Theological Approaches to Christian Education*, Jack L. Seymour and Donald E. Miller, eds. (Nashville: Abingdon Press, 1990), 147.

의 배타적 체계 안에서 사용될 때, 신학은 심리학 또는 사회학적 관습의 형태로 왜곡된다.

예를 들면, 수잔 존슨(Susanne Johnson)은 그런 접근 방식이 아브라함 매슬로우(Abraham Maslow)의 자아 실현 욕구를 인간 발달의 마지막 단계와 동일시하는 것과 같은 잘못된 결과를 가져올 것이라고 지적한다. 그녀는 교회 공동체와 결혼 또는 예식과 같은 교회의 관행을 단순히 자아 실현을 위한 필수적 수단으로 설명하거나 심지어 칼 마르크스(Karl Marx)가 말한 종교는 인민의 아편과 같이 심리적 필요성 측면에서 하나님을 설명하지 말라고 계속해서 주의를 주고 있다.[7]

그러나 교육 이론 형성을 위한 사회과학의 충분성을 옹호하는 입장에서는 신학적 혹(*theological baggage*)을 포함시킬 이유는 거의 없다고 본다. 실제로, 이 진영에 속해 있는 교육자는 교육이나 그리스도인 형성의 문제에 대해 신학적 통찰력을 사용해야 할 필요성이나 그 이익을 알지 못한다.

요점은 그리스도인 형성을 이해하는 데 있어 신학을 배제한 접근 방식은 기독교 교육자에게 부적절하다는 것이다. 이 입장은 주로 그리스도인 형성, 또는 더 일반적인 영적 성장을 전적으로 인간적 현상으로 묘사한다(설령 있다 치더라도) 신학적 통찰력에 대한 그 어떤 의미 있는 고려를 배제한 채 심리학 및/또는 사회학적 현상만이 영성과 영적 성장을 구성하고 정의한다. 과학으로서 이 입장은 연구 주제에 대한 통찰력을 제공하기 위해 초자연적이거나 신적인 것에 의존할 수 없다.

---

7 Susanne Johnson, "Educating the Imago Dei," *Theological Approaches to Christian Education*, Jack L. Seymour and Donald E. Miller, eds (Nashville: Abingdon Publishing, 1990), 127-8.

3. 선택 2: 배타적 성경?

도표 2.2의 오른쪽 끝에도 마치 거울에 비친 모습처럼 비통합적 입장이 자리하고 있다. 이 배타적 입장은 사회과학의 통찰력에 대해 전혀 관심을 보이지 않으며, 오직 성경의 목소리만을 그리스도인 형성에 대한 표현과 접근 방식의 유일한 기초로 여긴다.

이 견해는 현대 과학을 기독교의 적 또는 어리석은 행동으로 여기는 극단적 근본주의자의 관점과 일치한다. 이 생각은 더 좋은 것 같고, 믿는 사람들에게 분명 매혹적이며 통합을 요구하는 선택보다 훨씬 더 간단하지만, 배타적 사회과학의 입장보다 더 실현 불가능하다. 이 입장은 배타적 사회과학과 마찬가지로 똑같은 결점, 즉 사회과학은 말할 것도 없고 성경과 신학에 대해서도 부실한 견해를 가지고 있기 때문에 비난받는다.

이 입장은 다소 매력적이고 실제로 단순하거나 순진하다. 예를 들어, "우리는 그들이 성경에 동의하는 한 과학적 발견을 받아들인다"라는 문구는 많은 복음주의 신자로부터 종종 찬사를 받는다. 분명 우리의 생각 속에서 이 말은 틀린 말이 아니다. 그러나 실제로는 비현실적인 말이다. 문제는 성경에 대한 우리의 해석이 예외 없이 전적으로 옳다고 전제한 진술이라는 것이다.

성경을 무오하다고 여기는 것은 성경에 대한 우리의 해석이 무오하다는 것이 아니다. 과학은 종종 성경 본문에 대한 해석적 빛을 제공한다. 예를 들어, 내가 요한계시록 7장 1절과 20장 8절에서 "땅 네 모퉁이"라는 구절, 또는 이와 유사한 이사야 41장 9절의 "내가 땅 끝에서부터 너를 붙들며 땅 모퉁이에서부터 너를 부르고"라는 구절을 읽을 때이다.

21세기에 살고 있는 신자인 나는 이 구절의 이미지를 어떻게 해석해야 할까?

나는 그것이 비유적이거나 아마 네모난 지도의 이미지를 사용하고 있을 것이라고 생각한다. 왜냐하면, 나는 이 지구가 3차원의 (약간 눌린) 공 모양으로 둥글다는 것을 알고 있기 때문이다. 자연 세계에 대한 내 지식, 즉 과학적 연구에 의해 발견된 하나님의 창조는 성경에 대한 내 해석에 영향을 미친다. 만일 내가 4세기에 살고 있는 신자였다면, 우리가 평평한 표면인 정사각형 위에 살고 있기 때문에 그 구절을 문자 그대로 이해했을 가능성이 더 높다.

이사야 40장 22절 "그가 땅 위 궁창(above the circle of the earth)에 앉으시나니"를 읽을 때, 좀 더 현대적인 해석자들은 정말 사실일 수도 있는 구형 지구에 관한 참고 자료를 참조한다. 그러나 이 세계가 구형임이 과학적으로 증명되기 전까지는 아무도 이 해석을 받아들이지 않았다.[8] 마찬가지로 16세기 교회는 수세기 동안 그래왔듯이 지구가 우주의 중심이라고 단언했고, 이는 기원전 3세기에 프톨레마이오스(Klaudios Ptolemaeos)가 처음 주장했던 일반적인 과학적 견해와 일치한다.

그러나 갈릴레오(Galileo Galilei)가 지구 중심의 우주가 불가능하다는 것을 과학적으로 증명하고 태양 중심의 우주 개념을 제기했을 때, 교회는 성경의 오랜 해석 그리고 이 해석에 의존하는 신학적 생각들을 포기하지 않았다.[9]

요점이 무엇인가?

성경은 스스로 충분하다고 말한다(벧후 1:3; 막 12:24; 고전 2:13-16; 눅 11:28; 16:27-31; 약 1:25; 히 4:12; 시 119:1이하 참조).[10] 그러나 성경은 일반적으로 검증할 수 있는 사람 또는 성경으로 충분한 환경이나 정황을 동반한다. 성경은 진실로 배타성을 주장하지 않는다.

---

8 이것들과 다른 유사한 해석들의 예들에 대한 완전한 토론은 다음을 참조하라. Bernard Ramm, *The Christian View of Science and Scripture* (Grand Rapids: Eerdmans Publishing, 1955), 125-36; Harry Rimmer, *The Harmony of Science and Scripture* (Grand Rapids: Eerdmans Publishing, 1944), 119-57.
9 Cf. "The Universe: Beyond the Big Bang," A&E/History Channel Documentary, 2007.
10 존 맥아더가 제시한 이 구절들은 성경의 충분성을 뒷받침하는 것으로 간주된다. "Embracing the Authority and Sufficiency of Scripture," *Think Biblically! Recovering a Christian Worldview*, John MacArthur ed. (Wheaton, Illinois: Crossway Books, 2003), 21-35.

많은 점에서 성경은 그 자체만으로 충분할 수 있지만, 성경에 대한 우리의 해석은 정확하지 않을 수 있다!

성경은 사회과학을 포함한 과학적 발견에 비추어 해석과 재해석을 필요로 한다(아이러니하게도 우리는 항상 고고학적 발견을 통해서는 해석과 재해석 작업을 수행하지만, 다른 과학 분야에서 이런 발견이 있는 경우는 거의 없다!). 게다가 성경은 자신이 다루고 있는 모든 것에는 충분하지만, 인류가 제기했던 모든 문제(아마도 가장 중요한 문제)를 다루지는 않는다. 성경은 항상 우리 생각의 일부여야 한다. 신학은 항상 우리의 논의에 대한 맥락을 제공해야 하지만, 다른 진리의 원천을 배제해서는 안 된다.

그리스도인 형성의 측면에서 성경은 하나님이 자신을 드러내시는 특별계시라는 강력한 목소리를 잘 제공해 줄 수 있다. 그러나 하나님의 첫 번째 계시이자 사회과학의 주제인 하나님의 창조에도 역시 귀를 기울여야 한다. 그리스도인 형성이 전적으로 심리학적이거나 사회학적이지 않듯이, 전적으로 초자연적이거나 신성한 것도 아니다. 이 관점의 가장 좋은 예시는 아마도 유년기의 영성일 것이다.

이 경우 아이들의 그리스도인 형성에 영향을 미치는 한 가지 요인은 그들이 성인이 아닌 어린아이라는 사실이다. 예를 들어, 다섯 살 유아의 인지 능력에 대한 더 나은 이해는 그들이 하나님을 어떻게 생각하는지, 어떤 교육방법이 그들에게 가장 유용한지, 또는 그들이 그리스도인으로 자라가는 데 가장 큰 기여를 하는 요소들은 무엇인지에 대한 통찰력이 있을 수 있다.

4. 선택 3-5: 통합!

만약 첫 번째 선택이 그리스도인 형성과 교육에 대해 성경적 통찰력이 전혀 없는 책 없는 접근 방식(no-book approach)이고, 두 번째 선택이 오직 성경만을 사용하는 한 책 접근 방식(one-book approach)이라면, 이 경우는 그리스도인 형성과 교육에 대한 두 책 접근 방식(two-book approach)으로 가장 잘 설명된다.[11]

이 접근 방식은 한쪽/또는(either/or)을 선택하는 것이 아니라 둘 다/그리고(both/and)를 선택하는 것으로, 하나님의 특별계시(딤후 3:16; 벧후 1:20-21)로서 성경의 통찰력과 하나님의 일반계시(욥 38:1; 롬 1:18-22)로서 창조라는 두 가치 모두를 확인시켜 준다. 시편 19편의 다윗처럼, 통합론자들은 단언한다.

> 하늘이 하나님의 영광을 선포하고 궁창이 그의 손으로 하신 일을 나타내는도다 날은 날에게 말하고 밤은 밤에게 지식을 전하니(시 19:1-2).

> 여호와의 율법은 완전하여 영혼을 소성시키며 여호와의 증거는 확실하여 우둔한 자를 지혜롭게 하며 여호와의 교훈은 정직하여 마음을 기쁘게 하고 여호와의 계명은 순결하여 눈을 밝게 하시도다(시 19:7-8).

이런 요점에 대한 장황한 설명 없이 통합론적 입장은 이미 논의된 처음 두 선택을 가리켜 그리스도인 형성에 대한 완전한 이해를 위해서 실제로 불충분하다고 말한다. 통합론적 입장은 그 출처가 성경이든 창조이든 상관없이 수 세기 동안 지속된 "모든 진리는 하나님의 진리"라는 주장을 확증한다. 신학과 사회과학 양쪽에서 비롯된 통찰력은 각자 나름대로 매우 중요하다. 도표 2.3은 진리의 이중 계시적 근원의 모형을 보여 준다.

---

11 Cf. Taylor B. Jones, "Why a Scriptural View of Science?" *Think Biblically! Recovering a Christian Worldview*, John MacArthur, ed. (Wheaton, Illinois: Crossway Books, 2003), 233-7 는 책 없는 접근법(no-book)과 두 책(two-book) 접근법의 예시이다. 그러나 존스(Jones)는 한 책(one-book) 접근법을 옹호한다.

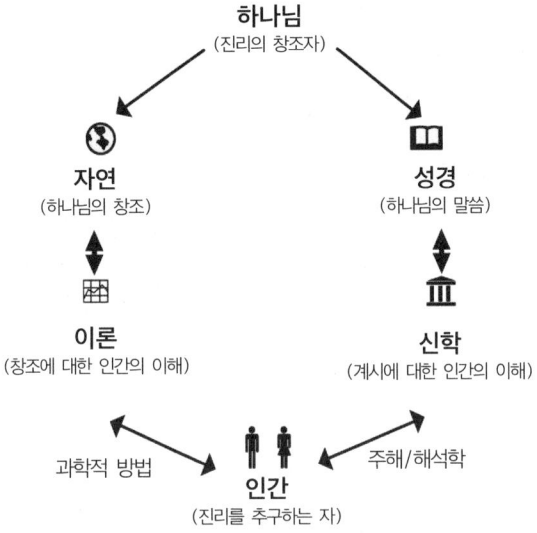

도표 2.3: 하나님의 두 계시

이 모델에서 하나님은 모든 진리의 창조자이시다. 하나님의 진리는 하나님이 창조하신 자연, 그리고 하나님의 말씀인 성경을 통해 드러난다. 하나님의 계시적 행동은 우리가 접근하고 정보를 얻을 수 있는 자연과 성경이라는 하나님의 계시의 두 원천을 남긴다. 진리와 이해를 추구하는 인간은 하나님의 계시를 연구한다.

하나님의 창조에 대한 연구는 과학이라 불리며 이론을 낳는 반면, 하나님의 말씀이라는 계시에 대한 연구는 주해/해석학이라 불리고, 그 결과가 바로 신학이다. 과학과 신학 모두 하나님의 계시에 대한 인간의 탐구, 즉 계시된 진리에 대한 인간의 생각의 결과물이다.

하나님은 진리의 궁극적인 원천이시기 때문에 창조와 성경 사이의 모순은 상상할 수 없지만, 인간의 연구가 가지는 오류라는 특성 때문에 신학과 과학 사이에 명백한 모순이 발생할 수 있고 실제로 발생한다. 신학과 과학은 하나님의 계시와 같지는 않지만, 하나님의 계시에 대한 인간의 전용과 처리를 나타낸다. 과학을 등한시하는 것은 창조를 통해 하나님이 계시하신 것을 등한시하는 것이고, 신학을 등한시하는 것은 말씀을 통해 하나님이 계시하신 것을 등한시하는 것이다.

　신학과 과학은 항상 더 잘 이해하려고 노력하면서 각각의 계시 사이에 지속적인 상호 작용을 하고 있으며, 하나님이 신학과 과학을 통해 우리에게 계시하신 것으로부터 새로운 통찰력을 얻기 위해 노력한다.

　그렇다면 이 모든 것은 그리스도인 형성과 어떤 관련이 있을까?

　우리가 그리스도인 형성을 완전히 이해하려면, 그리고 특별히 전 생애와 관련된 발달의 관점에서 이해하려면, 우리가 그리스도 안에서 완전한 모습으로 성장할 때 하나님이 창조와 말씀을 통해 계시하신 것은 물론 창조와 말씀 모두에 관계를 맺으려는 우리의 의지와 능력의 통합이 필요하다.

　도표 2.2를 보면, 이전의 배타적 선택들과는 달리 통합은 그 자체 범위를 가지고 있다. 왼쪽은 사회과학을 우선시하는 일부 통합론자를 나타낸다. 이들은 두 "책"(역자 주: 저자는 성경과 사회과학을 "책"이라는 보통명사로 표현한다) 모두를 활용하지만 사회과학의 목소리를 더 중시한다. 오른쪽에 있는 선택 4는 사회과학의 통찰력을 배제하지는 않지만 성경에 우선권이 주어져 있음을 나타낸다. 선택 5는 두 책 사이의 사실상 동등한 균형을 옹호하는 가장 통합적인 선택으로 인식된다.

　왜 통합론은 세 개의 다른 접근 방식을 가지고 있을까?

　그 이유는 제기되는 질문 때문이다. 우리의 생각을 알리기 위해 두 책 모두를 사용하려고 노력하는 동안, 두 책 중 하나가 관련 정보를 더 많이 가지고 있을 수 있다는 것은 명백한 사실이다. 예를 들어, 만약 "5살 유아의 인지 능력이 어린이의 그리스도인 형성에 어떤 영향을 미치는가" 또는 "15살 청소년의 사회적 발달은 청소년들의 그리스도인 형성에 어떤 영향을 미치는가"라는 질문을 했다면, 이 질문이 강조하는 것은 나이가 겨우 5살 또는 15살밖에 되지 않았다는 것이다.

　이런 질문에 더 쉽게 대답하는 것은 성경일까 사회과학일까?

인지 발달이나 사회 발달 이론은 말할 것도 없고, 관련 용어집을 훑어봐도 5살 또는 15살에 관한 구체적인 언급은 찾을 수 없다. 아마도 장 피아제(Jean Piaget)의 인지 발달 이론이나 윌리엄 페리(William G. Perry)의 청소년 발달에 대한 연구에서 얻은 통찰력을 사용할 수 있는 사회과학 우선의 입장이 이런 경우에 가장 유리할 수 있다.

그러나 만일 "어린이의 그리스도인 형성에 있어서 성령의 역할은 무엇인가" 하고 묻는다면, 성경(그리고 신학)은 분명히 사회과학에서 얻은 (기껏해야) 최소한의 통찰력만을 가지고 이 질문에 대해 더 직접적으로 말한다. 따라서 이 질문에는 성경을 우선시하는 선택이 가장 적합하다.

만약 질문이 좀 더 복잡하다면 어떻게 될까?

만약 그 해답을 성경과 사회과학에서 거의 똑같이 얻을 수 있는 질문이라면 어떻게 될까?

예를 들면, 아마 기독교 교육자에게 있어서 가장 일반적인 신학적-발달적 질문 중 하나는 책임감을 느끼는 나이에 관한 질문일 것이다.

"그리스도를 영접할 필요가 있음을 합당하게 인식한다는 점에서 어린아이는 몇 살에 자신의 행동에 대해 책임을 질까?"

하나님이 아이에게 책임이 있다(약 4:17; 사 7:16; 민 14:29-31; 신 1:39; 롬 14:12)고 생각하실 때가 언제인지 파악하기 위해 성경을 살펴보고 아이가 언제 도덕적으로 잘못을 인식하게 되고 언제 개인적 책임을 받아들일 수 있는지에 관한 사회과학적 연구를 제시하는 통합적 대화(선택 5)가 가장 확실한 답을 줄 것이다.[12] 요약하면, 통합론자의 관점은 단순히 성경 또는 사회과학이라는 "책"에 대한 문을 닫지 않고 그리스도인 형성에 관해 다루고 있는 것에 대응하여 양쪽 모두를 적절히 활용하려고 한다.

---

12 Cf. James Riley Estep, Jr., "Childhood Transformation: Toward an Educational Theology of Childhood Conversation and Spiritual Formation," *Stone-Campbell Journal* (Fall 2002), 5(2): 183-206.

5. 선택 1-5에 관한 모든 예: 바울과 피아제[13]

이 다섯 가지 선택은 아마도 인간 발달에 대한 기독교 교육자의 견해에 관한 학기말 리포트로 가장 잘 설명할 수 있을 것이다.

만일 한 학생이 인간에 대한 바울의 신학과 사회과학을 대표하는 장 피아제의 『아동심리』(*The Psychology of the Child*, 1966)[14]를 가지고 있다면, 그것들을 어떻게 통합할까?

무릎에 노트북을 올려 놓고 사회과학을 대표하는 피아제의 저서 복사본과 신학을 대표하는 성경 주석이 준비된 책상 앞에 앉아 있는 학생의 모습을 상상해 보라.

이 학생은 어떻게 기독교적 관점에서 인간의 발달 문제를 다루고 있는가?

선택 1: 학생은 그 주제에 대한 가능성 있는 바울의 목소리를 알지 못한 채 피아제를 사용하거나 바울을 주제와 무관하다고 생각한다. 따라서 이 학생은 책상에서 바울을 치우고 피아제와 소통한다. 학생은 바울에 대해 모르기 때문에 이 리포트는 피아제의 요약이자 적용, 즉 배타적 사회과학이다.

선택 2: 학생은 피아제를 알면서도 바울을 사용한다. 학생은 피아제가 성경과 양립할 수 없기에 거부하고 피아제를 책상에서 치워 버린다. 그러고 나서 학생과 바울은 서로 교류한다. 학생이 피아제를 거부했기 때문에 이 리포트는 바울의 요약이자 적용, 즉 배타적 성경이다.

---

13 Adopted from James Riley Estep, Jr., "What Makes Education Christian?" *A Theology for Christian Education*, James Riley Estep, Michael J. Anthony, and Gregg R. Allison, eds. (Nashville: Broadman & Holman, 2008), 32-7.
14 Jean Piaget and Bärbel Inhelder, *The Psychology of the Child* (New York: Basic Books, 1966).

선택 3: 학생은 바울과 피아제 둘 모두를 다소 독립적으로 사용하지만 사회과학에 명백한 우위를 부여한다. 성경은 단순히 사회과학을 지지하는 데 사용되기에 사회과학이 우위에 있다. 따라서 이 리포트는 사회과학의 자료를 반영하고 있지만, 성경에서 온 이 비네트(vignette, 역자 주: 비네트는 특정한 사람이나 상황 등을 분명히 보여 주는 짤막한 글이나 행동을 말한다)는 인간 발달에 관한 사회과학적 묘사에 도움을 준다.

선택 4: 학생은 바울과 피아제 둘 모두를 사용하지만 바울의 신학을 피아제의 이론보다 우위에 두고 우선시한다. 피아제는 드물게 사용되며, 신학적 방식으로 변형되어 사용된다. 따라서 학생이 사용하는 주된 자료는 바울이고, 피아제는 나중이다.

선택 5: 학생은 인간 본성의 개념화에 대한 생각을 구체화하는 데 바울과 피아제를 모두 사용한다. 이 선택에서 교육의 형태와 본질은 모두 신학과 사회과학에서 파생된다. 학생은 바울과 피아제를 동시에 사용하려고 노력한다. 어떤 한계나 부족함 없이 이전 선택들이 가지고 있는 모든 장점이 존재한다. 따라서 학생의 리포트는 분석과 적용 측면에서 바울과 피아제를 함께 반영한다.

도표 2.4는 위에서 설명한 통합의 단계에 대한 진행 상황을 더 자세히 설명한다.

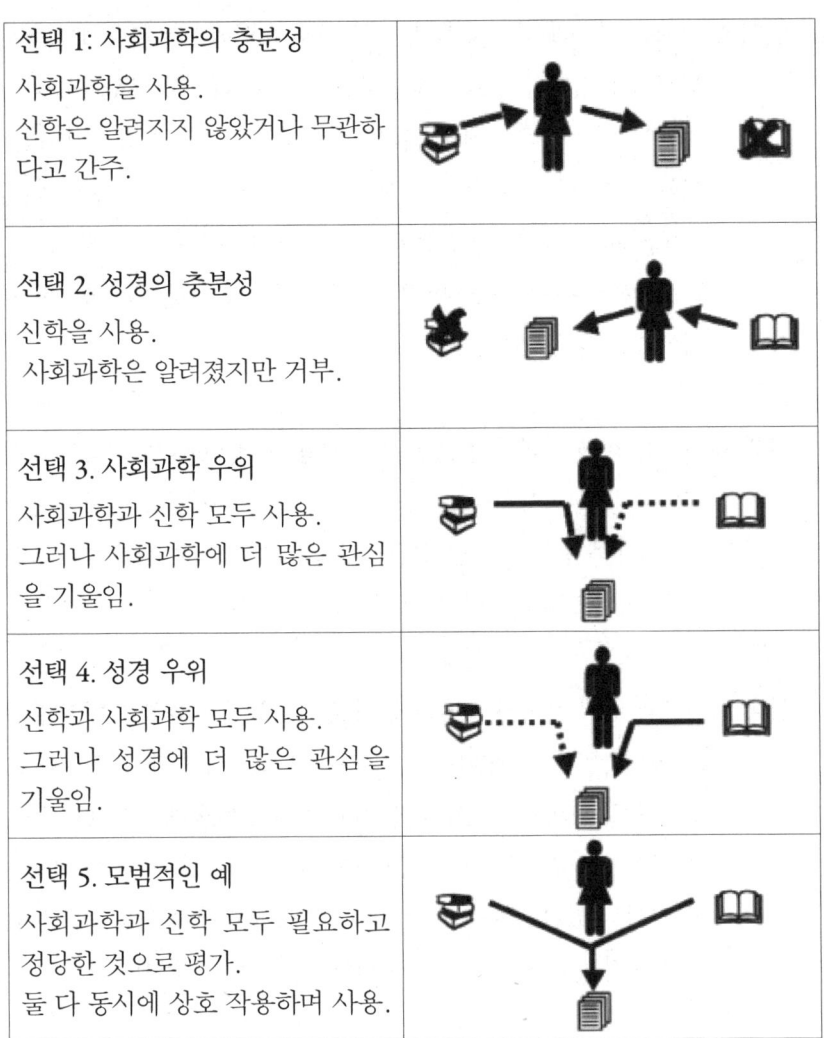

도표 2.4: 통합의 단계

그리스도인 형성에 대한 보다 완전한 그림을 위해 우리의 연구를 성경에만 국한시키지 말고 계시의 원천인 하나님의 창조를 포함시켜야 한다. 우리는 기독교 교육자에게 그리스도인 형성에 대한 충분한 이해를 제공하기 위해 성경의 진리와 창조의 진리를 통합해야 한다.

6. 그리스도인 형성에 대한 사회과학 이론의 영향

기독교 교육계, 특히 복음주의자들은 종종 다음과 같은 화언을 한다.

> 기독교 교육은 행동 과학을 기반으로 하는 신학적 훈육이다.[15]

사회과학 이론은 기독교 교육계의 그리스도인 형성에 대한 이해에 영향을 미쳤을까?

가브리엘 모란(Gabriel Moran)은 부쉬넬(Horace Bushnell)과 코우(George A. Coe)의 기독교 교육에 대한 발달적 접근에 대한 초기 시도에 주목하면서 "종교 교육의 현대 역사는 발달주의 사상을 둘러싼 투쟁으로 읽힐 수 있다"라고 언급했다.[16]

마찬가지로 리차드 오스머(Richard Osmer)는 에릭슨(Erikson)과 피아제(Piaget)의 "생애주기와 구조적 발달" 이론을 각각 인용하면서 "최근 신앙 발달에 대한 논의는 발달심리학의 진보로 촉발되었다"라고 말했다.[17]

아마도 최고는 수잔 존슨(Susanne Johnson)의 정의로 그녀는 "오늘날 기독교 교육의 기초 이론과 실천은 정신-역동적 사고(psycho-dynamic thought, 프로이트, 융, 에릭슨)와 구조-발달 이론(structural-development theory, 피아제, 콜버그, 파울러)에 뿌리를 둔 발달 이론"이라고 말했다.[18]

아마도 그리스도인 형성에 대한 우리의 이해에 미친 사회과학 이론의 영향에 관한 가장 좋은 예는 제임스 파울러(James Fowler)의 예일 것이다.

15　D. Campbell Wyckoff, "Theology and Education in the Twentieth Century," *Christian Education Journal* (15.3), 12.

16　Gabriel Moran, *Religious Education Development* (Minneapolis: Winston Press, 1983), 21.

17　Richard R. Osmer, "Faith Development," Harper's Encyclopedia of Religious Education (New York: Harper and Row, 1990), 249.

18　Susanne Johnson, *Christian Spiritual Formation in the Church and Classroom* (Nashville: Abingdon Press, 1989), 106.

『유아기의 신앙 발달』(Faith Development in Early Childhood)이라는 에세이에서 파울러는 "창발적 자아(emergent self)와 신앙의 기원(genesis of faith)"에 속해 있는 에릭슨, 피아제, 스턴(Daniel N. Stern), 리주토(Ana-maria Rizzuto)의 발달 이론들과 관련하여 어린 시절의 신앙의 단계를 보여 주는 흥미로운 차트를 제공한다.[19] 참으로 사회과학적 통찰력은 그리스도인 형성에 대한 기독교 교육계의 이해에 영향을 미쳤다.

기독교 교육계는 사회과학 이론이 그리스도인 형성에 대한 접근 방식을 개념화하는 귀중한 렌즈를 제공한다고 명백히 주장하는 것 같다. 미시건주립대학교(Michigan State University)과 트리니티국제대학교(Trinity International University)의 명예교수인 테드 워드(Ted Ward)는 영성 자체를 반드시 하나의 발달 과정이라고 여기지는 않지만, 다양한 형태의 인간 발달(육체적, 지적, 정서적, 사회적, 도덕적)을 "영적 생태학"(spiritual ecology)으로 간주한다.

그는 다음과 같이 말한다.

> 발달 이론적 관점은 교육자에게 각 인간의 삶을 관찰, 측정, 평가할 수 있는 공통적인 면들을 통해 새롭게 만들어진 유일무이한 사람으로 이해할 것을 요청한다. 그러나 본질적으로 중심에 영적 실재를 가진 인간의 혼은 하나님의 구속의 은혜를 통해 살아 있거나 그렇지 않으면 죄 가운데서 영적으로 죽어 거듭나지 않은 것이다(엡 2:1).[20]

그의 발언이 신학뿐만 아니라 사회과학의 통찰력을 어떻게 통합하는지 주목하라. 이것이 통합 모형이다.

---

19 James W. Fowler, "Strength for the Journey: Early Childhood Development in Selfhood and Faith," *Faith Development in Early Childhood*, Doris A. Blazer, ed. (Kansas City: Sheed and Ward, 1989), 8-9.

20 Ted Ward, "Introduction," *Nurture That is Christian*, James C. Wilhoit and John M. Dettoni, eds. (Wheaton, Illinois: Victor Books, 1995), 16.

7. 신학 vs. 이론?

마치 두 개의 다른 세계에서 시작된 것처럼 신학과 사회과학 사이에 거대한 격차를 쉽게 인식할 수 있다.

그렇다면 서로 멀리 떨어져 있는 신학과 사회과학이 공통으로 지닐 수 있는 것은 무엇일까?

그러나 이는 너무 현실과 동떨어진 질문이다. 사실 신학과 사회과학은 차이점보다 훨씬 더 많은 공통점을 가지고 있다. 신학과 과학은 도표 2.3과 같이 실제로 지적 형제들을 가지고 있다.

그들의 관계는 얼마나 가까울까?

도표 2.5는 신학과 사회과학을 비교하면서 그 둘의 독특한 공통점을 보여 준다.

	신학	사회과학 이론
계시	성경이라는 하나님의 특별계시에 근거	창조라는 하나님의 일반계시에 근거
인간의 탐구	논리, 이성, 비판적 사고 같은 인간의 탐구를 통해 계시의 의미 파악	논리, 이성, 비판적 사고 같은 인간의 탐구를 통해 계시의 의미 파악
인정된 해석 방법	주해/해석학 예: 문학적 또는 역사적-문법적 접근법	과학적 방법 예: 질적, 양적 연구
책임지고 있는 공동체	교회 또는 학계, 신학자들	과학계 또는 교육계
3단계 발달	성경 본문 - 교리 - 신학	과학적 사실 - 법칙 - 이론
자기 수정 및 다원성	신학들: 교회의 역사는 다른 신학적 전통의 발전(예: 감리교, 개혁주의, 침례교)과 더불어 믿음과 실천의 오류에 대한 반응으로 신학의 지속적인 개혁을 보여 준다.	이론들: 과학계의 역사는 다양한 이론들의 발전(예: 피아제 학파, 비고츠키 학파, 신피아제 학파)과 더불어 이론의 지속적인 개선을 보여 준다.
이성 & 신앙(인식론)	인식의 수단으로 신앙과 이성을 강조	인식의 수단으로 이성과 신앙을 강조
인간	성경의 수령인, 신학의 주제 예: 기독교 인간론	창조의 수령인(창조의 일부), 과학의 주제 예: 인간 발달

도표 2.5: 신학과 이론

신학과 사회과학 이론은 세부 사항은 다르지만 실제로 서로 이질적인 것은 아니다. 그러므로 서로를 소외시켜서는 안 된다. 신학과 사회과학 이론은 공통의 기원, 즉 하나님의 계시에 대한 인간의 탐구를 공유하며, 이 탐구는 신학과 사회과학 이론이 공유하는 공통점들에 대한 상당한 이유를 제공했다. 따라서 이 둘의 통합은 분명히 이치에 맞으며 분명 가능한 일이다.

8. 성경과 인간 발달

성경은 발달주의(developmentalism)를 반영할까?
성경적 삶의 초상은 전 생애 발달 개념과 어떻게 연결되어 있을까?
존 디토니(John Dettoni)와 제임스 윌호이트(James Wilhoit)는 발달주의와 기독교 간의 연관성을 정확하게 발견했으며, 이 발견은 사회과학과 성경적 통찰력을 통합하는 데 도움이 된다.[21]

그렇다 하더라도 성경은 실제로 인간 발달에 대해 어떻게 말하는가?

혹자는 성경은 과학적 통찰력을 제공하지도 않고, 과학적 언어를 사용하여 인간 발달에 대한 접근 방식을 명확히 설명하지도 않기 때문에 인간 발달에 대한 우리의 이해와는 아무런 관련이 없다고 쉽게 주장할 수 있다. 그러나 이런 식의 가정과 예상은 말도 안 된다.

성경은 인간의 본성과 인간의 영적 필요성에 대해 많은 것을 말하고 있지만, 인간 발달에 대해서 어떻게 언급하는가?

성경은 인간 발달에 관한 교과서도 아니며, 그렇게 되어서도 안 된다. 인간 발달에 관한 성경의 언어는 네 가지 의견으로 요약할 수 있다.[22]

---

21 James Wilhoit and John Detonni, *Nurture That is Christian* (Wheaton, Illinois: Victor Books, 1995), 27-30.
22 이 인용은 램(Rammm)의 글 66-76에서 얻은 성경과 과학의 언어에 대한 통찰력을 보여 준다.

1. 성경은 인간 발달을 설명하기 위해 과학적 언어가 아닌 대중적 언어를 사용한다. 당시의 의학적 용어를 자주 사용한 누가는 예외일 수 있지만,[23] 대다수의 성경 저자는 인간을 설명할 때 대중적 용어를 사용한다.
2. 성경은 또한 현상학적 언어에 의존한다. 즉, 인간 발달이 왜 일어나는지에 대한 자세한 설명 없이 겉으로 보이는 대로 단순하게 설명한다.
3. 이전 설명과 마찬가지로 성경은 인간 발달에 대한 이론을 가정하지 않는다. 즉, 인간 현상을 항상 설명하지는 않는다.
4. 또한, 성경은 문화적 기반을 두고 인간 발달을 설명하지만, 문화에 얽매이지는 않는다. 즉, 행동과 활동에 대한 설명은 일반적으로 심리적 또는 사회학적이라기보다는 사회문화적이다.

이 네 가지 의견을 설명하기 위해 수많은 성경 구절이 사용될 수 있지만, 아마도 두 구절이면 충분할 것이다. 누가복음 2장 42-52절은 예수님이 12살에 예루살렘 성전에 있을 때를 기록한 구절로 사춘기 예수님에 대한 유일한 율법적 서술이 담겨 있다. 누가는 예수님의 생애 중 일부분만을 기록하고 있다.

> 예수께서 열두 살 되었을 때에 그들이 이 절기의 관례를 따라 올라갔다가 … 예수께서 이르시되 어찌하여 나를 찾으셨나이까 내가 내 아버지 집에 있어야 될 줄을 알지 못하셨나이까 하시니 … 예수는 지혜와 키가 자라가며 하나님과 사람에게 더욱 사랑스러워 가시더라(눅 2:42, 49, 52).

42절에서 예수님은 "절기의 관례를 따라" 성전에 있었다. 그러나 49절에서 누가는 왜 예수님이 자신이 하나님의 아들이라는 것을 깨달았는지, 또

---

[23] Cf. William Kirk Hobart, *The Medical Language of St. Luke* (Grand Rapids: Baker Book House, rpt, 1954). 그의 연구는 과장되었다는 이유로 최근 몇 년 동안 더욱 도전을 받았지만 결코 잘못된 것은 아니다.

는 적어도 처음으로 자신이 하나님의 아들이라는 것을 명확하게 표현했든지에 대해 아무런 설명도 하지 않는다.

그러나 인지 발달에 정통한 사람은 (하나님의 아들이라는 자신의 정체성을 포착하기 시작하는 능력 같은) 추상적인 생각을 이해할 수 있는 능력인 형식적 조작(formal operation)을 시작하는 나이인 열두 살과의 연관성을 이끌어 낼 수도 있다. 마찬가지로 마지막 절 역시 예수님의 발달에 대한 설명 없이 청소년기에서 젊은 성인으로 성장하는 예수님을 일반적인 비과학적 용어로 단순하게 묘사한다.

간단히 말해서, 적어도 예수님의 성장을 가장 분명하게 다루는 이 짧은 구절은 성경이 인간의 발달을 어떻게 묘사하는지에 관한 위의 네 가지 의견을 반영하고 있다.

이런 발달을 반영하는 또 다른 구절은 아이의 이미지를 사용하는 바울을 들 수 있다.

> 내가 어렸을 때에는 말하는 것이 어린아이와 같고 깨닫는 것이 어린아이와 같고 생각하는 것이 어린아이와 같다가 장성한 사람이 되어서는 어린아이의 일을 버렸노라(고전 13:11).

바울은 아이들이 어른들과 다르게 생각하고 말하는 일반적인 관찰을 하는데, 이는 본질적으로 정확하다. 그러나 바울이 보여 주고 있는 것은 유년기에서 성인기로의 변화에 관한 대중적이고, 현상학적이며, 비이론적인 묘사이다.

그는 구조주의(structuralism, 일명 피아제라고도 알려진)적 가정과 사회문화적 상호 작용(일명 비고츠키라고도 알려진)의 필요성을 설명하면서 유아기에서부터 성인기에 이르는 인지 발달 이론을 제시하지 않으며, 아동교육학(pedagogy) 대 성인교육학(andragogy)과 유사한 토론에 참여하지도 않는다. 바울은 그저 일상적 관찰에 근거하여 이런 변화를 주장한다.

요약하면, 인간의 발달을 언급하지만, 성경은 실제로 발달 이론 교과서가 아니며 또한 그렇게 될 것으로 기대해서도 안 된다. 성경이 21세기 독자의 언어를 사용하지 않는다고 해서 성경이 독자들의 주제에 대해 침묵하고 있다고 생각하거나, 성경의 통찰력을 거부할 이유는 없다.

9. 통합의 평가

오늘날 기독교 교육자들은 인간 발달 이론을 그리스도인 형성에 대한 그들의 논의에 통합하고 있는가?

그 대답은 거의 자명하다. 가브리엘 모란(Gabriel Moran)의 『종교 교육 발달』(Religious Education Development)은 주로 에릭슨, 피아제, 콜버그, 파울러의 이론에 관한 종교적 발달에 대한 접근 방식을 기반으로 한다.[24] 이와 유사하게, 아이리스 컬리(Iris Cully)는 에릭슨과 피아제에 주로 의존하면서 어린이의 영적 성장이라는 주제에 접근한다.[25]

최근 들어서 캐서린 스톤하우스(Catherine Stonehouse)의 『아이들과 함께하는 영적 여정』(Joining Children on the Spiritual Journey, 1998)과 같은 저서들 역시 어린이의 영적 성장을 설명하고 정의하는 데 인간 발달 이론이 도움이 되고 있음을 보여 준다.

비록 웨스터호프(John H. Westerhoff)의 4단계 이론이 네 개의 순차적이고 점진적인 발달의 단계라는 관점에서 신앙의 형성과 관련이 있지만, 그의 4단계 이론은 아마도 공식적 발달 이론의 영향을 가장 덜 받은 이론일 것이다.[26]

---

24 Moran, 29-126.
25 Iris V. Cully, *Education for Spiritual Growth* (New York: Harper and Row, 1984), 125-46.
26 Gwen Kennedy Neville and John H. Westerhoff III, *Learning Through Liturgy* (New York: Seabury Press, 1978), 161.

마지막 예로 페리 다운즈(Perry Downs)의 『영적 성장을 위한 가르침』(*Teaching for Spiritual Growth*)이 있다. 그는 발달주의의 기반이 되는 열 가지 가정의 개요를 설명하고 기독교 교육에 대한 접근 방식을 형성하는 데 있어서 발달주의의 역할을 옹호하면서 발달주의와 교육 과정에서 발달주의의 역할에 대한 설명에 전체 장을 할애하고,[27] 이어지는 장들에서 몇몇 주요 발달주의자들을 요약하고 비판한다. 인간 발달에 대한 접근 방식(예: 피아제, 비고츠키, 길리건/콜버그, 파울러)은 그리스도인 형성에 대한 접근 방식의 이론화에 지배적인 목소리를 내는 것으로 보인다.

그러나 이런 접근 방식의 장단점은 없을까?

통합 작업을 수행할 때 유지해야 할 이점과 주의 사항은 무엇인가?

존 예이츠(John Yeatts)는 그리스도인 형성에 대한 발달적 체계를 "도움은 되지만, 부족하다"[28]라고 평가한다. 예이츠의 이 한마디는 인간 발달 이론을 그리스도인 형성에 통합하는 접근 방식에 대한 완전한 평가라 할 수 있다.

그러면 그리스도인 형성에 대한 우리의 이해에 인간 발달 이론을 포함시킬 때 얻게 되는 도움은 무엇일까?

발달 이론에 관한 항목들은 계속 증가하기 때문에 일일이 다 열거할 수 없지만, 가장 긍정적인 영향은 다음 네 항목으로 쉽게 요약할 수 있다.

첫째, 발달적 접근 방식은 신앙, 종교생활, 그리스도 안에서 성장하는 방법에 대한 보다 정확하고 전문적인 새로운 관점을 제공한다.

둘째, 발달적 접근 방식은 기독교 교육자가 삶의 다양한 단계에서 그리스도인 형성을 더 잘 다룰 수 있게 해 준다. 예를 들어, 7세 어린이와 70세

---

[27] Perry Downs, *Teaching for Spiritual Growth* (Grand Rapids: Zondervan Publishing Company, 1994), 69-80.
[28] Ch. John R. Yeatts, "Helpful but Inadequate: A Critique of the Developmental Paradigm," *Christian Education Journal*, 13(1): 49-60.

노인의 자연적 발달의 차이 때문에 어린이의 그리스도인 형성과 노인의 그리스도인 형성은 상당한 차이가 있다.

셋째, 발달적 접근 방식은 그리스도인 형성을 어느 정도는 인간적 과정, 즉 양육하고, 키우고, 가르칠 수 있는 것으로 만드는데, 이는 그리스도인 형성의 인간적 차원을 강조한다는 의미이다.

넷째, 발달 이론은 개인이 처한 상황의 영향력을 성장의 한 요인, 즉 개별 신자와 관련된 교회의 필요성을 점점 더 인식하고 있기 때문에 발달적 접근 방식은 기독교 교육자에게 그리스도인 형성을 위한 환경으로서 사회 문화적 상황의 필요성에 대해 더 깊은 공감을 제공한다.

그러나 예이츠의 "그러나 부족하다"라는 말 역시 고려해야 한다. 우리는 단순히 그리스도인 형성을 잘 알려진 인간 발달 이론 중 하나와 동일시할 수 없다. 만일 그리스도인 형성에 대한 접근 방식이 순전히 인간 발달 이론에 기초한 조작(fabrication)이었다면, 그런 접근 방식은 기독교 교육, 그리고 그리스도인에게 부적절할 것이다.

예를 들면, 프린스턴대학교의 리차드 오스머(Richard Osmer)는 "발달 패턴 자체가 그리스도인의 삶을 묘사하기에 적절한지," 그리고 특히 파울러의 이론에 관해 "인간의 신앙을 설명하기 위해 구조주의[즉, 주로 뇌의 발달에 기초한 발달 단계]를 사용하는 것이 기독교 신앙 현상을 왜곡시킨다"라고 지적하면서 주의를 촉구한다.[29]

이 지적은 앞서 언급한 주의 사항을 나타낸다. 기독교 교육자들은 그리스도인 형성을 단순한 발달 과정이나 인간의 한 측면으로 착각해서는 안 된다. 따라서 그리스도인 형성을 발달로 정의하거나 순차적인 진보 단계로 정의할 때, 특히 기독교 공동체인 교회의 상황이 배제될 때, 기독교 교육자들은 그리스도인 형성에 대한 접근 방식을 안정시키기 위해 사회과학과 균

---

29 Osmer, 252-3.

형을 이루는 신학의 증거를 명심해야 한다. 오직 발달 체계만 고수하는 것은 신학적 체계만 고집하는 것 이상으로 기독교 교육자에게 유익하지 않을 것이다.

10. 기독교 교육자들에게 미치는 영향

그리스도인 형성 과정에 대한 신학적 통찰력과 이론적인 통찰력을 모두 중시하는 통합적 접근 방식은 기독교 교육계에 속한 사람들에게 다음과 같은 영향을 미친다.

첫째, 기독교 교육자들은 하나님의 첫 번째 계시인 창조의 계시를 인정하고, 가치 있게 여기고, 활용해야 하며, 계시에 대한 연구는 그리스도인 형성에 대한 우리의 개념화에 영향을 미치는 인간 발달 이론이라는 결과로 이어진다. 우리는 신학만이 아니라 사회과학 역시 공부해야 한다.

둘째, 이런 접근 방식은 기독교 교육자들에게 모든 진리는 하나님의 진리라는 주장을 단언하도록 요구하면서 성경의 진리와 창조 사이의 통합적 사고를 촉진시킨다. 이 견해는 기독교 교육자가 일관된 세계관을 가지고 성경과 창조에 계시된 하나님의 진리를 서로 다른 별개의 것이 아닌 하나로 다루게 한다.

셋째, 그리스도인 형성에 대한 우리의 접근 방식에 인간 발달 이론을 포함시키는 것은 전 생애에 걸쳐서 사람들에 대한 존중감을 조성한다. 예를 들면, 기독교 교육자들은 발달 정도에 있어서 성인과 극명하게 구별되는 어린이와 청소년에 대한 교회의 사역과 관련해서 인간 안에 내재된 선천적 발달 과정을 이해해야 한다.

넷째, 기독교 교육자들은 그리스도인 형성을 매우 개인적인 현상으로 표현할 수 있고, 그런데도 부분적으로 우리의 발달이 삶 전반에 걸쳐 하나님의 사역과 상호 작용하면서 발달 노선을 따라 다소 예측 가능한 패턴으로 진보하는 현상으로 표현할 수도 있다.

다섯째, 그리스도인 형성과 인간 발달의 상호관련성을 인정하는 것은 기독교 교육자가 모든 연령의 신자에게 부적절하게 적용되는 성인 교육의 일반적 패턴이 아닌, 그리스도인 형성에 적합한 연령별 환경을 제공하도록 장려한다.

11. 결론

로버트 프로스트(Robert Frost)의 〈담장 고치기〉(Mending Wall, 1949)는 우리를 위한 메시지를 갖고 있는 것 같다. 이 시에서, 프로스트는 우리가 울타리, 돌담을 쌓고 관찰하는 이유에 대해 깊이 생각한다.

> 담장을 싫어하는 무엇이 있다.…
> 그리고 어느 날 우리[이웃]는 서로 만나 경계를 따라 걸으며
> 다시 한번 우리들 사이의 담장을 고친다.
> 걸으면서 우리들 사이의 담장이 온전하게 되도록 한다.
> 담장을 만들기 전에 내가 묻고 싶은 것은
> 이 담장으로 우리가 서로 무엇을 보호하고 무엇을 막으려 했는지를,
> 그리고 내가 누구에게 적대감을 표시하려는 것이었는지를.

우리 역시 신학과 사회과학 이론 사이에 불필요한 담장을 쌓고 있는 것은 아닐까?
인간 발달 이론을 적 또는 어리석은 것으로 간주하여 기독교 교육자인 우리의 사역과는 무관한 것으로 여기지 않았는가?
설령 담장이 필요하다 하더라도 그렇게 높게 세워야만 했을까?

프로스트 역시 "울타리가 튼튼해야 사이 좋은 이웃이 된다"라고 말하고 있지만, 그것은 필요할 때뿐이다. 신학과 사회과학 이론은 이웃이 될 수 있고 친구가 될 수 있으며, 그 둘을 유지하기 위해 담장이 필요하지 않을 수도 있다. 담장이 신학과 사회과학 이론의 특색을 유지할 수 있게 해 줄지는 모르지만, 담장이 우리와 사회과학 사이를 완전히 갈라놓을 필요는 없다. 우리가 "담장으로 보호하거나 막으려는 것"이 사실은 그리스도인 형성에 대한 우리의 이해에 도움이 될 수 있다.

제3장

지적 발달과 그리스도인 형성[1]

조나단 H. 킴(Jonathan H. Kim)

---

[1] 저자는 원래 제3장의 일부를 "Cognition and Faith Formation," *Christian Education Journal*, 5(2): 1-23. Copyright 2007을 통해 출판했으며, 출판사의 허가를 받고 여기에 수록했다.

교회의 시작부터 현재에 이르기까지, 그리스도인들은 그리스도인 형성과 관련된 정확한 설명을 제공하기 위한 종합적 연구에 지속적으로 참여해 왔다. 의심할 여지없이 최근 들어 그리스도인 형성에 대한 교회의 관심이 급격하게 높아짐에 따라 지적 발달과 그리스도인 형성을 둘러싼 논의가 급물살을 타고 있다. 때가 왔고, 교회는 그 관계에 관한 현대적 견해의 기초가 되는 가정들에 주의를 기울여야 하고 교회의 구성원들에게 정확한 통찰력을 제공할 필요가 있다.

제3장은 지적 발달과 그리스도인 형성 사이의 관계에 대한 개요를 제시한다. 이 장이 중점을 두고 있는 것은 기독교 신앙의 발달과 관련된 인간 지성의 합리적 및 관계적(즉, 실증적) 기능이다. 즉, 신앙 형성의 맥락 속에 인간의 지적 능력을 배치함으로 기독교의 성화를 이해하는 통합적 방법을 제시한다. 신앙과 지성은 서로 보완적 관계에 있기 때문에 이 둘의 상호 관계를 이해하는 것은 기독교의 영적 성장에 대한 전체적인 그림을 제공할 것이다.

제3장은 서로 분명히 다르지만 상호 연관이 있는 네 부분으로 나뉜다.

첫 번째 부분은 지적 발달 이론의 개요로 주로 장 피아제(Jean Piaget)와 레프 비고츠키(Lev Vygotsky)의 이론을 제시한다.
두 번째 부분은 지적 발달에 대한 성경적 연구가 뒤따른다.
세 번째 부분에서는 그리스도인 형성과 목회 사역에 대한 우리의 이해에 미치는 영향과 함께 지적 발달에 대한 기독교적 관점을 보여 준다.

1. 인지 발달 이론과 이론가들

일반적으로 지성은 합리적 차원인 스키마(schema)와 관계적 차원인 테마(thema)로 나뉜다. 스키마는 마음의 합리적 구조를 말한다. 스키마는 분석적 지식의 개념과 검증에서 생성적(generative)이고 규범적인 힘을 지닌 마음의 원형을 나타낸다. 스키마는 앎(knowing)의 기본 출발점이자 촉매제 역할을 하는 마음의 합리적 내재성을 가리킨다. 일반적으로 스키마는 정신적 형태, 모양 또는 형상을 의미하지만, 특정 의미에서 사물이나 마음의 성격 또는 특성을 말한다(도표 3.1).[2]

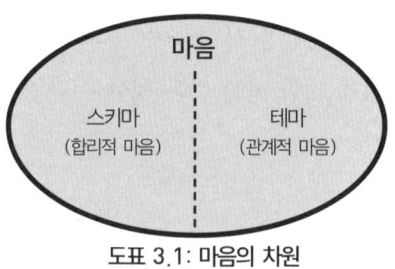

도표 3.1: 마음의 차원

스키마(즉, 합리적 마음)의 결정적 기능을 이해하는 사람들은 지식의 논리적 형식화(logical formalization)와 활용은 새로운 정보의 이론적 시작과 관련된 동화(assimilation)와 새로 받아들여진 정보가 기존의 스키마에 변증법적으로 합성되는 내재화 과정을 포함하는 조절(accommodation)을 수반한다고 주장한다. 그러면 이 형식화(formalization)는 믿음(역자 주: 여기서 믿음은 지식, 약속 등에 대한 확신을 의미한다)이 발현되는 스키마를 재구성하게 된다. 제3장의 후반부에서 설명하겠지만 이 과정은 그리스도인 형성과 교육에 영향을 미친다.

---

[2] Henry George Liddell and Robert Scott, *A Greek-English Lexicon* (Oxford, UK: The Clarendon Press, 1968), 789.

마음의 두번째 차원은 지성의 관계적 인식 기능을 나타내는 테마(*thema*)이다. 테마라는 용어는 기본적으로 **아래에 놓이거나 내려놓는 것**을 의미하며, 기술적으로는 마음의 주요 (비파생적) 요소 또는 속성을 나타낸다.[3] 테마는 경험적 지식의 이해와 검증에서 건설적이고 규범적인 힘을 지닌 마음의 경험적 차원을 나타낸다.[4]

테마는 관계적 마음의 실천(praxis-relational mind) 또는 제일 원리, 일차적 개념 또는 선입견(마음속 깊이 지니고 있는 확신, 격언, 사상적 범주)과 같은 경험적 지식이라는 심층 구조의 원형이다.[5] 테마의 결정적 기능을 이해하는 사람들은 그리스도인 형성을 인간과 하나님, 인간과 인간, 인간과 상황의 상호 작용을 수반하는 마음의 상호적 정신 활동(inter-mental activity of the mind)과 연관 짓는다.[6] 그들은 신앙을 사람들이 구축하는 실증적 경험, 관념의 발달, 영적 경험의 의미에 대한 이해 같은 것들로 간주한다.

---

3 Ibid.
4 Gerard Holton, *Thematic Components: Thematic Origins of Scientific Thoughts* (Cambridge, Massachusetts: Harvard University Press, 1970), retrieved October 27, 2005, from http://www.autodidactproject.org/other/themata1.html.); Serge Moscovici and George Vignaux, "The Concept of Themata" in K. Duveen, ed., *Social Representations: Explorations in Social Psychology* (Cambridge, UK: Polity Press, 2000), 156-83; Heinz Streib, "Faith Development Theory Revisited: The Religious Styles Perspective," *The International Journal for the Psychology and Religion*, 11(3): 143-58.
5 Moscovici and Vignaux, "The Concept of Themata," 177.
6 James Balswick, Pamela King, and Kevin Reimer, *The Reciprocating Self: Human Development in Theological Perspective* (Downers Grove, Illinois: IVP, 2005); James R. Estep, Jr., "Spiritual Formation as Social: Toward Vygotskian Developmental Perspective," *Religious Education*, 97(2002): 141-64; Cynthia J. Neal, "The Power of Vygotsky," Nurture That Is Christian, James Wilhoit and John Dettoni, eds. (Grand Rapids: Baker, 1995), 123-37; Streib, "Faith Development Theory Revisited"; Heinz Streib, "Faith Development Research Revisited: Accounting for Diversity in Structure, Content, and Narrativity of Faith" *The International Journal for the Psychology of Religion*, 15(2): 99-121.

2. 도식적 관점(Schematic Perspective): 피아제의 이론

스위스의 천재 학자 장 피아제(Jean Piaget, 1896-1980)는 아마도 인지 발달에서 가장 인정받는 이름일 것이다. 수학을 매개로 어린 시절부터 13세까지의 인지 발달을 측정한 피아제는 기본적으로 아무 문제가 없는 지능 발달 이론을 개발했다. 그의 주요 저서 『아동 심리』(*The Psychology of the Child*)와 『발생학적 인식론』(*Genetic Epistemology*)은 그의 이론을 잘 보여 준다.[7]

지나치게 단순화하지 않으면서도 피아제의 이론은 조직(Organization), 적응(Adaptation), 단계(Stages)라는 세 단어로 특징지을 수 있다.

피아제는 인간은 선천적으로 조직(*organization*)에 대한 욕구를 가지고 태어난다고 가정했는데, 이는 우리가 범주(categories), 패턴(patterns), 생각들 간의 연결(connections)을 만드는 것과 같이 우리의 추론을 체계화하려고 노력하는 것을 의미한다. 추론을 체계화하는 가장 확실한 증거는 두 살 된 아이가 주변 환경을 이해하기 위해 필사적으로 계속해서 "왜"라고 묻는 모습일 수 있다.

피아제의 이론이 조직을 가정한 이유는 합리주의와 경험주의 사상을 통합한 칸트에 뿌리를 두고 있기 때문이다. 피아제 이론의 초점은 지각, 상징, 개념, 가설/이론과 같은 다양한 형태의 지식을 활용하는 마음의 질적 산출에 있었다.

조직은 적응(*adaptation*) 과정을 통해 성취된다. 적응 과정에는 상호 관련된 세 가지 요소가 있다.

첫째, 동화(assimilation)
둘째, 조절(accommodation)
셋째, 평형(equilibration)과 불평형(disequilibration)

7　Jean Piaget, *The Psychology of Child* (New York: Basic Books, 1969); Jean Piaget, *Genetic Epistemology* (New York: Columbia University Press, 1970); Jean Piaget, *The Child and Reality: Problem of Genetic Psychology* (New York: Crossman, 1972).

도표 3.2는 적응 과정을 보여 주고 설명한다.

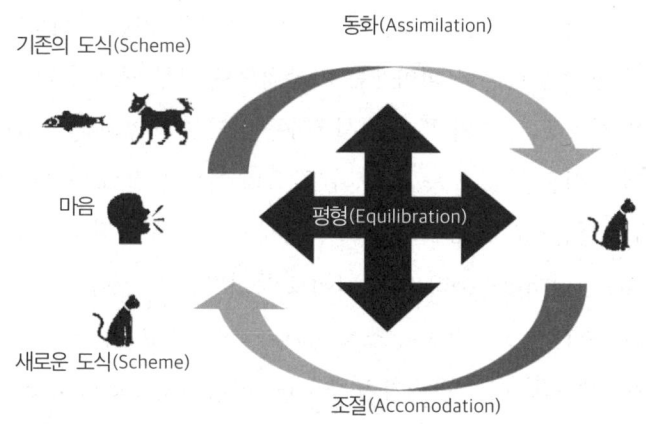

도표 3.2. 피아제의 사고[8]

아이는 물고기와 개라는 두 동물을 인식할 수 있다. 왜냐하면, 아이의 마음 속에 두 개의 '도식'(스키마, schemes) 또는 현실을 분류할 수 있도록 하는 간단한 설명이 이미 존재하기 때문이다. 물고기는 비늘이 있고, 물에서 살며, 아가미가 있는 반면, 개는 네 다리와 털을 가지고 있으며 땅에서 걸어 다닌다. 아이가 보는 동물이 오직 물고기와 개뿐이라면 평형은 이루어진다.

그러나 만일 아이가 고양이를 처음 보게 된다면 어떻게 될까?

분명 물고기는 아니다. 그러나 고양이 역시 네 다리와 털을 가지고 있으며 걸어 다닌다. 아이는 부모를 향해 "개"라고 외친다. 부모는 "그건 개가 아니라 고양이야. 고양이는 야옹, 개는 멍멍하고 울어"라는 설명을 해 준다. 이제 개에 관한 아이의 정의는 확대되었다. 그러나 더 중요한 것은 고양이라는 새로운 도식이 아이의 마음에 추가되었다는 것이다. 이제 균형이 회복되었고, 평형이 불평형을 대신하게 되었으며, 아이는 지적으로 성장한다.

---

[8] James Riley Estep, Illustration form CE605: *Human Development and Ministry* (2009), Lincoln Christian University (Lincoln, Illinois).

스노우맨(Jack Snowman)과 비흘러(Robert F. Beihler) 다음과 같이 요약한다.

> 조직화를 추구하는 과정에서 개인은 모든 것을 제자리에 넣을 수 있도록(동화) 모든 것을 위한 자리를 갖기 위해 노력한다(조절). 조직과 적응의 산물은 개인이 더 높은 수준에서 조직하고 더 효과적으로 적응할 수 있도록 하는 새로운 도식(스키마)의 창조이다.[9]

피아제는 동화-조절-평형의 과정을 통한 적응에서 오는 지능의 증가를 단계적 발달로 이론화했다(도표3.3).

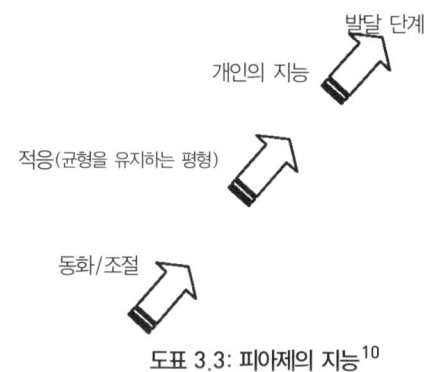

도표 3.3: 피아제의 지능[10]

결국, 피아제의 지능 발달 이론은 일련의 발달 단계로 표현된다. 피아제 이론은 4단계 또는 생각의 수준에서 인간의 지성적 기능과 발달을 설명한다(도표 3.4).

---

9 Jack Snowman and Robert F. Beihler, *Psychology Applied to Teaching* (New York: Houghton Mifflin Company, 1994), 39.

10 James Riley Estep, Illustration from CE605: *Human Development and Ministry* (2009), Lincoln Christian University (Lincoln, Illinois).

1단계: 반사적 사고(Reflexive Thinking)/감각 운동기(Sensorimotor Stage)
2단계: 직관적 사고(Intuitive Thinking)/전 조작기(Preoperational Stage))
3단계: 논리적 사고(Concrete Thinking)/구체적 조작기(Concrete Operational Stage)
4단계: 추상적 사고(Abstract Thinking)/형식적 조작기(Formal Operational Stage)

비록 피아제는 이런 인지 능력을 연령에 따라 4단계로 분류했지만, 이런 유형의 사고는 또한 연령에 상관없이 사람들의 타고난 지적 능력으로 이해될 수도 있다.

인지 능력	가장 잘 활용되는 지식의 형태	서술
반사적 사고/ 감각운동기 0-2세	지각(감각적 인상)	• 주로 시각, 청각, 촉각적 경험을 통해 이해 발달 • 감각운동적 문제 해결 • 초기 호감과 비호감이 발생 • 자신에게 몰두, 자기 중심적 사고에 영향
직관적 사고/ 전조작기 2-7세	상징(심리적, 정서적 인상)	• 심리학적 범주를 통해서 상징적 사고 가능 • 진정한 사회적 행동 시작 • 의도성이 결여된 도덕적 추론
논리적 사고/ 구체적 조작기 7-11세	개념	• 개념과 기본적 범주 표현 가능 • 개념 간의 논리적 관계를 이해할 수 있지만, 구체적인 경험을 통한 일반화에 의해서만 이해 • 논리를 문제에 적용 • 자율적 의지 발생 • 의도성이 형성
추상적 사고/ 형식적 조작기 11-15세	가설과 이론 (논리적 가정이나 추측)	• 비판적으로 사고 • 문제를 체계적으로 해결 • 인격 형성 시작 • 성인기에 대한 적응

도표 3.4: 피아제의 지능 발달 이론

1) 반사적 사고(Reflective Thinking)

지적 기능의 첫 번째 단계인 반사적 사고는 마음이 감각 경험을 어떻게 조정하여 지식을 이해하고 일련의 사상 체계에 따라 조직하는지를 설명한다. 일반적으로 반사적 사고는 시각, 청각 및 촉각적 경험을 포함하는 정보의 2차 유입을 기반으로 생성된다. 반사적 사고에 활용되는 지식의 주요 형태는 인상(impression)이다(예: 경험이라는 감각적 자료). 감각적 경험의 연상 기호로서 기능하는 인상은 대상을 이해하는 데 도움을 주고 생각을 이끌어 낸다.

반사적 형태의 앎(knowing)은 실제 보고, 듣고, 느끼는 것을 주로 포함하지만, 사람이 감각 경험을 이해하면, 생각은 지식으로 나온다. 반사적 사고 단계에서 지식은 지각에서 파생되어 나오고, 지각은 감각적 경험을 통해 얻어진다.

2) 직관적 사고(Intuitive Thinking)

지적 기능의 두 번째 단계인 직관적 사고는 마음이 지식을 직관적으로 인지하고 상징체계에 따라 지식을 정리하는 방법을 설명한다. 즉, 사람은 자신의 생각을 물리적인 세계로부터 분리하고, 그 생각을 일련의 심리적 체계로 조직하는 법을 배운다. 여기서 관찰과 정서적 인상은 일련의 정신적 상징으로 변환되고 그 다음 일련의 생각으로 변환된다. 이 단계에서 생각은 매우 자기 중심적이고 지각에 얽매여 있으며(perception bound), 추론적 뒷받침이 부족하다.

직관에는 두 가지 다른 유형의 직관(intuition), 즉 감각적 직관과 지적 직관이 있다는 것에 주목해야 한다. 대부분의 사람은 직관을 비추론적(non-inferential) 지식으로 획득한 대상에 대한 직접 지식으로 이해하는데, 우리는 이것을 감각적 직관이라고 부른다. 그러나 개념적 토대를 가진 또 다른 유형의 직관이 있는데 이를 지적 직관이라고 한다. 감각적 직관은 외적(물리적) 감각에 의해 생성되지만, 지적 직관은 혼(soul)이 소유한 내적(심리적, 정서적 경험과 같은 비물리적) 감각에 의해 생성된다.

에 대한 비고츠키의 생각은 지능 발달이 개인의 사회-역사적 경험에 의존한다는 가정에 근거하고 있다.

그 이유는 비고츠키가 언어 습득, 즉 어디에서 언어를 배우는가?

이를 지능 발달을 평가하는 수단으로 활용했기 때문이다(도표 3.5 참조).

 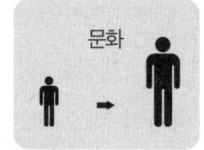 

개인 이전에 이미 존재   개인은 문화 속에서 성장   개인 안에서 정신 과정 발현

도표 3.6: 사회문화적 발달[11]

1) 살고 있는 사회 또는 문화(The Society or Culture in which They live)

이 접근법은 종종 "사회사적"(sociohistorical), "사회문화적"(sociocultural)으로 분류되거나 "사회재건주의"(social construction-ism)의 일부로 분류된다.[12] 본질적으로 비고츠키는 "사회는 개인보다 우선하며 개인의 사고가 나타날 수 있는 조건들을 제공한다"라고 주장했다.[13] 따라서 "발달은 목적론적(teleological)이거나 단방향적(unidirectional)이기보다는 상황에 의존하는(context-dependent)것으로 보아야 한다."[14]

---

11 Ibid.
12 Cf. Serge Moscovici, "The History and Actuality of Social Representations," *The Psychology of the Social* (Cambridge: Cambridge University Press, 1998), 209-47.
13 William Frawley, *Vygotsky and Cognitive Science: Language and the Unification of the Social and Computational Mind* (Cambridge, Massachusetts: Harvard University Press, 1997), 89.
14 Jonathan Tudge, "Vygotsky, the Zone of Proximal Development, and Peer Collaboration: Implications for Classroom Practice" *Vygotsky and Education: Instructional Implications and Applications of Sociohistorical Psychology*, Luis C. Moll, ed., (Cambridge, New York: Cambridge University Press, 1990), 158.

피아제가 제시한 단계적 이론과 달리 비고츠키는 발달은 일정하지 않고, 환경에 따라 달라지는 것으로 인식했다.[15]

문화는 어떻게 개인의 마음에 들어갈까?

비고츠키에 따르면, 문화는 정신적 도구(mental tools)를 통해 개인의 마음 속에 들어간다. 개인과 더 높은 인지 기능을 발전시키는 "외부 활동" 사이의 매개체가 바로 정신적 도구이다.[16] 정신적 도구들은 언어, 상징, 글, 개념 또는 예술 같은 것들인데 그 이유는 각각의 항목이 문화에서 개인으로 생각을 전달하기 때문이다. 물질적 도구가 인간의 신체적 능력을 확장시키는 것처럼, 정신적 도구는 인간의 정신적 능력과 역량을 확장시킨다.[17]

비고츠키는 발달이 다양한 "영역"(zone)에서 발생한다고 주장했다. 영역(*zone*)이라는 용어는 발달의 비선형적 영역을 의도적으로 의미하며, 근접(*proximal*)은 발달하거나 곧 발달될 행동에 의해 제한된다. 비고츠키는 다음 세 개의 발달 영역을 구분했다.

2) 실제적 발달 영역(Zone of Actual Development)

학생의 실제 발달 수준을 의미한다.

학생은 얼마나 독립적인 행동을 할 수 있을까? (역자 주: 스스로 문제를 해결할 수 있는 수준)

3) 잠재적 발달 영역(Zone of Potential Development)

학생의 성취 가능한 잠재력을 의미한다.

---

[15] Frawley, *Vygotsky and Cognitive Science*, 90-1.
[16] Uwe Flick, *The Psychology of the Social* (Cambridge, New York: Cambridge University Press, 1998), 98-9.
[17] Alex Kozulin, Vygotsky's Psychology: A Biography of Ideas (New York: Harvester Wheatsheaf, 1990), 110-50.

개인이 독립적으로 할 수 있지만 현재 할 수 없는 것은 무엇인가? (역자 주: 도움을 받아서 문제를 해결할 수 있는 더 높은 수준)

4) 근접 발달 영역(Zone of Proximal Development)

학생이 실제적 발달 영역과 잠재적 발달 영역에서 이동하는 데 필요한 지원의 양을 의미한다.

학생이 현재 할 수 있는 일에서 할 수 있어야 하는 일로 이동하는 데 얼마나 많은 도움이 필요한가?(역자 주: 혼자서는 문제를 해결할 수 없지만 성인의 도움 또는 또래와 협동하면 성공적으로 문제를 해결할 수 있는 영역)

발달 이론에 대한 비고츠키의 공헌을 가장 잘 포착하고 나타낸 것이 마지막 영역인 근접 발달 영역(ZPD)이다. 비고츠키에 따르면, 근접 발달 영역(ZPD)은 학습, 교육 및 발달의 상호관련성을 설명하기 때문에 "새로운 접근 방식"이다.[18]

그는 ZPD를 "독립적인 문제 해결에 의해 결정된 [어린이의] 실제 발달 수준과 성인의 지도하에서 또는 보다 유능한 또래들과의 협력을 통해 문제를 해결함으로 결정되는 잠재적 발달 수준 사이의 차이"로 정의한다.[19] 따라서 ZPD의 한계는 개인의 독립적인 수행 능력과 도움이 필요한 수행(performance)에 기초한다.[20]

앞서 언급했듯이 발달은 학습(learning)/교수(instruction)에 달려 있다고 확신한 비고츠키는 다음과 같이 언급했다.

---

[18] Lev S. Vygotsky, *Mind in Society: The Development of Higher Psychological Process*, M. Cole, V. John-Steiner, S. Scribner, and E. Souberman, eds. (Cambridge, Massachusetts: Harvard University Press, 1978), 84.
[19] Vygotsky, *Mind in Society*, 87.
[20] Elena L. Grigorenko, "Mastering Tools of the Mind in School (Trying Out Vygotsky's Ideas in Classroom)" in *Intelligence, Instruction, and Assessment: Theory into Practice*, Robert J. Sternberg, ed. (New Haven, Connecticut: Yale University, 1998), 211.

이런 관점에서 학습은 발달이 아니다. 그러나 적절하게 조직화된 학습은 정신발달을 가져오고 학습 외에는 불가능한 다양한 발달 과정을 시작한다. 따라서 학습은 문화적으로 조직화된 기능, 특별히 인간의 심리적 기능을 개발하는 과정에서 필요한 보편적인 측면이다. 요약하면, 우리의 가설의 가장 기본적인 개념은 발달 과정이 학습 과정과 일치하지 않는다는 것이다.

오히려 발달 과정은 학습 과정에 뒤처지고, 이 순서는 근접 발달 영역을 초래한다. 우리의 가설은 학습 과정과 내부 발달 과정의 정체성이 아니라 통일성을 확립한다. 우리의 가설의 두번째 특징적 개념은 비록 학습이 아동 발달의 과정과 직접적인 관련이 있지만, 발달은 학습에 의존하기 때문에 학습과 발달은 똑같이 또는 동시에 성취되지 않는다는 것이다.[21]

그러나 비고츠키의 이론에서 발전적인 점은 무엇일까?
단계, 수준, 또는 진행이 없는 것일까?
ZPD의 발달 차원을 이해하기 위해서는, 마음의 두 가지 기본적 기능, 즉 저차원/즉흥적 사고와 고차원/과학적 사고(도표 3.7)를 이해해야 한다.

도표 3.7: 고차원적 사고와 저차원적 사고[22]

---

21 Vygotsky, *Mind in Society*, 90-1.
22 James Riley Estep, Illustration from CE605: *Human Development and Ministry* (2009), Lincoln Christian University (Lincoln, Illinois).

저차원적 기능은 스키마의 기능과 관련된 개인의 분석적 인지 능력을 말하는 반면, 고차원적 정신 기능은 테마를 포함하는 반사적-능동적 인지 과정을 가리킨다.

다시 말해서, 저차원적 정신 기능은 정적이고 사색적인 이론적 지식을 생성하는 반면, 고차원적 정신 기능은 역동적이고 변환적인 소위 말하는 실천적 지식(praxis knowledge)을 생성한다. 저차원적 정신 기능은 일반적으로 수렴적 사고를 전제로 하는 반면, 고차원적 정신 기능은 다른 사고와 정황적 영향 모두를 전제로 한다.

하위/상위 사고의 개념이 근접 발달 영역(Zone of Proximal Development)과 결합될 때, 이 개념은 성인의 지도 또는 더 유능한 다른 사람들과 협력해서 달성된 추가적인 발달/학습 수준을 설명한다[23](도표 3.8 참조). 이론적 의미에서 볼 때, ZPD는 다른 중요한 사람들이 지능 발달에 미칠 수 있는 영향의 양을 나타낸다.

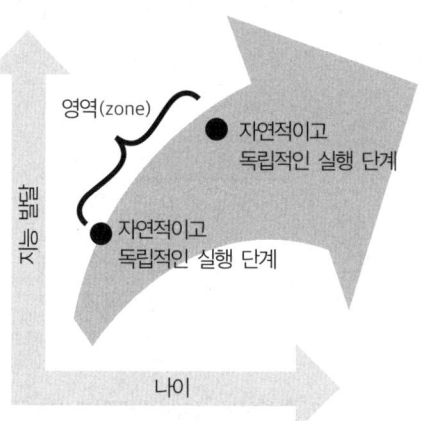

도표 3.8: 근접발달 영역(ZPD)

---

[23] Vygotsky, *Mind in Society*.

요약하면, 지능 발달에 대한 비고츠키의 관계적 인식론적(또는 주체적) 관점은 사고와 성장을 촉진하는 대화유도 과정을 강조한다. 즉, 더 높은 사고 기술(예: 인지적 비계, cognitive scaffolding)을 생성하는 대화 경험을 통해 사람이 어떻게 지적으로 발전할 수 있는지 설명한다.

4. 지능 발달에 대한 성경적/신학적 관점

제1장에서 언급한 바와 같이, 이성적 사고에 대한 우리의 능력은 바로 하나님의 창조 안에서 인간의 특별함을 의미하는 하나님의 형상(*Imago Dei*) 덕분이다. 성경적 인간론에 따르면, 지성은 이성적 속성 또는 혼(soul)의 사고 주체로 간주된다. 지성은 히브리어 단어 레브(*lebh*, 잠 4:23)와 그리스어 누스(*nous*, 고전 2:16)와 다이노니아(*dianoia*, 마 22:37; 막 12:30; 눅 10:27)에서 유래되었다.

이 단어들은 다양한 표현과 함축적 의미들과 관련이 있지만, 일반적으로 성경 속에서는 지성 또는 마음으로 번역되면서 마음의 합리적 활동을 의미한다. 지성은 성찰, 추론 및 판단을 사용하여 개념을 구상하고 인식하는 활동을 나타낸다. 기독교 신학 문헌에서 이해한 바와 같이 신앙은 성경의 진리를 정당화하면서 지성의 산출과 밀접하게 관련되어 있다.

성경은 개인의 지능 발달을 증명하는 데 이런 사실은 예를 들면 바울의 편지에서 관찰할 수 있다.

> 내가 어렸을 때에는 말하는 것이 어린아이와 같고 깨닫는 것이 어린아이와 같고 생각하는 것이 어린아이와 같다가 장성한 사람이 되어서는 어린아이의 일을 버렸노라(고전 13:11).

여기에 더해 예수님의 어린 시절에 대한 누가의 총체적 관찰 역시 성경이 밝히고 있는 개인의 지능 발달의 예이다.

예수는 지혜와 키가 자라가며 하나님과 사람에게 더욱 사랑스러워 가시더라(눅 2:52).

그러나 이것들은 어린 시절부터 성인기에 이르는 개인의 성장에 대한 단순한 관찰이다. 개인이 지적 능력 면에서 어떻게 성장하는지에 대한 성경적 그림을 실제로 얻기 위해서는 보다 더 깊이 있는 연구가 필요하다.

성경은 지능 발달 이론을 직접 제시하지는 않지만, 간접적으로 증명한다.[24] 성경이 교사들에게 교육의 모형이나 일련의 교육을 제시할 때, 이런 교육은 학생들의 정신, 즉 지성의 발전 정도에 근거한다. 성경 속 교육 이론은 특별히 구약의 지혜 문학 속에서 두드러지며, 지혜 문헌의 교육 이론에 많은 관심이 쏠렸다.

예를 들면, 다니엘 에스테스(Daniel J. Estes),[25] 제임스 크렌쇼(James L. Crenshaw),[26] 찰스 멜처트(Charles F. Melchert),[27] 돈 모건(Donn F. Morgan)[28]은 학생들의 지적 능력에 대한 이해의 범위를 반영하여 고대 이스라엘의 지혜 문헌에 명시된 광범위한 학습 방법을 확인했고, 그들이 확인한 교수법은 교사가 중심이 된 주입식 교육에서부터 학생들의 조력자인 교사에 이르기까지 다양하다.

예를 들어, 전도서, 잠언, 욥기는 학생들이 개별적으로 본문과 씨름할 것을 권장한다. 이는 학생들이 지적으로 성장하고 독립적인 사고를 할 수 있게 됨을 인정하면서, 더 어리거나 덜 발달한 학생들은 단순한 기계적 암기

---

[24] 다음 몇 페이지는 제임스 라일리 이스텝 주니어(James R. Estep)의 글 일부를 각색한 것이다. "Biblical Principle of Christian Education," *A Theology for Christian Education*, James Riley Estep, Jr., Michael J. Anthony, and Gregg R. Allison, eds. (Nashville: Broadman & Holman, 2008), 55-62.

[25] Daniel, J. Estes, *Hear My Son: Teaching and Learning in Proverbs* (Downer's Grove, Illinois: InterVaristy Press, 1997), particularly 101-24.

[26] James A. Crenshaw, *Education in Ancient Israel* (New York: Doubleday, 1998), 115-38.

[27] Charles Melchert, *Wise Teaching: Biblical Wisdom and Educational Ministry* (Harrisburg, Pennsylvania: Trinity Press International, 1998), particularly 47-58, 91-1-1, and 134-38.

[28] Donn Morgan, *The Making of the Sage: Biblical Wisdom and Contemporary Culture* (Harrisburg, Pennsylvania: Trinity Press International, 2002).

만 할 수 있다는 교사의 공감을 확실히 반영한 것이다.

잠언과 전도서는 매우 서술적인 전문용어를 사용하는데, 이스라엘 사람들이 이해하는 "학습 과정의 단계"에 통찰력을 제공하는 것으로 보이는 "학습 관련 동사, 구 및 관용구"를 사용한다.[29]

이스라엘 하이파대학교(University of Haifa)의 닐리 슈팩(Nili Shupak)은 히브리 지혜 문헌에 등장하는 어휘들(도표 3.9 참조)의 사용을 근거로 "학습의 점진적 발전 단계를 최초 수동적인 단계에서 마지막의 보다 적극적이고 창의적인 단계로 재구성하려고 시도한다."[30]

(역자 주: 닐리 슈팩은 히브리 지혜서에 사용된 용어들을 논하면서 지혜가 세대를 거쳐 전승되는 전통으로 여겨졌음을 강조한다. 도표 3.9에 기록된 히브리어[발음기호]는 모두 배움과 관련된 표현들로 순종 단계에 표기된 Šm은 '들으라'를 의미하는 שמר이다. šyt[שים]은 마음에 두는 '숙고'를 의미하며, lēb[לב]은 '내면화'를 말한다. 그녀는 성경 본문에서 배움과 관련된 다양한 어휘를 통해 학습이 단순한 정보 습득을 넘어, 점진적으로 내면화되고 인격을 형성하여 삶의 방향으로 실현되는 다층적 과정임을 밝힌다〈관찰 단계에서 지혜와 관련된 대상과 사용, 즉 "계명/교훈을 지키다"의 예는 "내 아들아, 네 아비의 명령[מִצְוָה]을 지켜[שְׁמֹר, Šm]"이다〉).

수동적 학습		
↓	경청, 순종	Šm, šyt, lēb와 동의어(최초 의미)
	관찰	šmr, ns.r, s.pn + 지혜(ḥ.okmâ)와 관련된 대상
	동화	qnh + ḥ.okmâ와 관련된 대상, bqś + ḥ.okmâ(최초 의미)와 관련된 대상
	이해	Šyt lēb와 동의어(두 번째 의미), Iqh. mûsār, Imd
	숙달	byn, skl(hiphil)
	탐구, 숙고	Leqah.(명사), ḥ.qr(동사, 명사), bqś(두 번째 의미), ntn el lēb, ntn et lēb lᵉ
능동적 학습		

도표 3.9: 구약 지혜 문헌의 학습(learning)

---

29 Nili Shupak, "Learning Methods in Ancient Israel," *Vetus Testamentum*, 53(3): 416-26.
30 Ibid., 424; cf. Roy B. Zuck, "Hebrew Words for 'Teach'," *Bibliotheca Sacra*, 121(483): 228-35.

3) 논리적 사고(Concrete Thinking)

지적 기능의 세 번째 단계는 추론하고 개념화하는 능력을 설명하는 논리적 사고이다. 이 단계는 사람들이 지각적 지배에서 비교적 자유롭고, 귀납적으로 사고할 수 있다는 점에서 논리적 사고의 시작을 의미한다. 따라서 이 단계는 인간의 지능 발달의 주요 전환점이 된다.

비록 이 단계에 있는 사람들이 여러 개념들을 처리하는 데 제한된 추상적 사고 능력을 가지고 있지만, 여전히 서로의 논리적 관계를 인식하고(예: 이행성, transitivity, 역자 주: 이행성이란 A를 B보다 좋아하고 B를 C보다 좋아한다면 A를 C보다 좋아해야 한다는 원칙이다), 그것들을 선별하고(예: 순차 배열), 분류(예: 범주화)할 수 있다. 구체적 조작기에 있는 사람들은 물리 및 지각적 경험의 논리적 차원을 이해할 수 있는 능력을 통해 자신들의 정신적 능력을 개념적 지평으로 확장한다.

4) 추상적 사고(Abstract Thinking)

지적 기능의 네 번째이자 마지막 단계인 추상적 사고는 추상적 관념을 다루고, 비판적으로 생각하며, 체계적으로 문제를 해결하고, 가설 및/또는 이론을 형성할 수 있는 사람들의 능력을 설명한다. 추상적 사고는 다음과 같은 능력을 포함한다.

첫째, 추상적 추론: 이론적 개념을 완전히 처리하는 능력
둘째, 귀납적 추론: 생각을 관찰/평가하고 가설을 세울 수 있는 능력
셋째, 연역적 추론: 여러 가지 명제를 고려하고 해결책(예: 이론)을 제시할 수 있는 능력

이 단계에서 생각의 주요 특징은 물리적/지각적 제약들을 배제하고 추상적 추론을 최대한 활용한다는 것이다. 문제에 직면하게 되면 사람들은 종종 문제를 해결하기 위해 가설이나 이론을 공식화한다. 그러나 여기서 주의해야 할 한 가지는, 사람들이 추상적 단계에 있다고 해서 그들의 마음이 추상적 사고에만 국한되지 않는다는 것이다. 추상적 사고가 그들의 생각을 지배할 수는 있지만, 사람들은 지식을 구축하는 데 있어서 여전히 이전의 세 가지 능력을 사용한다(도표 3.4 참조).

이런 이유로 사고는 사람들이 학습에서 지각, 상징, 개념 및 가설을 융합하는 법을 배운다는 점에서 훨씬 더 총체적이 된다. 결론적으로, 마음의 네 가지 기능은 서로 보완적으로 작용한다. 인식론적 지평을 넓힐 적성과 잠재력을 부여 받은 추상적 생각의 단계에 있는 사람들은 기본적 추론을 위해 논리를 충분히 활용하는 법을 배운다.

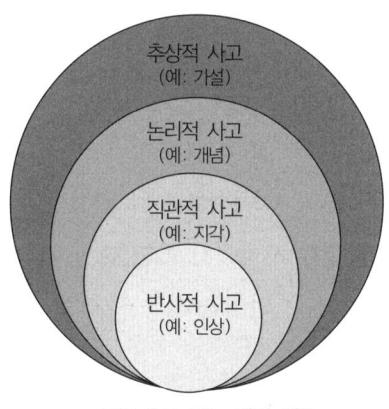

도표 3.5: 지능 발달 개요

3. 주제적 관점(Thematic Perspective): 비고츠키의 이론

지능 발달을 이해하는 데 있어서 러시아의 이론가 레프 비고츠키(lev Vygotsky, 1996-1934)는 장 피아제와는 다른 관점을 가지고 있다. 지능 발달

주로 왕정 시대에 만들어진 고대 이스라엘의 지혜 문헌은 학습자들이 단순한 내용 습득에서 더 높은 수준의 배움과 삶으로 나아간다는 것을 말한다.

신약성경은 구약성경의 지혜 문헌과 유사한 말모둠(corpus)을 가지고 있지는 않지만, 다른 수준의 지능 발달을 반영하는 다양한 용어를 사용하여 지혜 문헌과 마찬가지로 학습 과정을 설명한다.[31] 예를 들어, 신약성경에서 지적 향상을 설명하는 데 사용된 용어들의 목록은 다음과 같다.

- 배울 준비를 하다, 유의하다(프로세코⟨prosechō⟩: 행 8:6; 16:14; 딤전 4:1; 히 2:1, 에페코⟨epechō⟩: 딤전 4:16)
- 알다(기노스코⟨ginōskō⟩: 행 8:30-31; 17:20; 고전 2:12) 또는 알려진(그노스토스⟨gnostōs⟩)
- 기억하다(메네마누오⟨mnēmoneuō⟩: 딤후 2:8)
- 생각하다 또는 이해하다(노에오⟨noeō⟩: 딤후 2:7, 로기조마이⟨logizomai⟩: 고후 10:11)
- 결정하다 또는 결론내리다(크리노⟨krinō⟩: 롬 14:5)
- 판단하다 또는 판결하다(크리시스⟨krisis⟩: 요 7:24, 크리마⟨krima⟩: 히 6:2)
- 성경은 지능 발달에 대한 포괄적인 이론을 제시하지는 않지만, 성경 속 교육적 맥락에서 사용되는 언어는 지적 사고의 진전을 반영한다.

---

31 Cf. Mark Wilson with Jason Oden, *Mastering New Testament Greek Vocabulary through Semantic Domains* (Grand Rapids: Baker Book House, 2003) 학습과 관련된 용어를 포함하여 인간의 심리학적 능력과 관련된 전체 용어 목록 작성을 위해 사용.

5. 지성과 신앙

신앙 없이는 하나님을 기쁘시게 못한다(히 11:6, 역자 주: 통상 개역개정 성경에서 faith는 믿음으로 표현되지만, 신앙 발달 이론(faith development theory)과 어휘의 통일성을 위해 제3장에서는 '신앙'으로 표기하기로 한다).

> 그러나 신앙이란 무엇일까?
> 믿음이나 신뢰와 같은 것인가?
> 아니면 그 이상의 무엇인가?

그리스도인들 사이에서도 신앙의 정의에 대해 많은 혼란이 있는 것처럼 보인다. 따라서 우리는 신앙과 지성의 관계를 탐구하기 전에 먼저 신앙의 적절한 의미를 반드시 이해해야 한다. 신앙은 믿음(belief)과 신뢰(trust) 두 부분으로 구성된다.

신앙의 정신적 행위인 믿음은 우리가 긍정하고 받아들이는 진리를 지적으로 인식하고 수용하는 것이다. 믿음은 어린아이 같을 수도 있지만, 또한 어른과 같을 수도 있다. 차이점은 논리의 복잡성의 문제이다. 우리는 증거에 상관없이 신뢰할 수는 있다. 그러나 마음이 그 증거를 사실이라고 이해하고/거나 깨닫지 않는 한 믿을 수는 없다.

신앙의 의지적 행위인 신뢰는 어떤 것 또는 누군가에 대한 확신에 찬 기대이다. 우리가 다른 사람의 말이나 특성에 의지할 수 있다는 것은 일반화된 기대치이다. 신뢰는 우리가 알고 있는 것이 정말로 사실이라는 가능성에 우리 자신을 맡길 수 있는 선택과 의지를 필요로 한다. 신뢰는 우리가 진실하거나 신뢰할 수 있다고 믿는 무언가 또는 누군가를 확신하거나 의존하게 한다.

요점은 신앙은 신뢰와 믿음을 모두 포함하지만 지성을 배제하지 않는다는 것이다. 예수님은 "마음을 다하고 지혜를 다하고 힘을 다하여 하나님을 사랑하라"(막 12:33; 마 22:37 참조)라고 말씀하셨다. 신앙은 예수 그리스도의 인격과 사역에 대한 완전한 신뢰를 낳는 성경의 사실과 진리에 대한 믿음의 총합이다. 이 신앙은 "그리스도 안에서 거저 주신 약속의 진리에서 발견되는 우리를 향한 하나님의 은혜에 대한 확고하고 확실한 지식"[32]을 요구한다.

성경적으로 말하면, 신앙의 형성은 성령과 인간 지성의 복잡한 상호 작용을 벗어날 수 없다. 영적(초자연적) 힘과 지적(자연적) 힘의 변증법적 융합은 인간의 마음이 하나님의 진리와 은혜에 근거한 효과적인 부르심을 인식하고 응답할 때, 신앙이라는 초월적 인지 지식(*nōtiō*, knowledge), 신뢰(*fiducia*, trust), 뿌리 깊은 확신/신념(*assensus*, assent)을 만들어 낸다.[33]

한편으로 신앙은 성령의 사랑의 사역으로 신자들에게 부여되지만(요 6:44; 히 11:1; 롬 1:8; 8:14; 유 3; 엡 2:8-10; 요일 2:14; 빌 3:10-11; 약 2:26; 히 12:2), 또 다른 한편으로 신앙은 성경의 진리에 반응할 때 마음을 통해 이성적으로 그리고/또는 경험적으로 얻어진다(요 8:32; 14:16-17; 16:13).

그러면 칼빈이 우리가 믿도록 촉구한 것처럼 신앙은 하나님을 사랑하고, 경배하고, 순종하고, 섬기려는 열망을 불러일으키는 신성한 감각(*assensus divinitatis*)을 마음속에 만들어 낸다.

6. 지능 발달과 그리스도인 형성

그리스도인 형성을 이해하는 데 있어 피아제와 비고츠키는 우리에게 어떤 도움을 줄까?

---

[32] John Calvin, "The Way We Receive the Grace of Christ" in *Calvin: Institutes of Christian Religion*, J. T. McNeill, ed. (Philadelphia: The Westminster Press, 1960), 551.

[33] J. P. Moreland and Klaus Issler, *Releasing Faith: Transforming Belief into Confident Expectation* (Downers Grove, Illinois: InterVarsity, 2008); Wolfgang Pannenberg, Systematic Theology, G. Bromiley, trans. (Grand Rapids: Eerdmans, 1991).

가톨릭 성당의 지붕은 건물 양쪽에서 시작하지만 중간에서 만나는 플라잉 버트레스(flying buttress, 역자 주: 대형 건물 외벽을 떠받치는 반아치형 벽돌 또는 석조 구조물)로 지탱된다. 이 경우에 피아제는 스키마 측면에서 비고츠키는 테마 측면에서 나왔지만, 서로에 대한 명백한 반대는 실제로 지붕을 떠받치고 있다. 두 관점에 대한 연구를 통해 우리는 피아제나 비고츠키의 주장 자체가 지능 발달과 그리스도인 형성 사이의 관계에 대해 충분한 설명을 제공하지 않는다는 것을 이해해야 한다.

기독교 교육자들은 그리스도인 형성을 더 완벽하게 이해하기 위해 스키마와 테마의 관점 둘 모두에서 오는 발달에 대한 통찰력이 필요하다(도표 3.10).

표 3.10: 그리스도인 형성에 대한 스키마적 관점과 테마적 관점

7. 스키마에 대한 기독교적 접근 방식과 그리스도인 형성

대체로 피아제의 이론은 그리스도인 형성에 대한 매우 분석적이며 환원주의적인 체계를 교회에 도입했다. 이 견해의 지지자들은 개인이 스키마(또는 스키마타, *schemata*)라고 불리는 미리 확립된 기준에 따라 기본적인 생각들(즉, 개념)을 평가하기 때문에 지식의 구성은 주로 개인의 정신 영역에서 일어난다고 주장했다.

도식적 전통(schematic tradition) 안에 있는 사람들은 지성의 분석적 기능에 의존함으로써 신앙을 하나님에 대한 지적 신뢰, 즉 논리를 사용하여 분석적 지식의 개념에만 전적으로 의존하는 것이라고 설명했다.

그들의 분석은 신앙을 마음의 내적 과정을 사용하는 것으로 전제하고, 논리적 지능을 성령 안에서의 삶을 생각하고, 평가하고, 검증하는 주요 도구로 본다. 그들의 기본적인 주장은 지적 지식의 성공적인 획득을 그리스도인 형성의 필수 조건으로 보는 것이다.

피아제에 따르면, 도식적 관점은 널리 받아들여졌고 기독교 교육의 주요 체계로 성장했지만, 우리는 그런 이론적 주장이 지성과 신앙 사이의 관계를 온전히 설명할 수 없음을 이해해야 한다.

피아제의 관점으로 볼 때, 분석적 논리는 신앙의 주요 구성 요소로 여겨지지만 영적 경험은 부차적인 것으로 여겨진다. 이런 관점은 신앙을 분석적 영역에 국한시킬 뿐만 아니라 성령 안에서의 삶을 마음의 내적 인지(intracognitive) 영역으로 제한하고 영성에 대한 매우 정적인 관점을 만들어 낸다. 그 결과 신앙을 개념적 학습과 동일시하는 것, 즉 신앙을 영적 삶을 만드는 일련의 합리적 결정 요인에 지나지 않는 것으로 묘사한다.

피아제의 관점에서 볼 때 신앙은 도식(*schema*)의 기계적 산출물이 된다. 그리고 소위 개인의 분석적 기능은 신앙을 일방적으로 알리고, 형성하고, 통제하는 자율적인 힘으로 변한다(즉, 단방향 결정론).

단방향 결정론(unidirectional determinism)은 신앙에 근본적인 합법성 또는 질서를 적용한다는 의미에서 신앙을 경직되고 기계적인 마음의 작업으로 본다. 따라서 신앙은 이성적인 마음과 직접 관련이 있거나, 이성적인 마음의 부산물로 이해된다. 여기서 분석적 지식의 개념에 의해 신앙의 구조가 결정된다.

그래서 사람이 정보를 받고 그 정보를 자신에게 알리기 위해 그 정보에 따라 행동할 때, 바로 그 정보의 이해는 어떤 형태의 지식을 촉발시키고, 그 대가로 믿음을 만들어 낸다. 이는 마치 학습자가 분석, 평가, 그리고 합성이라는 중요한 과정을 통해 지식을 파악하고 이해하는 변증법과도 같다. 이런 관점에서 분석적 지식은 신앙의 종속적인 원인이 되고, 의식적이고 논리적인 판단을 위한 인간의 능력은 신앙 형성의 단 하나의 결정 요인으로 자리를 잡는다.

대체로 피아제의 단방향적 관점은 신앙 발달의 일방적 관점(one-sided perspective)을 옹호한다. 예를 들어, 신앙은 인지적 영향을 쉽게 받는 것으로 여겨지며, 영적 삶은 마치 기독교가 연구되어야 할 이론인 것처럼 대체로 단순한 지적 경험으로 간주된다. 이런 관점에 휘둘리는 많은 사람이 성숙한 신앙은 분석적 귀납 능력을 가진 사람들만 가질 수 있다고 주장한다.

그러면 유아나 정신적으로 장애를 가진 사람은 신앙을 가질 수 없다는 뜻일까?

결국, 도식적 관점을 둘러싼 논의는 추상적 개념을 처리할 수 없는 사람은 구원받을 수 없다는 주장으로 축소된다. 지능 발달의 도식적 관점은 지능 발달과 그리스도인 형성에 관한 관계의 복잡성과 가변성이라는 한 측면만을 설명한다.

지능 발달의 도식적 관점과 그리스도인 형성의 관계를 논한 결과, 우리는 이제 비고츠키 계열 학자들이 개발한 주제적 관점(thematic perspective)으로 눈을 돌리게 된다. 주제적 관점하에서 그리스도인 형성은 하나님과 하나님의 진리, 즉 신앙을 불러일으키는 합리적이고 지적인 지식을 생산하는 진리와의 지각적 만남이 되었다. 인식론적으로 주제적 관점은 경험론에 뿌리를 두고 있다.

8. 테마에 대한 기독교적 접근 방식과 그리스도인 형성

기독교 교육 분야에서 피아제의 합리주의적 인식론에서 비롯된 지적 추세가 점차 소멸되면서 비고츠키의 관계 인식론에 대한 이론적 표현들이 대두되었다.[34] 피아제의 도식적 견해와는 달리, 비고츠키를 따르는 사람들은

---

34 Estep, 2002; Neal, 1995, 2003; Streib, 2001, 2005.

그리스도인 형성이 영적 경험을 포함하는 주제(*thema*)에 대한 정신 간 상호 활동과 밀접하게 연관되어 있다고 보았다.

비고츠키 학파의 학자들은 그리스도인 형성에 대한 분석에서 주제(*thema*)라는 개념을 사용함으로 신앙을 생각하고 해석하는 방식과 관계적 상황은 서로 불가분의 관계라고 주장했다. 따라서 그들은 비판적 사고를 수반하는 지각적 경험이 영적 지식과 신앙의 원천이라고 주장했다. 여기서 영적으로 의미 있는 활동인 경험은 비판적 성찰을 통해 얻은 관련 관심사가 학습자로 하여금 신앙을 갖게 할 때 영적 지식을 위한 기호학적 매개체가 된다(역자 주: 기호학적 매개체란 의미를 생성하는 수단을 말한다).

예를 들면, 학습자가 영적 삶을 살 때 특별한 의미가 있는 사람들은 신학(예: 기도의 신학)과 실천(예: 매일 기도하는 삶) 사이에 근본적 일관성을 제공함으로써 학습자가 당연하게 기대하는 수준을 훨씬 초월해서 성장하도록 도와준다. 특히, 학습자가 합리적이고 지적인 지식을 생성할 수 있을 때 영적으로 명백하던, 은밀하던 간에 그 관계는 신앙 형성의 의존적 원인이 된다. 이 주장에 따르면 지식과 믿음을 연결하는 것은 중요한 다른 사람들이 친교적(*koinonic*) 만남을 통해 학습자에게 미치는 영향이다.

비고츠키 계열의 학자들은 이런 영향을 기호학적 매개체, 즉 성숙한 개인들(예: 멘토, 선생, 부모 등)의 영적 현실이 학습자에게 명백하게 전달되는 의도적인 멘토링으로 묘사한다. 그런 맥락에서, 중요한 다른 사람들이 하나님 안에서 사는 놀라운 삶의 모습은 학습자가 관찰한 영적 진리/현실의 의미를 더 심화시키도록 격려하는 기호학적 매개체가 된다.

본질적으로, 상호결정론(reciprocal determinism)은 내용, 성찰, 경험/행동들 중 어느 하나에서 신앙이 나오는 것이 아니라 이런 요소들의 상호 작용에서 비롯된다는 것을 암시한다. 상호결정론의 요지는 관계적으로 유도된 지식을 강조하는 소크라테스식 대화법 또는 소크라테스의 귀납법이다. 지식에 관한 이 고전적 방법은 일반적으로 다음 세 단계로 구성된다.

1단계: 성찰적 관찰(Reflective Observation) - 예: 당혹감과 놀라움
2단계: 비판적 분석(Critical Analysis) - 예: 의문과 의심
3단계: 통합/행동(Synthesis/Action) - 예: 통합된 지식

첫 번째 단계에서는 관찰을 통해 신앙을 갖게 된다. 이 단계에서 학습자는 우선 성찰적으로 학습되는 지각(또는 지각의 교훈)의 내부 및 외부 구조를 모두 이해하려고 한다. 지각에 대한 기호학적 구조를 구축할 때, 사람은 먼저 주어진 환경의 성향, 가치, 중요성을 관찰하고 중요한 다른 사람들이 제공하는 것의 중요성 또는 존경할 만한 가치를 평가한다.

그런 다음 지각의 어떤 측면을 자신의 신앙에 채택해야 하는지를 결정한다. 그리고 나서, 개인은 지각을 그 형성 과정을 통해 신앙을 이끌 수 있는 내적 신념으로 변환시키는 실천적 행동을 수행한다. 이 단계에서 중요한 경험은 나중에 능동적 실험을 통해 지적 지식으로 실현되는 합리적 지식, 즉 통합/행동으로 변환된다.

두 번째 단계는 비판적 분석 단계로, 성찰적 관찰을 통해 내면화된 지각적 경험을 가진 학습자가 이 단계로 나아간다. 이 단계에서는, 이전의 성찰적 관찰에서 갖게 된 신념들에 질문과 의심, 비판을 제기하며, 그 평가는 다음 세 가지 요인에 따라 달라진다.

첫째, 관찰되고 있는 교훈의 관련성과 신뢰성
둘째, 배우고 있는 개념을 가르치거나 구현하는 사람의 명망
셋째, 학습자가 학습 내용을 적용하고 있는 상황에서 이미 존재하는 만족감

상호결정론의 이론에 따르면, 그리스도인 형성의 세 번째이자 마지막 단계는 통합/행동이다. 이 단계에서는 적용을 통해 호의적 경험이 보다 구체화된다. 학습자와 상황적 경험의 지속적 상호 작용은 변증법적으로 일어난

다. 여기서 학습자는 실천적 지식을 개발하며, 이는 이미 받아들인 합리적 지식을 승인하거나 거부하기 위한 인지적 체계 역할을 한다. 학습자가 마음으로 그 지식을 받아들이면 그 지식은 지적 지식이 되고, 거부하면 사소한 정보(예: 기호학적 자료)가 된다.

그러나 비고츠키의 상호주의 개념은 환경에 대한 인지적 통제에 기반을 두고 있다는 것을 알아야 한다. 학습자가 자신의 영적 환경을 선별적으로 선택하고 반성적으로 상호 작용하면서 신앙이 생겨난다.

비고츠키 계열의 학자들은 한편으로는 학습과 신앙 형성에 대한 인지적 개인 중심적 설명(the cognitive individual-centered accounts)을 대부분 무시하면서 마음의 도식적 관점을 피했지만, 다른 한편으로 그들의 이론적 입장은 주제와 신앙 사이의 구조적 관계를 소개함으로 신앙 발달 이론에 부정할 수 없는 기여를 했다. 그들의 이론은 실천적 지식과 신앙을 포함하는 더 높은 정신적 기능의 상호 인지 과정을 설명했다. 비고츠키의 체계에서 추론하여, 우리는 그리스도인 형성과 다음과 같은 개인의 변증법적 능력을 연관시킬 수 있다.

- 반영해야 할 중요한 경험을 식별할 수 있는 능력
- 그 이해와 관련된 근본적 가치를 조사할 수 있는 능력
- 비판적 성찰의 특정 과정에 참여할 수 있는 능력
- 신앙이라고 불리는 새로운 형이상학적 인식론적 믿음에 대한 결정을 내릴 수 있는 능력

9. 그리스도인 형성에 미치는 영향

지금까지 지적 발달과 그리스도인 형성 간의 관계를 정확하게 이해하기 위해 도식적(합리적) 논쟁과 주제적(관계적) 논쟁을 검토했다. 우리의 분

석에서 명백하게 알 수 있듯이, 둘 사이에는 현저하게 반대되는 긴장이 존재한다. 도식적(schematic) 관점은 신앙을 자율성/분석적 합리성으로 제한하는 반면, 주제적(thematic) 관점은 신앙을 상호 의존/실천적 관계성으로 제한한다.

이 두 관점 사이에서 흔들리는 기독교 교육자들은 그리스도인 형성에 대한 두 가지 상반된 견해를 제안했다.

한 그룹은 인간을 분석적으로 신앙을 표현할 수 있는 사고의 대상(the object of thinking)이라고 주장한다.
다른 한 그룹은 인간을 실천적 의식의 영향을 받는 사고의 주체(the subject of thinking)라고 주장한다.[35]

비록 두 논쟁이 지성과 신앙 사이의 접점에 대한 명확하고 체계적인 기초를 제공하는 것처럼 보이지만, 어느 관점도 그리스도인 형성에 대한 완전한 그림을 제공하지는 못한다.

피아제파 학자들과 비고츠키파 학자들이 서로 대립하고 있는 것과는 달리, 정반대인 두 주장 사이의 긴장은 차이보다는 보완이라는 변증법적 방식을 보여 준다. 필자가 볼 때 정반대의 긴장은 마음과 관련된 더 큰 인지 기능을 보여 준다. 양 극단 사이에는 단순한 분열이나 갈등 이상으로 도식(schema)과 주제(thema) 사이의 상호적 변증법이 작동한다.[36]

---

35 David Elkind, *The Child and Society: Essays in Applied Child Development* (New York: Oxford University Press, 1979); Estep, "Spiritual Formation as Social"; James W. Fowler, *Stages of Faith* (San Francisco: Harper and Row, 1981); Neal, "The Power of Vygotsky"; Cynthia J. Neal, "A Parenting Style for Nurturing Christian Wisdom" in *Limning the Psyche: Explorations in Christian Psychology*, R. Roberts and M. Talbot, eds. (Eugene, Oregon: Wipf and Stock, 2003), 165-85; Streib, "Faith Development Theory Revisited"; Streib, "Faith Development Research Revisited"; M. M. Wilcox, *Developmental Journey* (Nashville: Abingdon, 1979).

36 Elkind, *The Child and Society*; Estep, "Spiritual Formation as Social"; Fowler, *Stages of Faith*; Neal, "The Power of Vygotsky"; Neal, "A Parenting Style for Nurturing Christian Wisdom"; Piaget, *The Mind of the Child*; Piaget, "Genetic Epistemology"; Streib, "Faith Development

따라서 그리스도인 형성을 한 극단으로 한정하려고 하기보다 그 둘의 변증법적 조화를 이해하고 그리스도인 형성의 전체적 체계를 제시해야 하는데, 이중 지식 이론(dual knowledge theory)의 개념 체계하에서 이 일이 가능하다 할 수 있다.[37]

우리는 이중 지식 이론이 그리스도인 형성의 분석적-합리적 관점과 실천적-관계적 관점 사이의 관계에 대한 자세한 설명을 제공하고 있다는 점에서 관계를 이해하는 데 중요한 역할을 할 것이라고 생각할 필요가 있다(도표 3.11 참조). 분명 이 생각은 여전히 잠정적이고 논쟁의 여지가 있다. 그러나 우리는 그리스도인 형성에 대한 이해를 더 깊게 하지는 않더라도 안정시키기 위해 이중 지식 이론에서 얻은 통찰력을 고려할 수 있다.

따라서 그리스도인 형성을 재개념화하기 위한 더 넓은 체계를 제안하기 위해 이중 지식 이론을 이해하고[38] 그것이 기독교 사역에 미치는 영향에 대해 논해 보자.

본질적으로 이중 지식 이론의 이론적 토대는 영적 사고의 기원과 기능을 설명한다. 즉, 그리스도인 형성 과정에서 합리적(예: 도식적) 사고와 관계적(예: 주제적) 사고 모두가 어떻게 기능하는지를 설명한다. 이것이 의미하는 것은 신앙은 도식(*schema*)과 주제(*thema*)의 복잡한 상호 작용을 벗어날 수 없기에 앎(knowing)의 개념적 방법과 지각적 방법 모두와 연결되어 있다는 것이다.

여기서 우리는 마음속에서 일어나는 두 가지 다른 추론 영역, 즉 도식화된 영역의 개념적 추론과 주제 영역의 지각적 추론을 전제할 필요가 있다. 비록 두 영역 사이에는 명백한 차이가 존재하지만, 우리는 두 영역이 어떻게 변증

Theory Revisited"; Streib, "Faith Development Research Revisited"; Vygotsky, *Mind in Society*; Wilcox, *Developmental Journey*.

37 Ann C. Baker, Pamela Jensen, and David Kolb, *Conversational Learning: An Experiential Approach to Knowledge Creation* (Westport, Connecticut: Quorum Books, 2002); William James, Essays in Radical Empiricism (New York: Longmans, Green and Co., 1947).

38 Baker, Jensen, and Kolb, *Conversational Learning: James, Essays in Radical Empiricism*.

법적으로 연관되어 있는지를 인식하고 알고 있는 것을 상호 보완해야 한다. 철학적으로 말하면, 두 관점은 개념적으로는 모두 반대되는 것이 사실이다. 그러나 그들은 그리스도인 형성이 분석적 지식과 경험적 지식의 배치의 구성역학(configural dynamics)에 어떻게 기반을 두고 있는지를 설명한다.

예를 들어, 사람의 신앙이 깊어질 때, 두 개의 명백하게 다르지만 조화로운 추론 방식, 즉 매개 개념에 근거하여 진리의 내면을 품고 있는 도식적(schematic) 지식과 관련된 이해(comprehension)와, 영적 경험에 근거하여 진리의 외면을 품고 있는 주제적(thematic) 지식과 관련된 파악(apprehension)이 함께 작용한다. 여기서 사람은 자신 앞에 제시된 개념을 인식하는 합리화 과정과 영적으로 의미 있는 경험에서 얻은 감감적 지식을 실현하는 실증화 과정을 통한 서로 다른 지적 기능의 융합에 의해 지식의 섭취를 의식적으로 증가시킨다.

마음은 감동에 따라 반응, 즉 이미 전부터 마음에 품고 있었거나 인지하고 있었던 형태의 특별한 개념 또는 지각에 대한 지식을 지적으로 객관화하며, 내면화된 모든 지식은 신앙을 불러일으켜 그 형성 과정을 시작하는 초월적인 인식론적 믿음을 낳을 것이다.

예배는 우리가 고려하기에 좋은 예이다. 하나님을 기리고 찬양하는 영적 경험 외에도, 영적으로 중요한 활동인 예배는 우리의 의식에 다양한 개념적(진리, 가치, 생각, 묘사, 태도, 음악 등과 같은), 지각적(동작, 접촉, 상호 작용, 사람들, 대상들과 같은) 경험을 제공하며, 마음으로 생각하고 인식할 수 있는 현실의 형태로 우리에게 다가온다. 주어진 영적 현실을 경험하면서 우리의 마음은 예배 경험을 최초의 합리적 지식으로, 그 후에는 영적 사고의 근원(또는 기초)적 생각이 되는 지적 지식으로 자연스럽게 반영하고 분석하고 객관화한다. 수많은 검증이 있은 후에, 영적 사고는 신앙의 발생에 기인하는 공리주의(axiomatics)로 변화된다.

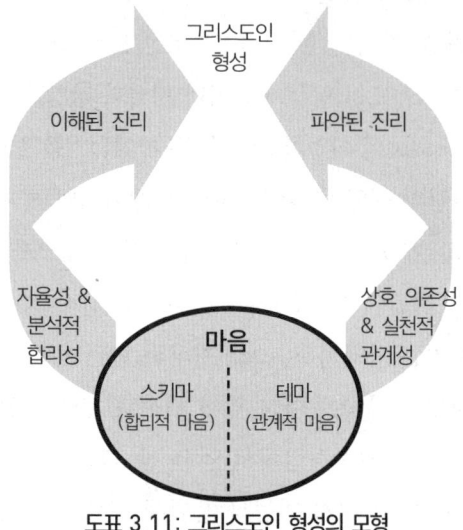

도표 3.11: 그리스도인 형성의 모형

    모든 면에서 이중 지식 이론은 도식(schema), 주제(thema), 신앙의 삼각관계를 설명하면서, 그리스도인 형성을 둘러싼 일부 덜 연구된 문제를 명확히 한다. 여기서의 주장은 영적 삶이 단순한 지적 또는 지각적 경험이 아닌 둘 모두의 경험임을 함축적으로 제안한다. 이중 지식 이론은 이론적 지식과 실천적 지식을 우리의 신앙에 고정시킬 수 있도록 하는 마음의 전인적 참여를 포함한다. 이론적 지식은 개념 중심의 신앙을 발생시키며, 실천적 지식은 경험 중심의 신앙을 발생시킨다.

    이런 전인적 지식을 신앙에 고정시키는 과정을 통해 사람들은 영적 성장을 경험한다. 그러나 많은 기독교 교육자가 여전히 합리적 설득과 경험적 설득 사이에서 의견이 나뉘어 있으며, 어떤 인식론적 사고방식이 그들에게 가장 적합한지 알아내려고 한다. 많은 사람이 환원주의적 양육 모형과 구성주의적 양육 모형 사이를 헤매고 있다. 전자는 교훈적이고 내용 중심적이며 교사 중심의 매우 합리주의적인 양육 방법을 요구하는 반면, 후자는 대화적이고, 상황 중심적이며, 학생 중심적이고 고도의 관계적 양육 방법을 요구한다(도표 3.11 참조). 우리는 어느 입장도 지성과 믿음 사이의 관계에 대한 완전한 그림을 제공하지 못한다는 것을 알아야 한다.

10. 목회 및 교육적 의미

제3장의 앞 부분에서 논의한 그리스도인 형성에 대한 통합적 접근 방식을 고려하면 교회의 교육 사역에 대한 몇 가지 의미를 도출할 수 있다. 가장 분명한 의미는 경고이다. 아무리 유혹적이더라도, 우리는 지능 발달을 그리스도인 형성과 동일시할 수 없다. 왜냐하면, 이미 살펴보았듯이 신앙은 분명 지성을 초월한 것이기 때문이다. 아마도 가장 일반적인 것은 가르친다는 것은 지적으로 도전적이어야 한다는 것이다.

보다 구체적으로 말하면, 가르침은 학생의 마음속에 있는 평형이나 균형에 도전하는 것을 목표로 해야 한다는 것이다. 이것은 기존의 도식에 참여하는 것뿐만 아니라 학생들의 마음에 새로운 도식을 도입하는 문제이기도 하다.

마찬가지로 가르치고 배우는 것은 공동체적인 활동이며, 그리스도의 형상을 이루는 것을 온전히 촉진시키기 위해서는 공동체의 상호 작용과 참여가 필요하다.

1) 어린이를 위하여

12세 미만 어린이의 학습 능력은 인지 단계의 제약을 받기 때문에 추상적 개념은 항상 구체적인 지점과 연결되어 있어야 한다. 아이들이 논리적 사고의 최종 단계(즉, 12살 전후)에 도달할 때까지는 지식의 시작, 유지 또는 심지어 거부조차도 인지 능력에 의해 제한된다.

이런 이유로, 수업에서 사용되는 교재 및 학습 활동은 아동이 소화할 수 있는 적절한 수준의 인지 및 운동 능력을 수반해야 한다. 악의 근원과 본질, 새로운 천년에 관한 토론(예: 전천년 vs. 후천년) 또는 이분론 대 삼분론과 같이 아이들의 기존 인지 능력을 넘어서는 것들을 배울 수 있을 것이라는 기대는 절대적으로 피해야 한다.

(1) 7세 이하의 어린아이들을 위해서는 하나의 핵심적 내용에 집중하고 다중 기호의 추상적 개념을 피하라

어린아이들의 학습은 1차원적인 추상적 개념에 의해 제한된다(예: 하나님은 나의 아버지). 따라서 흔히 다차원적인 추상적 개념을 요구하는 고도로 추상적이고 상징적인 신학적 개념들은 어린아이들이 이해하기 어렵다(예: 하나님의 존재를 나타내는 불〈출 3:2; 히 12:29〉; 하나님의 영광으로서 그리스도〈겔 1:28; 고후 4:6〉; 성령을 나타내는 물〈요 4:13-14; 7:37-39〉; 네 말 탄 자〈계 19장〉; 144,000명〈계 7장〉). 교사들은 어린아이들이 매우 추상적인 개념을 보존할 수 없다는 점을 염두에 두어야 한다.

(2) 훗날의 추상적 사고를 위해서는 의미 있는 학습이 필요하다

어린아이들에게 심도 있는 신학적 개념을 가르칠 수 있을까?

대부분의 경우는 아닐 것이다. 그러나 어린아이들에게도 의미 있는 성경의 내용을 가르칠 수 있으며, 이를 통해 어린아이들은 훗날 인생에서 신학적 생각을 개발할 수 있다.

추상적 원칙(예: 전제, 논지, 신념 등)을 중심으로 개념을 분류하는 어른들과는 달리 어린아이들은 분류를 위한 참조의 틀(예: 나랑 놀아주는 좋은 친구들 vs. 나와 놀지 않는 나쁜 친구들) 역할을 하는 일련의 의미 있는 생각을 중심으로 개념들을 구성한다. 의미로 가득한 가르침은 어른들의 경우보다 더 어린아이들의 성경 지식을 높이고 신앙의 이념적 기반을 조성한다.

(3) 스토리텔링을 교육 도구로 사용하라

스토리텔링은 아마도 가장 오래된 형태의 교수법일 것이다. 교사가 사용할 수 있는 창의적 기술들이 많이 있지만, 스토리텔링의 사용은 가르치고 있는 교훈에 대한 의식적인 이해를 이끌어 낸다.

고대 히브리인들을 포함한 모든 문화는 그들의 역사, 전통, 믿음의 이야기들을 후세에 전달하는 주요 수단으로 스토리텔링을 사용했다(신 6:4-9). 우리는 어린아이들에게 진리를 전달할 때 이 영원한 도구를 사용해야 한다. 스토리텔링은 어린아이들의 마음을 사로잡고 이해하기 힘들어 보이는 사실과 원칙을 이해할 수 있게 해 주는 강력한 교육 도구이다.

2) 청소년과 성인들을 위하여

(1) 성인 교육은 교육 내용의 수용이 아니라 참여자들에게 영향을 미친다

성인은 적극적인 참여 학습을 선호하는 경향이 있으며, 이는 아이디어의 단순한 수용을 넘어 새로운 발견으로 나아가는 데 도움이 된다. 이런 생각은 성인이 자기 주도적이며 어린아이들보다 내용 중심적이지 않다고 가정하는 성인 학습 이론을 기반으로 한다.[39]

오늘날에도 성인 사역에서 교훈적 가르침은 여전히 역할을 하고 있지만, 목회자/교사는 문제 해결 수업과 상호 작용을 통합하는 교육 과정을 포함해야 한다. 단순한 내용 전달은 어른들이 하나님의 진리를 알고 경험하는 데 도움이 되지 않는다.

(2) 질문과 대화를 통해 잘못된 개념을 수정하고 올바른 개념을 습득할 수 있도록 하라

대화는 발견과 변화의 과정이다. 대화는 공유된 의미의 제약 없는 공급을 수반하고 결과적으로 배움을 향상시킨다. 대화식 학습은 성인의 가정(assumption)에 도전하고, 비판적 사고를 장려하며, 진심 어린 지식을 만들어 내기 때문에 성인 교사는 이 비공식적인 교육 방법을 확실히 활용해야 한

---

39 Malcolm M. Knowles, *Andragogy in Action* (Houston, Texas: Gulf Publishing, 1984).

다. 어쨌든 예수님의 제자 사역 방식은 매우 대화적이었다.

(3) 생각을 자극하는 질문을 던지고 자기 성찰을 장려하라

자기 성찰은 성인 학습의 핵심이다. 자기 성찰은 학습자가 교사 의존 방식에서 벗어나 역동적이고 지속적인 학습 방식으로 전환하도록 돕는다. 예수님이 지상 사역에서 수많은 질문을 하셨고 사람들에게 자신이 가르치신 원리를 숙고할 것을 촉구하셨기 때문에(요 3:1-21; 4:4-42; 마 6:25-28, 30; 16:13-15; 눅 2:41-52; 7:41-42; 막 7:1-23),[40] 우리 역시 똑같이 행해야 한다. 비판적 성찰, 영혼 탐구, 헌신 및 적용을 촉진하는 질문을 통합하라.

(4) 단순한 전달이 아닌 변화에 집중하라

하나님 나라의 사역자로서, 우리의 가르침의 주된 관심사는 단순히 성경 내용의 전달만이 아니라 삶의 변화에 관한 것이어야 한다. 성인 교육의 목표는 사람들의 삶에 중요한 영향을 끼치면서 관점과 이해의 광범위한 변화를 일으키는 것이다.

11. 결론

전인적 그리스도인 형성을 촉진하기 위해서는 전인적 교육을 의미하는 양육이 교회와 학교의 가장 중요한 방법론이 되어야 한다. 이런 교육의 중요한 특징 중 하나는 이론(예: 가설, *theoria*), 실천(예: 생산 행위, *poiesis*), 비판적 성찰(예: 실천, *praxis*)을 포함하는 총체적 지식의 대화식 전달이다. 이런 관점 아래에서 가르침은 개념적 지식과 지각적 지식의 합성이 변화와 성장으로 이어지는 대화적 학습에 초점을 맞추고 있다.

---

[40] Roy B. Zuck, *Teaching as Jesus Taught* (Grand Rapids, Michigan: Baker Books, 1995).

더욱이 양육의 교육(the pedagogy of nurture)은 관계적으로 주도되기 때문에, 무엇보다도 가르침은 큰 스승이신 예수님이 제자들을 가르치셨듯이 친교적 상황에서 관계적으로 수행되어야 한다. 그러나 관계적 가르침을 위해서는 학생들이 속해 있는 제도적 상황이 친교적 공동체가 되어 교사가 단순한 강사가 아닌 멘토와 역할 모델로 기능해야 한다. 그렇게 되면, 그런 가르침은 학생과 교사 사이의 상호 작용과 협력을 촉진하여 예수 그리스도 안에서 깨지지 않는 유대감을 형성한다.

사람들에게 필요한 것은 신앙에 대한 완전한 지식이 잉태되고 인식되는 전인적 양육이다. 그런 다음에야 우리는 신앙의 참된 그림을 이해하고 믿음의 주이며 온전케 하시는 이이신 예수 그리스도(히 12:2)의 형상과 모양으로 성장할 수 있을 것이다.

12. 복습을 위한 질문

1. 신앙의 본질적 영역과 경험적 영역 사이의 관계를 설명하라.

2. 지성은 무엇이며 어떻게 성장하는가?
   피아제의 인지 발달 이론에 기초하여 설명하라.

3. 성경은 인간의 지성을 어떻게 묘사하는가?
   일반적으로 기독교 전통은 인간의 지성이 타락으로 인해 왜곡되었기 때문에 인간은 완전한 지성을 갖추지 못했다고 주장한다.
   이 주장에 동의하는가 동의하지 않는가?
   그 이유를 설명하라.

4. 인간의 지성이 성령의 사역과 관련하여 어떤 기능을 한다고 생각하는가?

5. 지능 발달과 그리스도인 형성의 관계에 대한 당신의 견해는 무엇인가?

제4장

인격 발달과 그리스도인 형성

조나단 H. 킴(Jonathan H. Kim)

몇 년 전 대화에서 한 교인이 인격이란 단어를 남발하는 것에 대해 경멸을 표했던 기억이 난다. 우리는 이 유행어를 자주 듣는다.

그는 다음과 같이 물었다.

"인격이 뭐죠?

그게 정말 무슨 뜻인가요?"

그리고 다음과 같이 덧붙였다.

"인격은 교회 안팎에서 많이 쓰이는 단어인데 정말 무슨 뜻인지 모르겠어요."

사람들이 인격이란 단어를 지나치게 남용할 뿐만 아니라, 노골적으로 오용하는 경우도 많아 인격의 개념은 이해하기 어렵고 무의미해졌다.

그리스도인을 포함한 대부분의 사람은 특히 인간의 본성과 관련해서 이 용어의 중요성을 깨닫지 못한다. 세속적 심리학에 의해 인격을 잘못 이해하고 있는 사람들은 인격을 기질이나 성격적 특성으로 보는데, 이런 견해는 부분적으로는 맞을지 몰라도 충분하지는 않다. 놀랍게도 기독교인 교사와 목회자들 사이에서도 똑같은 혼란이 존재한다. 교단의 방향과 사역의 방향에 따라 변형이 존재한다.

사람들이 인격의 개념을 설명하기 위해 정확한 정의를 적용하는 경우는 거의 없다. 넓은 심리학적 범주로서 인격을 연구하는 그리스도인들이 늘고는 있지만, 시급한 것은 인간론과 관련해서 인격의 개념을 이해하는 것이다.

나중에 설명하겠지만, 인격은 자연 상태에 있는 인간 영혼의 특징적 속성, 즉 사람을 다른 사람과 구별되게 하는 지속적인 인간성을 나타낸다. 따라서 제4장에서 우리는 중생한 영혼의 특징적 속성인 영성과 관련하여 인격의 개념을 연구하고, 이를 보다 명확하게 하기 위해 인격을 타고난 속성으로, 영성을 영에 전가된 속성으로 언급한다. 아울러 이 장에 사용된 속성이라는 용어는 하나님이 내재하거나 하나님에 의해 기인한 존재의 '본질적 특성'을 의미한다.

본질적으로 개념적일 수밖에 없는 제4장은 영혼의 실질적 영역으로서 인격의 개념에 집중하고자 한다. 이 장에서 고려된 지식의 구조는 인간론과 성화 교리를 기반으로 한다. 이 장의 목적은 그리스도인으로 자라가는 것과 관련되는 인격과 영성의 본질적인 의미를 이해하는 것이다. 비록 제4장의 논의가 시기상조로 들릴 수 있고 범위가 지나치게 넓어질 수도 있지만, 그 논의는 인격에 대한 연구 특히나 영성과의 관계를 안내하는 출발점이다.

제4장은 모두 여섯 개의 관련 부분으로 나뉜다.

첫 번째 부분에서는 에릭슨과 마르시아의 인격 발달 이론에 대한 이론적 개요를 제시한다.
두 번째 부분에서는 성격과 영성에 대한 성경적, 신학적 통찰력을 제공한다.
세 번째 부분은 그리스도인으로 자라가기에 있어서 성격과 영성의 상호 관계를 상세히 설명한다.
네 번째와 다섯 번째 부분에서는 목회에 끼친 영향을 제공한다.
여섯 번째 마지막 부분에서 이 장의 토론을 마친다.

1. 인격 발달 이론

에릭 에릭슨(Erik Erikson)의 심리사회 발달 이론(psychosocial development theory)은 인격 발달에 관한 중요한 개요를 제공한다. 에릭슨은 자신의 책 『아동기와 사회』(*Childhood and Society*)[1]에서 삶이 가져다 주는 다양한 도전들을 관리하는 법을 배우면서 개인이 고유한(unique) 개인으로서(예: 자아감)

---

[1] Erik Erikson, *Childhood and Society* (New York: W. W. Norton & Co., 1950, 1963, 1985, 1993).

어떻게 자신에 대한 이해를 발전시키고 정체성을 찾는가에 대한 유용한 통찰력을 제공한다. 이 이론은 대체로 자신의 인격을 찾는 존재론적 자아 탐구에 관한 것이다.

에릭슨의 이론은 다양한 개념과 연관되어 있지만, 주로 심리사회적(psychosocial)이라는 용어를 사용해서 그의 이론을 설명한다. 정신(psyche)은 사람의 이성적 차원을 가리키고(그리스어 psyche는 "영"⟨soul⟩을 의미한다), 사회적(social)은 사람의 관계적 차원을 가리킨다.

에릭슨의 이론은 단순한 인격 성장에 관한 설명이 아니다. 에릭슨은 사람의 발달이 마음과 경험 사이의 상호 작용과 관련이 있다고 주장한다. 이 전제는 인간의 혼에 대한 성경적 개념처럼 인간은 사고, 감정, 의지가 있는 자의식적 존재라는 인간 본성에 관한 존재론적 관점을 제공한다.

각 단계별 연령의 구분은 사람마다 상당히 다를 수 있지만, 인격 발달의 일반적인 성향과 특성은 대다수의 사람들에게 적절해 보인다. 에릭슨에 따르면, 사람의 성공적인 성장에는 여덟 가지 발달 결과(예: 범주)가 포함된다.

(1) 자아 인식(self-awareness)
(2) 자기 자치(self-autonomy)
(3) 자기 가치(self-worth)
(4) 자기 확신(self-confidence)
(5) 자기 인식(self-definition)
(6) 자기 자신감과 친밀감(self-competence and intimacy)
(7) 자아 실현(self-fulfillment)
(8) 자아 통합(self-integration)(도표 4.4a 참조)

각 결과는 도표 4.1에 표시된 여덟 가지 생애 단계에 해당한다. 여기서 중요한 것은 에릭슨의 단계 정의가 피아제(제3장)의 단계 정의와 다르다는 점이다. 에릭슨과 피아제 모두 단계(stages)라는 용어를 사용했지만, 에릭슨의 단계는 피아제의 단계만큼 균일하지는 않다. 에릭슨의 경우 사람은 한 단계에서 두 개의 정반대 입장 중 한쪽에 우세한 모습을 나타낼 수 있다.

예를 들어, 1단계에서 어린아이는 심리적으로 신뢰 또는 불신으로 마음이 기울게 되지만, 피아제의 경우 어린아이의 인지 능력은 정적이고 균일하며 각 개인은 동일한 수준의 인지 능력을 나타내면서 동일한 단계를 거친다. 따라서 에릭슨은 현 단계를 성공적으로 끝마쳐야 다음 단계로 발전할 수 있다고 주장한다.

만일 이전 단계를 성공적으로 끝마치지 못한 채 다음 단계로 넘어가게 되면, 이전 단계에서 해결되지 않은 문제가 삶의 문제로 다시 발생하게 된다고 보았다. 다음에 언급하는 것들은 에릭슨 이론의 주요 특징들로 그의 이론에 대한 간결한 이해를 돕기 위한 각각의 발달 단계에 대한 설명이다.

1) 자기 인식 단계(유아기)

자아감(예: 자기 인식)과 신뢰감은 인격 발달에서 형성되는 첫 번째 결과이다(도표 4.1 참조). 에릭슨이 설명했듯이, 생후 18개월 동안 유아들은 자기 자아와 다른 사람들과의 관계를 이해하는 법을 배운다. 이 단계에서 자아에 대한 유아의 이해는 부모와의 관계의 질과 직결된다. 일관성 있고, 신뢰할 수 있으며, 유아의 요구에 즉각적으로 반응하는 부모의 사랑을 통해 유아들은 깊은 자아감과 신뢰감을 기를 수 있다.

에릭슨에 따르면, 만일 유아들이 부모와 긍정적인 관계를 맺지 못하면 잘못된 자아감을 갖게 되고, 잘못된 자아감은 자기 회의(self-doubt), 좌절, 불신으로 이어진다. 건강한 결과는 부모와 신뢰 관계를 형성하는 것이다. 유아기의 긍정적 자아감 발달은 평생의 신뢰 관계를 위한 발판을 마련하는 것이다.

생애 단계	기본적 갈등	결과	종류
유아기	신뢰감 vs. 불신감	자기 인식	자아감과 신뢰감 발달
초기아동기	자율성 vs. 수치심/의심	자기 자율성	독립심 발달
학령전기	주도성 vs. 죄책감	자아 가치	목적 의식 발달
학령기	근면성 vs. 열등감	자기 확신	사회적 역량 발달
청소년기	자아 정체감 vs. 역할 혼미	자기 규정	정체성 발달
청년기	친밀감 vs. 고립감	자기 자신감과 친밀감	친밀감 발달
성인기	생산성 vs. 침체감	자기 충족	이타심 발달
노년기	자기 통합 vs. 절망감	자기 통합	일관되고 통합된 자아 발달

도표 4.1: 에릭슨의 심리사회적 발달

2) 자기 자율성 단계(초기아동기)

자율성은 인격 발달에서 형성되는 두 번째 결과이다(도표 4.1 참조). 자율성은 책임을 의미하고 책임은 자립과 독립을 의미한다. 이 단계에서 유아들은 자기 주도적 사고와 의견을 토대로 생각하고, 의도하고, 행동하는 법을 배운다. 이 단계를 거치면서 아동의 긍정적 자아감(즉, 자존감)은 자신감을 불러일으키고 자기 자율성을 향한 원동력이 된다. 만약 아동들이 자율성을 거부당하게 되면, 수치심과 의심으로 인한 삶의 무능력감을 보이게 된다.

3) 자기 가치 단계(학령전기)

가치관은 인격 발달에서 형성되는 세 번째 결과이다(도표 4.1 참조). 이 단계에서 어린아이들은 세계를 정복하기 위한 일련의 계획에 착수한다. 그들은 의도와 주도권 사이, 목적과 행동 사이의 관계를 이해하는 데 필요한 기본 원칙과 기술을 배운다. 사회적 관계를 바탕으로 아이들은 머지않아 이 세상이 그들에게 목적과 의미를 부여하거나 그들을 혼란과 열등감의 상태로 밀어 넣을 수 있는 능력을 가지고 있다는 것을 깨닫게 된다. 세상이 눈 앞에 펼쳐지면서 아이들은 자신의 모든 잠재력을 실현하고 가치관을 키우기 위해 자신의 의지를 발휘하는 법을 배운다.

에릭슨이 제안한 바와 같이 자신에 대한 명확한 지식과 자기 가치의 척도는 목적 의식이 있는 목표 달성과 함께 존재한다. 따라서 아이들은 긍정과 의미 있는 목표를 가지고 양육되어야 한다.

4) 자기 확신 단계(학령기)

자기 확신은 인격 발달에서 형성되는 네 번째 결과이다(도표 4.1 참조). 이 단계에서 아이들은 자신의 개성을 더 잘 인식하고, 자신에게 다가오는 다양한 도전을 수행하고 성취함으로 자신의 개성을 더 심화하려고 한다. 자신감이 긍정적인 또래 집단과의 관계에 의해 생성된 능력의 수준에 따라 그리고 그 그룹에 위치하는 역량에 따라 달라짐을 감안한다면 우정은 더욱 중요해진다. 아이들의 사회적 세계가 확장됨에 따라, 부모는 여전히 중요하기는 하지만 더 이상 아이들의 성격 발달에 큰 역할을 하지 않는다.

5) 자기 규정 단계(청소년기)

자아 정체성은 인격 발달에서 형성되는 다섯 번째 결과이다(도표 4.1 참조). 이 단계에서 가장 중요한 과제는 자기 정의(self-definition)를 확립하고 삶의 철학을 형성하는 것이다. 청소년들은 그들이 원하는 이념적, 도덕적, 사회문화적 정체성과 관련하여 자신이 누구이고 어떤 사람이 될 것인가를 정의하려고 노력하면서 일관성 있는 자아 의식을 확립하는 법을 배운다.

여기에는 어린 시절 부모가 주입시킨 자아 개념을 검토하고 자신의 존재에 대해 제대로 된 정의를 추가하기 위한 탐구를 하면서 다른 자아 개념들을 조사하고 실험하는 것이 포함된다.

지금까지 성격 발달은 비교적 수동적으로 대부분 외부 영향을 받는 수동적 수혜자였다. 그러나 이 단계부터 청소년들은 자신의 삶을 관리하고 정의하는 자기 주도적 과정으로 발전한다. 십 대들이 자신의 실존적, 사회적, 도덕적, 영적 질문들과 씨름하면서 삶은 확실히 더 복잡해지고 도전적이 된다.

청소년들은 일반적으로 현실에서 다소 벗어난 이상주의적인 생활 양식을 보이지만, 점차 이상적인 것들을 실행 가능한 행동과 경험으로 전환하는 법을 배운다. 에릭슨에 따르면, 자아 정체감이 성공적으로 확립되지 않으면, 정체감 혼미(identity diffusion)가 발생하는데 십 대들의 정체감 혼미는 자신의 정체성, 신념, 그리고 자신이 어떤 더 큰 사회적 집단에 속해 있는지/속할지에 대한 고도의 혼란을 특징으로 한다.

6) 자기 친밀 단계(청년기)

친밀감은 인격 발달에서 형성되는 여섯 번째 결과이다(도표 4.1 참조). 이 단계에서 청년들의 주요 관심사는 독립적인 삶을 확립하고 건강하고 상호 만족스러운 관계를 찾는 것이다. 이전 단계와는 달리, 청년들은 결혼 대상 그리고 친한 친구와 같이 중요한 사람들과 헌신적 관계를 구축하는 과정을 통해서 자아를 찾으려고 한다. 에릭슨에 따르면, 청년들은 깊은 관계적 친밀감을 발전시키는 것이 중요하다. 그렇지 않으면 정서적, 관계적 고립이 발생한다.

7) 자기 충족 및 생산성 단계(성인기)

자아 실현은 인격 발달에서 형성되는 일곱 번째 결과이다(도표 4.1 참조). 성인들은 다른 사람들, 그리고 세상에 대한 관심에서 적절한 자아감을 얻으려고 한다. 생산적인 일에 집중하고 의미 있는 가족 관계를 유지하는 것이 중년의 주요 관심사이다. 중년의 목표는 사회에서 자리를 잡고, 목적 의식과 성취감을 발견하고, 다음 세대를 양육하고 도우며, 다른 사람을 돌보는 능력과 헌신을 갖는 것이다.

중년의 삶의 만족도와 성취감은 상당 부분 그들이 가족, 사회, 문화에 미치는 영향에 달려 있다. 이런 성인기 동안 자기 발견이라는 내적 탐구와 성취라는 외적 탐구는 성인들이 삶 속에서 존재론적 의미와 완전함을 찾을 수 있게 해 준다. 만일 성인들이 비활동적이고 목적 없는 삶에 직면하게 되면 자기 열중(self-absorption)과 침체감(stagnation)은 중년의 위기를 초래한다.

8) 자기 통합 단계(노년기)

자기 통합의 발현과 경험은 인격 발달에서 형성되는 마지막 결과이다(도표 4.1 참조). 이 인격적 단계에서 나타나는 새로우면서 중요한 사고방식이 지혜이다. 에릭슨에 따르면, 노년기는 개인적, 사회적 경험의 정점으로, 이로 인해 지혜와 자기 통합(self-integrity, 역자 주: 자기의 하부구조와 기능이 하나의 전체로서 통일된 목표를 성취하는 방향으로 균형과 조화를 이루고 있는 상태)이 증가한다. 삶에서 유발된 겸손함으로 책임을 수용하고 자신의 삶의 결정과 행동에 따른 결과를 대한다.

이 단계에서 중요한 사건들은 자신의 삶의 의미를 되돌아보고 찾을 수 있는 계기가 된다. 노인들은 죽음이 필연적이라는 사실을 받아들이면서 삶이 주는 모든 것에 대해 깊은 만족감을 찾으려고 한다. 긍정적인 방식으로 자신의 삶의 목표와 성취를 돌아볼 때 중요한 전환이 일어난다. 결국, 삶의 궁극적 의미가 외부의 문제가 아닌 내적 만족에 있음을 깨닫게 된다.

통합감은 노인들이 삶에 중요한 기여를 했다고 느낄 때 나타난다. 그러나 만약 자신의 삶이 무의미하고 불완전하다고 느낀다면 실존적 절망감에 압도당한다. 부연하자면, 삶의 의미를 갖지 못하는 노인들은 용기와 위엄을 가지고 죽음을 받아들일 수 없다.

2. 제임스 마르시아(James Marcia)의 정체성 지위(Identity Statuses)

에릭슨의 뒤를 이어 등장한 제임스 마르시아(James E. Marcia)는 에릭슨 진영의 대표적인 차세대 이론가이다.[2] 비록 에릭슨의 이론만큼 정교하거나 철저하지는 않지만, 마르시아는 개인이 강력한 정체감을 얻을 수 있는 (또는 얻지 못할 수도 있는) 4단계 발달 이론을 제시한다.[3] 에릭슨과 달리 마르시아의 이론은 요람에서 무덤 까지가 아니라 청소년기부터 성인기까지의 정체성 출현만을 다룬다.

에릭슨과 마찬가지로 마르시아의 4단계는 심리적 위기에 의해 주도되며, 도표 4.2에서 볼 수 있는 것처럼 이상(ideals)에 대한 약한 헌신에서 강한 헌신 사이의 진자 운동(pendulum swings, 역자 주: 양 극단 사이를 오락가락하는 동향), 즉 개인의 정체성 성취를 앞당길 기회를 제공하는 진자 운동과 결합되어 있다.

정체성 지위	종류	위기 정도	이상에 대한 헌신
정체감 혼미	책임 회피; 충동적; 낮은 자존감; 부모, 학교, 직장에 대한 약속 회피	책임 회피로 인해 낮음	약함; 충동, 현재 상황, 긍정적/부정적 피드백의 영향을 받음
정체감 유실	부모 또는 중요한 다른 사람같이 다른 사람의 가치와 목표를 채택; 다른 사람과의 관계로 인해 매우 안정적; 권위적이며 타인에 대한 우월감	다른 사람, 특히 부모 또는 보호자의 정체성에 가치를 두기 때문에 낮음	강함; 부모가 이미 헌신한 것을 채택하고 확인

---

2 Cf. James E. Marcia, "Why Erikson?" *The Future of Identity: Centennial Reflections on the Legacy of Erik Erikson*, Kenneth Hoover, ed. (Oxford: Lexington Books, 2004), 44-53.
3 Dan Bilsker and James E. Marcia, "Adaptive Regression and Ego Identity," *Journal of Adolescence*, 14(1): 75-84; Kenneth Hoover, James E. Marcia, Kristen Parris, and James Marcia, *The Power of Identity: Politics in a New Key* (Chatham, New Jersey: Chatham House Publishers, 1997).

정체감 유예	불확실성에 대한 생각을 갖기 시작; 부모의 전념에 대한 거부 또는 약화; 관계, 학교, 업무에 몰두하지 못함	보통; 정체성과 관련된 질문을 스스로에게 던지기 시작	약함; 부모의 이전 답변은 모든 삶의 질문에 대한 답변을 더 이상 제공하지 않음
정체감 성취	자신의 방식대로 전념; 자신의 가치를 결정하고, 약속과 관계를 수립하며, 의사 결정에 대한 책임을 짐	정체성 위기에 완전히 관여했기 때문에 높음; 여러 대안을 제시하여 선택의 책임을 지고 해결	강함; 개인의 선택에 의한 헌신

도표 4.2: 마르시아의 정체성 지위[4]

마르시아가 말하고 있는 많은 것이 학생들에게 조언하는 과정에서 발견되기 때문에 그의 연구는 고등학교 및 고등교육 기관에서 근무하는 사람들에게 도움이 되는 것으로 입증되었다(예: 인생의 방향을 선택하고 씨름하는 사람들과는 반대로, 전공과목을 선택 또는 변경하거나 우유부단한 진로를 기술하는 것). 그의 이론은 기독교 교육자들이 단순히 학문적 조언자가 아니라 청소년과 청년들에게 인격 발달, 즉 그들의 정체성에 대해서도 조언을 하는 사람임을 상기시킨다.

3. 인간에 대한 성경 및 신학적 통찰

성경은 육신과 영혼으로 이루어진 인간을 하나님의 형상(*Imago Dei*, 창 1:26-27)을 반영하는 분명한 속성과 능력을 형상화한 존재라고 가르친다. 이 교리의 중요성은 인간 영혼 내의 합리적, 인격적, 도덕적, 영적 특성을 설명한다는 점에서 인간성의 핵심 지표 역할을 한다.[5] 하나님의 공유적 속성 개념과 유사하게, 보다 높은 수준의 내적 관계에 의해 통합된 네 가지는

---

4   Dan Bilsker and James E. Marcia, "Adaptive Regression and Ego Identity," *Journal of Adolescence*, 14(1): 75-84; Jack Snow and Robert Biehler, *Psychology Applied to Teaching* (New York: Houghton Mifflin, 2000), 32.에 근거한다.
5   Millard J. Erikson, *Christian Theology* (Grand Rapids: Baker Books, 1985), 498-502에서 언급한 *Imago Dei*의 실질적 견해에 근거한다.

인간성을 특징짓고 구성한다. 제4장의 나머지 부분에서는 인간의 네 가지 속성 중 두 가지(즉, 인격과 영성)에 대해 논할 것이다. 지성과 도덕성의 문제는 제3장과 제5장에서 별도로 논의된다.

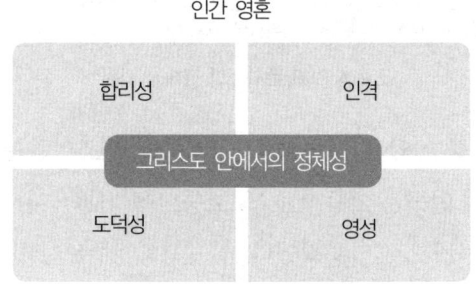

도표 4.3: 인간 영혼의 특성

1) 인격, 영혼의 타고난 속성

성경적으로 말하면, "인격"이라는 단어는 두 개의 헬라어 단어, 프로소폰(*prosopon*, 고후 1:11; 10:7)과 히포스타시스(*hypostasis*, 히 1:3)에서 유래한다.

'프로소폰'은 헬라어로 모습, 얼굴 또는 사람을 의미하는데, 사람의 외적 특성, 즉 사람의 뚜렷한 형상이나 얼굴을 가리킨다. 일반적으로 프로소폰은 사람의 본성이 드러나는 외형이나 형태를 암시하는데[6] 사람의 개성에 대한 보다 외적 모습이나 외부적 생각, 다시 말해 성격을 의미한다.

'히포스타시스'는 인격에 대해 설명하는 또 다른 개념이다. 영어 단어 실체(substance)와 존재(subsistence)의 어원이 되는 히포스타시스는 '아래'를 의미하는 헬라어 히포(*hypo*)와 '서 있다'를 의미하는 스타시스(*stasis*)의 합성어로 문자 그대로 '아래에 있는 것' 또는 '아래에서 지지하는 것'을 의미한다. 히포스타시스는 모든 존재론적 표현의 기초가 되는 사람의 특징적 속성을 의미한다.

---

6 Paul Carus, *Personality* (Chicago: The Open Court Publishing Co., 1911), 14, 18.

신학적으로 말하면, 인격은 아래에 있는 구성 요소를 나타내며 우리가 어떤 사람인지, 즉 우리의 존재 의미를 정의한다. 우리는 사람이 의식적으로 인식하고 있는 영혼의 본질에 대해서 이야기하고 있으며, 이 인식은 한 사람을 다른 사람과 구별하는 그 사람만의 전형적 특징을 말한다.

아마도 가장 중요한 히포스타시스의 사용은 니케아 공의회(AD 325)가 정한 삼위일체 교리에서 찾을 수 있다. 삼위일체 하나님을 부정한 아리우스파의 이설(즉, 아리안주의)에 대한 대응으로 알렉산드리아의 감독 아타나시우스(296-373)는 공의회 의원들과 함께 하나님의 본질(*ousia*)을 가진 세 개의 실존적 인격(*hypostases*)을 주장함으로 삼위일체 교리를 확립했다. 초기 교회 지도자들은 성부 하나님, 성자 예수님, 성령 하나님의 분명히 다른 세 가지 인격을 설명하기 위해 히포스타시스라는 단어를 사용했다.

요약하면, 인격은 모든 인간이 가지고 태어나는 특징적 속성을 나타낸다. 인격은 한 사람을 구성하고 다른 사람과 구별하는 뚜렷한 개성이다.[7] 이 독특함은 시간과 공간을 넘어 영원까지 지속된다.

인격의 의미를 이해한 지금 우리는 한 사람이 회개하고 예수 그리스도를 구주로 영접할 때 생기는 영혼의 영(pneuma)적 영역인 영성이라는 개념으로 초점을 전환할 것이다. 인격과 달리, 영성은 타고난 것이 아니라 칭의 이후에 중생한 영혼에 전가된 속성을 나타낸다(도표 4.4b 참조).

2) 영성, 영혼에 전가된 속성

토론을 더 진행하기에 앞서, 우리는 영성이라는 용어의 영역과 범위가 너무 광대하고 다양해서 몇 마디 말로 정의하기 어렵다는 것을 염두에 두어야 한다. 정말 놀라운 것은 이 용어가 너무도 자주 사용되고(또는 과도하게 사용되는지도) 너무나도 다양한 의미를 가진다는 것이다. 영성이란 용어

---

[7] Ibid., 15.

를 전체적으로 충분히 검토하는 것이 매우 유익하겠지만, 제4장에서는 영성의 속성 측면만 살펴보겠다.

인간의 영혼에 관한 중요한 진리 중 하나는 영혼이 개인적일 뿐만 아니라 영적이라는(일 수도 있다는) 것이다. 때때로 영성은 사람 안에서 별개의 본질로 묘사되는 반면, 다른 사람들은 영성을 중생한 영혼 안에 있는 특징적 속성 중 하나로 간주한다. 참고로 여기서 주장하는 영성의 관점은 인간 본질에 관한 이분론적 견해에 기초한다. 이분론은 영성을 개인의 따로 독립된 한 부분이 아니라 회심할 때 성령에 의해 영혼에 부여된 특징적 속성으로 설명한다.

너무 주제넘게 말하고 싶지는 않지만, 영성은 예수 그리스도의 구속 사역을 통해 성령으로 태어나고 하나님의 은혜에 바탕을 둔 사람들에게 전가되는 영혼의 특징적 속성이라고 말하면 충분하다(요 6:44; 히 11:1; 12:2; 롬 1:8; 8:14; 유 3; 엡 2:8-10; 요일 2:14; 빌 3:10-11; 약 2:26). 사람이 그리스도를 구세주로 영접하면 죄로 죽었던 영혼이 다시 살아나 사람 안에 내주하시는 성령의 변화의 사역을 경험하기 시작한다. 좀 더 명확한 이해를 위해 두 개의 'C' 단어, 상태(condition)과 연결(connection)을 사용하여 영성의 본질과 관계적 구성 요소를 알아보자.

인간의 영적 상태와 관련하여 영성이라는 용어는 "바람"(창 8:1), "생기"(창 2:7; 6:17; 사 40:7), "신적 능력"(사 3:10), "영"(창 1:2; 마 12:18; 롬 8:9; 겔 37:5-6)을 의미하지만, 일반적으로는 성령(pneuma) 안에 있는 영혼(psuche, 살전 5:23; 눅 8:55)에 전가된 속성을 뜻한다.[8] 성경의 많은 사건 속에서 "영"이라는 용어는 중생한 영혼의 본질이나 영적 상태를 나타낸다(창 35:18; 시 31:5; 눅 23:46; 요 12:27; 13:21; 행 15:26).[9]

---

8 G. Kittle, G. Friedrich, and G. W. Bromiley, *Theological Dictionary of the New Testament*. Translation of *Theologisches Worterbuch zum Neuen Testament* (Grand Rapids: W. B. Eerdmans, c1985, 1995), 876.

9 Ibid.

영적 연결과 관련하여, "영성"이라는 용어는 하나님과 인간 사이의 영적 관계를 가리킨다. 영성은 로버트 소시(Robert Saucy)가 정의한 바와 같이 "다양한 금욕적 규율을 중요하게 사용하는 내적 삶의 개인적, 묵상적 성장을 통해 얻어지는 하나님과의 친밀하고, 개인적이며, 경험적인 관계"[10]를 나타낸다. 기본적으로 여기서 영성은 사람들이 하나님을 통해 존재론적 온전함을 경험할 수 있게 해 주는 성령(pneuma)과의 관계적 질을 가리킨다.

위에서 언급한 영성에 대한 견해는 영혼의 비물질적이고 관계적 차원에 대해 주목한 것으로 복음주의자들이 수 세기 동안 주장해 온 것과 일치한다. 이런 의미에서 가정하는 것은 영성을 얻는 회심(즉, 칭의)에 대한 성경적 입장이다. 다음에서 우리는 성령이 영혼의 개인적, 영적 차원에서 촉진시키는 성장을 살펴봄으로써 그리스도인 형성을 탐구하고자 한다.

4. 개인적, 영적 발달에 대한 기독교적 접근 방식: 그리스도인 형성

하나님의 형상을 바탕으로 인간의 영혼은 삼위 하나님의 본질적 특성을 반영하는 본성을 지니고 있다. 인간의 구조에 독특하게 적용된 영혼은 사람의 본질적 "누구"(whoness)를 나타내고, 성격과 영성은 영혼의 특징적 "무엇"(whatness)을 나타낸다. 예를 들어, 우리가 어떻게 다른 사람들을 인식하는지는 주로 인격과 영성 같은 식별 가능한 자질을 통해 자신의 상태를 투영하는 각 개인의 영혼 때문이다.

개인에게 인격이 없다면, 개인은 자신을 한 명의 사람으로 만드는 특별한 특성이 없는 존재가 될 것이며, 영성이 없다면, 개인은 하나님과 떨어져 있는 중생하지 못한 영혼, 즉 길을 잃고 헤매는 궁핍한 영혼이 될 것이다.

---

[10] Robert Saucy, *Spiritual Formation in Theological Controversy* [paper presented at meeting of the Evangelical Theological Society (ETS), Toronto, Canada, 2002], 2.

우리의 논의를 성화 과정과 연관 지어 보면, 연합(union)은 인격과 영성 사이의 통합을 점점 증가시키며 이것이 우리가 그리스도인 형성을 통해 의미하는 바이다. 중생하지 않은 영혼이 예수 그리스도를 통해 본질적 상태를 찾으려 애쓰고 회개할 때, 하나님은 그 사람을 구속하시고 새로운 특질(즉, 영성)을 그 사람에게 부여하시고, 인간 영혼의 깊은 곳에 오셔서 내주하시도록 성령을 보내신다(겔 36:26).

이 존재론적 신비의 근원에는 인격과 영성이 진행하는 통합의 조건이 있다. 즉, 인격과 영성은 서로 상호적 지지 관계로 시작해서 그 사람에게 새로운 의식(즉, 새 마음)과 새로운 상태(즉, 새 영)(겔 36:26; 요 3:3; 고후 5:17)를 부여한다. 우리의 회심이 의미하는 바가 바로 옛 자아가 새로운 자아가 되는 이 새로운 의식과 상태의 획득이다(갈 4:6; 롬 5:5; 8:14-17; 골 3:9-10; 엡 4:20)(도표 4:4b 참조).

영적 죽음의 단계에 있던 사람은(즉, 자연적⟨psuchikos⟩ 인간, 고전 2:14) 회심을 통해 살아난다. 그는 자신의 영적 의식(즉, 영적⟨pneumatikos⟩인간, 고전 2:15)을 회복하고 하나님과 교통하기 시작한다(롬 5:12, 14-21)(도표 4.4c 참조). 그가 하나님의 뜻대로 살려고 할 때, 성령님은 인격과 영성이 결합된 자아의 완전한 회복을 목표로 그 사람의 마음속에서 직접 역사하신다(롬 8:16; 9:1). 성령님은 끊임없이 하나님의 의도와 목적을 전달하고 그 사람을 하나님께로 가까이 이끄신다(요 12:32; 14:16; 16:13; 롬 8:14-17, 26-28; 엡 3:16).

평생의 성장 과정의 최종 결과는 마침내 총체적 인격이 달성되고 실현되는 인격과 영성의 완전한 융합이다(도표 4.4d 참조). 이 총체성의 회복은 영혼의 속성과 능력이 이제 완전히 회복되었음을 의미한다. 이 위대한 순간은 원죄로 인해 파괴되어 자연 상태로 존재했던 영혼이 그리스도의 인격을 반영하는 완전히 새로워진 자아가 되는 순간이다(히 5:14; 요일 3:2)(도표 4.4c 참조). 그런 상태에 있는 사람은 이제 인간의 모든 측면에서 예수 그리스도를 닮은(그리스도의 모양⟨homoios⟩, 요일 3:2) 완전한 나 자신(즉, 새로운 자아)을 깨닫는다(도표 4.4c 참조).

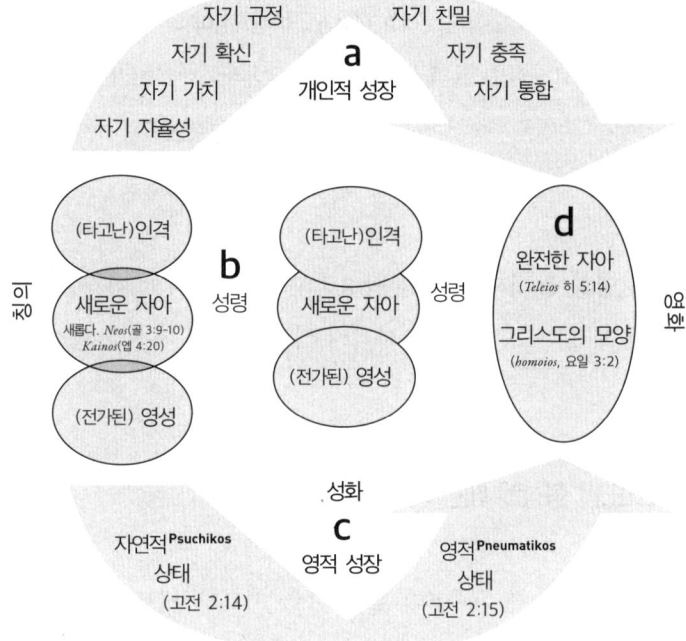

도표 4.4: 그리스도인의 성화

이제 사람은 죄의 속박에서 벗어나 예수 그리스도의 충만함을 누린다(골 2:9; 엡 3:18-21; 롬 8:17; 요 1:16). 우리는 성화가 궁극적으로 성취되는 '영화'(glorification)라고 불리는 그리스도인 형성의 최종 결과에 대해 이야기하고 있다.

우리가 천국에 갈 때까지 그리스도인 형성은 계속될 것이다. 우리가 이 땅에 살고 있는 한 우리는 지속적으로 변화와 성화의 과정에 참여해야 할 책임이 있다. 하나님이 주신 겸손함을 가지고 인격이 완전히 회복될 때까지 매일 전진해야 한다. 빌립보의 성도들에게 보내는 바울의 메시지를 들어 보라(빌 3:12-14). 우리에게도 그리스도 중심의 영적 성장을 향한 바울의 관점이 절실히 필요하다.

> 내가 이미 얻었다 함도 아니요 온전히 이루었다 함도 아니라 오직 내가 그리스도 예수께 잡힌 바 된 그것을 잡으려고 달려가노라 형제들아 나는 아직 내가 잡은 줄로 여기지 아니하고 오직 한 일 즉 뒤에 있는 것은 잊어버리고 앞에 있는 것을 잡으려고 푯대를 향하여 그리스도 예수 안에서 하나님이 위에서 부르신 부름의 상을 위하여 달려가노라 (빌 3:12-14).

인격과 영성에 대해 확립된 성경적 지식을 가지고 이제 사역적 의미로 눈을 돌려 그리스도인 형성과 사역의 의미에 대해 자세히 살펴보자.

5. 그리스도인 형성에 대한 의미

인격 발달 이론과 그리스도인 형성은 서로 만나는 네 개의 중심 의미가 있다.

첫째, 그리스도인 형성은 개인의 인격의 누락을 의미하지 않는다. 사람들은 너무도 자주 그리스도인이 된다는 것은 자신의 개성과 인격을 포기하는 것을 의미한다고 확신한다. 이것은 정말 잘못된 확신이다. 우리는 성경에서 다양한 유형의 인격을 만난다. 심지어 예수님의 제자들 중에서도 다양한 인격의 사람들을 볼 수 있다. 우리가 그리스도를 따르는 것이 우리가 우리 자신이 되는 것을 멈추는 것을 의미하지 않는다.

둘째, 에릭슨의 각각의 위기 단계는 그리스도인 형성 과정에서 개인의 신앙에 직접적 영향을 미친다. 아덴(Leroy Aden), 베너(David Benner), 그리고 엘렌스(J. Harold Ellens)는 에릭슨의 각 단계와 신앙의 상관 관계를 다음과 같이 도출한다.[11]

---

11 Leroy Aden, David Benner, and J. Harold Ellens, *Christian Perspectives on Human Development* (Grand Rapids: Baker Book House, 1992), 10.

- 유아기: 신뢰로서의 신앙
- 초기아동기: 용기로서의 신앙
- 학령전기: 순종으로서의 신앙
- 학령기: 승인 또는 근면성으로서의 신앙
- 청소년기: 정체성으로서의 신앙
- 청년기: 자기 포기와 하나님과의 친밀함으로써의 신앙
- 성인기: 무조건적 돌봄(생산성)으로서의 신앙
- 노년기: 무조건적 수용

신앙에 대한 이런 이해는 개인의 일생 동안 인격 발달의 각 단계에서 나오는 독특한 형태의 신앙과 함께 그 발달에 있어서 참으로 역동적이다.

셋째, 제임스 마르시아의 정체성은 그리스도를 향한 헌신과 관련이 있다. 그리스도인의 헌신을 구체적으로 언급할 의도는 없지만, 마르시아가 제시한 네 가지 정체성 지위를 검토하면서, 개인이 예수 그리스도와의 진정한 관계를 발전시킬 때, 마찬가지로 자신의 헌신과 정체성 성취가 어떻게 증가하는지 알 수 있다. 신앙 발달과 마찬가지로 정체성은 부모 및 중요한 다른 사람과의 관계에서 처음으로 보이지만, 나중에는 개인이 자신을 위해 채택해야 한다.

이 문제에서 정체성 지위 성취에 대한 마르시아의 접근 방식은 네빌(Gwen Kennedy Neville)과 웨스터호프(John H. Westerhoff, III)가 제안한 신앙 발달의 4단계와 다소 관련이 있다.[12] 궁극적으로 정체성 성취를 이룬 개인은 예수 그리스도와 관계를 맺으면서 헌신을 다한다.

넷째, 그리스도인 형성은 부분적으로 위기에서 발생할 수 있다. 성경은 실제로 에릭슨이나 마르시아가 묘사한 것처럼 심리적 위기를 언급하지는 않지만, 유혹(고전 10:13)과 시련(약 1:12; 고후 8:2)을 극복하는 성장 잠재력

---

[12] Gwen Kennedy Neville and John H. Westerhoff, III, *Learning Through Liturgy* (New York: Seabury Press, 1978), 163.

을 자주 이야기한다. 의심은 결코 긍정적 관점에서 언급되지 않지만, 우리 모두가 항상 직면하는 현실로 인정되고 더 높은 수준의 신앙으로 나아가기 위해서는 반드시 극복해야 한다(마 21:21; 막 11:23; 약 1:6; 유 22).

사람들에게 개인적 간증을 말해 달라고 요청하면, 삶의 내적, 외적 장애물을 모두 극복하고 분명한 그리스도인의 증거를 보여 주는 사람들에게서 가장 설득력 있는 간증이 나온다. 분명 위기가 그리스도인 형성을 촉진하는 유일한 수단은 아니다. 그러나 위기는 실제로 우리의 정체성 성취뿐만 아니라 적어도 그리스도인으로서 우리의 신앙 형성에 기여하는 요소 중 하나임에는 틀림없다.

6. 기독교 교육과 사역에 미치는 영향

첫째, 아마도 이런 발달의 차원과 관련해 가장 직접적인 의미는 교회가 개인을 위한 지침을 제공해야 한다는 것이다. 개인은 정체성 성취 단계를 통해 나아가기 위해 멘토, 모범 사례, 그리고 교정 원칙이 필요하다. 교회는 다른 도우미를 통해 직접 또는 간접적으로 이런 조언을 제공할 수 있는 독특한 위치에 있다. 이 멘토들은 각 단계에 내재된 좌절감을 이해하고 개인이 각 단계를 통과할 때 현명한 조언을 해 줄 수 있어야 한다.

둘째, 의미는 우리 모두가 이런 위기 단계를 탐색하는 데 참여하고 있다는 것이다. 여기에는 그 누구도 예외일 수 없다. 따라서 기독교 교육자로서 우리는 사람과 그의 현재 심리적 위기 수준을 존중해야 한다. 우리는 삶과 관련된 문제와 쟁점을 통해 지침을 제공하고, 그의 경험을 부정하지 않고 연구함으로 이를 수행할 수 있다.

예를 들어, 부모가 없는 어린아이가 위탁 가정에서 벗어나 정식으로 가정에 입양되면, 기억, 외상(traumas), 도덕적 딜레마를 가지고 있는 청소년 상태에서 새로운 가정의 자녀가 된다. 양부모는 자녀의 이전 경험들을 그저 무시할 수는 없지만, 자녀가 긍정적인 시각으로 이전 경험들을 다루고 자신의 과거를 미래를 위한 힘을 제공하는 수단으로 여기고 과거로부터 배울 수 있도록 도와주어야 한다.

셋째, 성공을 가능하게 하라!

처키치즈(역자 주: 어린이 놀이 센터를 겸하고 있는 미국의 대형 피자 체인점의 이름이다)의 대표적인 광고 "어린이가 어린이가 될 수 있는 곳"이 모든 것을 말해 준다. 아이들은 자기 자신에 대해 "좋다"고 느끼기 위해 긍정적 성취와 피드백을 경험해야 한다. 이는 우리가 아이를 징계하거나 비판하지 않는다는 의미가 아니다. 그것은 건설적 규율과 비판이어야 하며, 개인의 발달을 저해하기만 하는 신체적 학대나 괴롭힘이 아니어야 한다.

넷째, 각 단계는 기독교 교육자에게 개인을 하나님으로 향하게 하는 기회를 제공한다. 심리적 위기의 각 단계마다, 우리는 개인에게 다음 말씀을 상기시킬 수 있다.

> 하나님의 약속은 얼마든지 그리스도 안에서 '예'가 되니 그런즉 그로 말미암아 우리가 '아멘'하여 하나님께 영광을 돌리게 되느니라(고후 1:20).

이처럼 그리스도는 정체성 성취의 다양한 단계를 통해 끊임없이 우리의 상담자이자 안내자가 되신다. 기독교 교육자들은 개인의 삶과 정체성에 대한 일관된 초점으로 사람들을 그리스도로 향하게 해야 한다.

다섯째, 좋은 행동과 나쁜 행동 모두 종종 정체성 문제를 반영한다는 사실을 인식하라. "그냥 하나의 과정일 뿐이야"라고 말하는 것은 너무 진부하다. 그러나 어떤 경우에는 그것이 전부일 수 있다. 그러나 비록 그것이 단순히 정체성 성취의 발달 단계일지라도 개인은 자신의 행동의 근거를 인식하고 더 성숙한 사람들이 제공하는 교정을 위한 조언이나 확인을 받을 필요가 있다.

극도의 정체성 위기에 직면한 청소년은 반사회적 행동, 부모에 대한 반항 등을 보일 가능성이 높다. 그렇다고 해서 그런 일들이 허용되는 것은 아니다. 그러나 에릭슨과 마르시아는 개인이 왜 그런 성향을 가지고 있는지를 알리고 그런 행동의 근본 원인을 해결하는 데 도움을 주어야 한다는 데 동의한다.

여섯째, 반드시 부모를 교육해야 한다. 어느 교회가 한때 "피너츠"(P-nuts: Parents going Nuts, 열정적으로 사랑하는 부모)라고 불리는 부모를 위한 단체를 후원한 적이 있다. 어린아이나 청소년 자녀를 둔 부모들 대부분은 심리적 발달 단계를 공부하지 않았거나 공부는 했지만 자녀를 양육할 때쯤에는 배운 것들을 잊어 버렸다. 교회는 부모에게 건강한 인격 발달을 촉진하기 위한 방식으로 자녀들과 어떻게 관계를 맺고, 지시하고, 바로잡고, 심지어 알려 줄 수 있는지에 대해 발달적으로 건전한 조언을 제공할 수 있다.

7. 결론

성경적 인간론에 비추어 우리는 영혼의 두 가지 특징적인 속성, 즉 인격과 영성을 연구했다. 이 개념의 복잡함과 광범위함을 고려할 때 정확한 의미를 파악하기는 어렵다. 제4장의 제한된 공간에서 인격과 영성을 적절하게 탐구하기에는 인격과 영성은 너무나 복잡하다.

또한, 타락이 인간의 본질에 미치는 영향을 둘러싼 논쟁은 제4장에서 다루지 않았다. 타락으로 말미암아 사람의 전체성(totality)이 영향을 받았기 때문에 인간 영혼의 속성과 능력에 대한 죄의 영향의 정도에 대한 근본적인 의문이 제기된다.

더 정확히 말하면, 타락은 영혼의 개인적 차원과 영적 차원에 얼마나 영향을 미쳤을까?

제4장에서 다루지 않은 이 질문에 대한 답변은 여전히 살펴보아야 할 과제로 남아 있다.

8. 복습을 위한 질문

1. 성경은 사람을 어떻게 묘사하는가?
   사람의 일반적인 구성에 대해 설명하라.

2. 우리 안에 있는 하나님의 형상(즉, *Imago Dei*)을 구성하는 인격의 능력은 정확히 무엇인가?

3. 창세기 1장 26절에서 "형상"(image)과 "모양"(likeness)은 무엇을 의미하는가?
   우리는 하나님의 형상을 구성하는 요소 또는 인격적 요소를 식별할 수 있을까?
   형상의 본질은 무엇인가?
   형상은 하나님의 어떤 속성을 반영하는가?

4. 인격은 무엇이며, 어떻게 발달하는가?

5. 에릭슨과 마르시아의 인격 발달 이론을 검토하고 비판하라.

6. 영성이란 무엇이며, 어떻게 형성되고 발전하는가?

7. 개인적 발달과 그리스도인 형성과의 관계는 무엇인가?

제5장

도덕 발달과 그리스도인 형성

제임스 라일리 이스텝 주니어(James R. Estep Jr.)[1]

---

[1] 나는 이미 도덕 발달을 주제로 한 두 개의 장을 "Education and Moral Development," *Christian Ethics: The Issues of Life and Death*, Larry Choinard, David Fiensy, and George Pickens, eds, (Joplin, Missouri: Parma Press, 2004), 29-50 and with Alvin W. Kuest, "Moral Development," *Introduction to Christian Education*, Michale Anthony, ed. (Grand Rapids: Baker Book House, 2001), 73-82에서 출판했을 뿐만 아니라 매년 이 주제의 글을 ETS 모임에 제출했다.

제5장 도덕 발달과 그리스도인 형성

그리스도인이 우리 세계의 도덕적 담론을 피하거나 외면하는 것은 불가능하다. 아프리카의 대량 학살, 국제 분쟁, 국내 정치 문제, 의학적 결정, 영화와 TV 시청률, 심지어 학교의 문학 수업에서 선정된 책들까지도 모두 도덕적 논쟁의 수준을 높인다. 그리스도인이 교회와 공동체 모두에서 도덕적 담론에 참여하는 것은 필수적이다.

> 그러나 도덕이란 무엇인가?
> 도덕은 어떻게 형성되는가?
> 교회는 도덕적 형성을 촉진하기 위해 무엇을 할 수 있는가?

이런 질문들에 대한 답변은 종종 교육자들과 관계가 없다. 그러나 그런데도 교육자들은 반드시 이 질문들에 답해야 한다.

제5장에서는 기독교 교육자들과 가장 관련성이 높은 이론들을 중심으로 현대의 도덕 발달 이론들에 대해 살펴볼 것이다. 그런 다음 이 이론들에 대한 비판뿐만 아니라 기독교적 대안과 사회과학에만 기반을 둔 이론들의 적용에 대한 비판도 제공할 것이다. 마지막으로, 그리스도인의 삶의 일부로서 도덕적 신앙인 형성을 촉진하기 위한 목회 사역에 관한 의제를 제시할 것이다.

1. 도덕 발달 이론과 이론가들

현대의 도덕 발달 이론은 도덕성에 대한 정의와 도덕 발달에 대한 설명을 나타내는 네 가지 주요 접근 방식으로 나눌 수 있다.

첫째, 정신분석학(psychoanalytical)
둘째, 조건화(Conditioning)

셋째, 도덕적 잠재력(Moral Potential)
넷째, 인지적/도덕적 추론(Cognitive/Moral reasoning).[2]

정신분석학은 지그문트 프로이트(Sigmund Freud)가 처음 발표했고, 그의 후계자들에 의해 계속 이어져 오고 있다. 정신분석학에서 도덕성은 자아(ego), 초자아(superego), 그리고 의식과 잠재의식의 요소인 이드(id) 사이의 심리적 갈등을 통해 발전한다. 따라서 도덕 발달은 정신적 균형과 조화를 만드는 심리적 과정이다.

스키너(B. F. Skinner)와 그 이후의 행동주의 이론가들에 의해 주창된 행동주의적 접근 방식은 도덕 발달이 외부 자극을 통해 일어난다고 주장한다. 따라서 도덕성은 주어진 상황에서 외부 자극을 통해 생성되는 행동 반응으로 이해된다. 도덕성은 주로 내부 과정이라기보다는 외부 자극에 대한 조건 반응이다. 도덕은 주어진 행동에 지속적으로 적용되는 긍정적인 보상과 부정적인 처벌의 결과로 발달한다.

칼 로저스(Carl Rogers)와 아브라함 매슬로(Abraham Maslow) 같은 인문주의 이론가들은 도덕성의 기초를 인간의 도덕적 잠재력(human moral potential)으로 간주한다. 인간이 선천적으로 가지고 태어난 것으로 간주되는 도덕은 사람의 근본적이고 진보된 욕구가 충족됨에 따라 발전하고, 결과적으로 자아 실현을 향해 나아가게 된다. 진보된 존재로서 우리는 자기 충족적인 온전한 사람이 되기 위해 도덕적 결단과 결정을 내릴 수 있다.

그러나 신앙 여부를 떠나서 교육자들은 인지 발달 이론과 더 밀접하게 연관된 이론, 즉 인지적-도덕적 추론(cognitive-moral reasoning)에 더 많이 의존하는 경향이 있다. 이런 접근 방식은 인지 발달 이론, 특히 장 피아제의 이론(제3장)을 도덕적 의사 결정의 발전과 통합한다. 그렇게 함으로 교육자

---

[2] 이 네 가지 견해에 대한 훌륭한 조사와 기독교적 관점을 위해 다음 자료를 비교해 보라. Bonnidell Clouse, *Teaching for Moral Growth* (Downer's Grove, Illinois: Victor/Bridgepoint, 1993).

들은 도덕 형성을 설명하는 수단으로 익숙한 인간 발달 이론을 제공받는다.

장 피아제(Jean Piaget), 로렌스 콜버그(Lawrence Kohlberg), 캐롤 길리건(Carol Gilligan), 이 세 명의 주요 이론가는 도덕 발달에 대한 인지적-도덕적 추론 접근 방식을 대표한다(도표5.1).[3]

나이	피아제의 방식(Modes)	콜버그의 수준(Levels)	길리건의 수준(Levels)
13세+	도덕적 자율성	수준3: 후 인습적 수준 5단계: 사회 계약 지향 6단계: 보편적 도덕 원칙	수준3: 후 인습적 도덕성 (자신과 타인에 대한 상호의존적 관심)
13 12 11		수준2: 인습적 수준 3단계: 착한 아이 지향 4단계: 권위 지향	수준2: 인습적 도덕성 (타인에 대한 관심)
10 9 8	전환 단계. 두 방식 모두 존재	수준1: 전 인습적 수준 1단계: 처벌 지향 2단계: 단순 보상 지향	수준1: 전 인습적 도덕성 (자신에 대한 관심)
7 6 5 4	타율성(도덕적 실재론)		
3	"이전" 또는 "최초"의 도덕 발달: 발달의 기초 확립		

도표 5.1: 도덕 발달 이론들

여기서는 각 이론을 간략하게 요약한 후 도덕성 발달에 대한 인지적-도덕적 추론의 접근 방식에 대한 일반적 비판을 제시할 것이다.

장 피아제(1896-1980)는 "모든 도덕성은 규칙 체계로 구성되어 있으며, 모든 도덕성의 본질은 개인이 그 규칙을 위해 어떤 것을 획득하는가에 따라 추구되어야 한다"[4]라고 가정했다. 피아제의 경우, 6-12세 사이의 어린이들에게는 두 가지 일반적인 도덕 인식 방식 또는 단계, 즉 타율성(heter-

---

3 Cf. Estep and Kuest, "Moral Development," 73-82.
4 Jean Piaget, *The Moral Judgement of the Child* (New York: Free Press, 1965), 13.

onomy) 또는 도덕적 실재론(moral realism)과 도덕적 자율성(moral autonomy)이 존재했다. 그러나 도덕 발달의 두 번째 단계는 이런 규칙들의 내재화(internalization)를 알리는 신호이다. 그 규칙들은 개인의 내적 도덕성으로 채택되고 수용된다. 단순히 상급자의 명령이기에 복종하기보다는 관계와 공동체 생활을 유지하기 위한 필수 요소로 받아들여진다.[5]

로렌스 콜버그(1927-1987)의 도덕 발달 이론은 규칙의 획득이 아닌 인간 행동의 이면에 있는 도덕적 이유에 기반을 두었다.

> "행동이 도덕적인가 부도덕적인가?"
> "동기는 도덕적인가?"
> "도덕적이거나 부도덕적인 이유는 무엇인가?"

오히려 콜버그는 다음과 같이 물었다.
"어떤 수준의 추론으로 자신의 도덕적 결정을 정당화하거나 설명할 수 있는가?"

옳고/그름 또는 도덕/부도덕 같은 전통적 범주는 콜버그에 적용되지 않는다. 오히려 도덕 발달은 단순히 도덕적 추론 수준에 관한 문제이다. 이를 확인하기 위해 콜버그는 주어진 도덕적 곤경에서 도덕적 추론을 용이하게 하기 위해 도덕적 딜레마를 사용했다. 옳고 그름을 만든 것은 피실험자들이 제시한 답이 아니라 옳고 그름이라고 믿는 이유였다.

"도둑질하는 것이 옳은가, 그른가?"

이와 같은 질문에 콜버그는 아무 대답도 하지 않는다. 그러나 그는 훔치거나 훔치지 않는 이유가 다른 수준의 도덕적 추론을 반영한다고 주장한다. 그 행위, 동기, 또는 이유는 반응에 관계없이 도덕적이거나 부도덕적인 것으로 간주되지 않는다. 따라서 그 결정이나 결과에 대한 판단은 없었지만,

---

5 Cf. Ronald Duska and Mariellen Whelan, *Moral Development: A Guide to Piaget and Kohlberg* (New York: Paulist Press, 1975), 8-11.

단순히 추정된 수준의 도덕적 추론에 대한 판단은 내려졌다.

콜버그는 각 수준마다 두 단계로 구성된 도덕적 추론에 관한 세 가지 기본 수준을 제지했다.

수준 1은 도덕적 추론, 전 인습적 도덕성(preconventional morality), 개인적 기준에 근거한 도덕적 결정. 처벌 지향(Punishment Orientation) 단계와 순진한 보상 지향(Naïve Reward Orientation) 단계로 나누어 진다. 이 수준에서 옳고 그름은 결정(decision)에 대한 개인적 의미에 의해 확정된다(determined).

예를 들어, "윤리 시험에서 부정행위를 해야 할까?"

다시 한번 말하지만, 콜버그에게 이것은 예, 아니오의 주제가 아니라 오히려 결정에 대한 이유이다.

"그래. 시험에 합격해야 하니까!"

또는 "안돼. 걸리면 곤란해지거든!"

두 문장의 활동적 주체는 "나"이다. 옳고 그름은 개인에게 끼쳐진 긍정적 또는 부정적 영향에 근거하여 개인이 결정한다.[6]

수준 2인 인습적 도덕성(conventional morality)은 수준 1과 관련된 요소들을 포함하지만, 또 다른 사고방식이 추가된다. 수준 2는 도덕적 결정들이 외부 권위, 즉 법률, 규칙, 지침에 의해 결정된다고 주장한다. 이런 명령을 지키면 다른 사람의 호의를 얻을 수 있다.

수준 2는 또한 착한 아이 지향(Good-boy/Good-girl Orientation)과 권위 지향(Authority Orientation) 두 단계로 나누어진다. 수준 1의 개인적 집중은 부모, 교사, 목사와 같은 권위 있는 인물에 의해 '좋은' 또는 '나쁜' 사람으로 간주되는 것에 대한 우려, 즉 존경받는 개인의 확인을 구하는 것으로 대체된다.

예를 들어, "윤리 시험에서 부정행위를 해야 할까?"

---

6 Lawrence Kohlberg and P. Turiel, "Moral Development and Moral Education," *Psychology and Educational Practice*, G. Lesser, ed. (Scott Foreman, 1971), 415.

이런 딜레마에는 "그래. 친구들이 날 어떻게 생각할지 생각해 봐"라는 긍정적 대답 또는 "아니야. 태너 교수님이 날 어떻게 생각하실지 생각해 봐"라는 부정적 대답을 할 수 있다. 한마디로 말하면, 옳고 그름의 열쇠는 존경받는 다른 사람의 의견과 그들에게서 인정받고 싶어 하는 열망이다.[7]

수준 3인 후 인습적 도덕성(postconventional morality)은 개인의 도덕적 자율성 중 하나이다. 항상 다른 사람의 반응이나 긍정에 의존했던 이전의 두 수준과 달리 수준 3에서의 도덕적 결정은 개별적으로 적용된 원칙에 기초한다. 수준 3은 사회 계약 지향(Social Contract Orientation) 단계와 보편적 도덕 원칙(Universal Moral Principles) 단계로 나뉜다. 이 원칙들은 개인적 이기심(수준 1) 또는 법(수준 2)을 넘어서 이타심과 법의 한계를 넘어서는 추론을 요구한다.

콜버그에게 있어 궁극적인 도덕적 원칙은 정의, 즉 개인적 손실/이익 또는 합법성에 관계없이 모든 사람을 공정하게 대하려는 개인적 헌신이었다.

"윤리 시험에서 부정행위를 해야 할까?"

"아니야. 내 성적에 미치는 영향이나 태너 박사님이 나에 대해 어떻게 생각하시는지에 상관없이 그건 그냥 잘못된 일이야. 그것은 교수님과 학생들 사이의 개인적 명예와 신뢰에 관한 문제이고, 내 성적보다는 정직이 더 중요해."

아니면 상상할 수 없는 대답을 할 수도 있다.

"그래. 하는 거야. 걸릴 가능성이나 태너 박사님이 나에 대해 어떻게 생각하시든 상관없어. 부정행위를 해서라도 좋은 성적을 받지 못하면 반 전체를 실망시키고 태너 박사님의 강의 능력에 대한 평가가 나빠질 테니까."

수준 3은 거의 항상 보편적 원칙과 낮은 수준의 도덕적 추론 사이의 내적 갈등을 동반한다(즉, 이기심과 허용 요건). 그것은 더 높은 윤리적 원칙을 따르기 위해 개인적 이득이나 동의에 대한 생각을 포기하는 것을 나타낸다.

---

7 Kohlberg and Turiel, "Moral Development and Moral Education," 415.

도덕성에 일곱 번째 단계가 있을까?

콜버그는 자신의 이론을 발표한 후, 사망하기 전 비로소 도덕성 7단계의 가능성을 제기했다.[8] 부분적으로 그는 제임스 파울러(James Fowler, 제6장)의 신앙 발달 이론과 피에르 테야르 드 샤르댕(Pierre Teilhard de Chardin, 1881-1955)의 철학신학에 근거하여 7단계에 대한 가설을 세웠다.

캐롤 길리건(1936-)은 콜버그의 연구진 소속으로 콜버그가 우연히 그의 연구에서 생략한 연구 방법론을 여성의 도덕 발달 연구에 적용했다. 콜버그에 대한 길리건의 비판은 성별에 기반을 두었을 뿐만 아니라 나중에 콜버그가 내린 최초 결론에 의문을 제기했던 콜버그 자신의 시험 도구를 발전시킨 것에서 비롯되었다.[9]

콜버그와는 다르게 길리건은 원칙 중심의 도덕적 추론을 통해 더 정서적인 것, 즉 마음의 도덕적 추론을 선호했다.

> 남성은 다른 사람의 도전에서 안전하게 분리되어 계층 구조의 가장 높은 곳에서 홀로 안전하다고 느끼는 반면, 여성은 관계망 한가운데서 안정감을 느끼기 때문에 계층 구조의 맨 꼭대기에 있는 것은 관계의 단절로 간주된다.[10]

길리건의 입장에서 볼 때 그녀가 제안한 여성의 도덕적 추론의 수준은 콜버그의 남성의 도덕 발달의 같은 수준과 유사하다. 아마도 한 가지 중요한 차이점이라면 여성에 대한 궁극적 도덕 원칙은 남성의 경우처럼 정의가 아니라 배려라는 것이다.

---

8   Lawrence Kohlberg and Clark Power, "Moral Development, Religious Thinking, and the Question of a Seventh Stage," *Zygon*, 16(3): 203-59. Cf. Peter Feldmeier, *The Developing Christian: Spiritual Growth Through the Life Cycle* (New York: Paulist Press, 2007), 45.

9   John Michael Murphy and Carol Gilligan, "Moral Development in Late Adolescence and Adulthood: A Critique and Reconstruction of Kohlberg's Theory," *Human Development*, 23: 77-104.

10 Carol Gilligan, *In a Different Voice* (Cambridge, Massachusetts: Harvard University Press, 1982), 42.

그러나 정의와 배려는 도덕적 기조를 나타내는 하나의 공통된 맥락을 가지고 있다. 궁극적인 도덕 원칙은 정의로 표현되든 배려로 표현되든 간에 자신보다 남을 먼저 생각하는 것이다. 펠드마이어(Peter Feldmeier)가 추정한 바와 같이, "남성의 경우, 도덕 원칙이 더 큰 정의의 원칙을 수용하는 것을 의미한다면 관계의 균열은 정당하다. 여성의 경우, 이런 균열은 세련미의 증가가 아니라 실패를 나타낸다."[11]

2. 도덕 발달에 대한 성경 및 신학적 통찰

기독교 교육자에게 성경과 신학은 도덕 발달에 대한 접근 방식을 옹호하는 토대를 제공했다. 데니스 덕스(Dennis H. Dirks)는 성경이 도덕 발달에 관한 이론을 제시하지는 않지만, 신약성경 전체에 걸쳐 표현된 도덕적 성장의 은유를 통해 발달적인 틀을 제공할 뿐만 아니라(고전 2:1; 13:11; 히 5:12-14; 빌 2:14; 엡 4:15), 가치의 내재화(엡 6:6; 마 5:1이하)라는 개념과 도덕적 변혁(롬 12:1-2)이라는 개념 역시 제공한다고 지적한다.[12]

성경은 도덕을 다차원적이라고 말한다. 성경에 나타난 도덕성과 지식 또는 인식 사이에 명시된 연결에서 보듯이 성경은 도덕성과 도덕적 형성을 인식, 영향, 행동과 연결시킨다(시 119:34; 요 13:7; 엡 2:12; 빌 4:9; 약 3:17). 그러나 도덕은 의사 결정 이상이며 인지 그 이상이다. 도덕은 또한 정서, 즉 기질이나 감정(갈 5:22; 요일 4:7-8) 및 행동 기준(시 15:1-4; 암 5:11-12, 21-22; 약 1-2; 마 25:31-40)에 명시된 대로 예상되거나 승인된 행동과 관련이 있다.

또한, 기독교 공동체 내에서 도덕적 발전을 위한 지속 가능한 기반으로서 몇 가지 핵심적 신학 교리가 진전되었다. 예를 들어, 보니델 클라우스

---

[11] Feldmeier, *The Developing Christian*, 48.
[12] Dennis H. Dikrs, "Moral Development in Christian Higher Education." *Journal of Psychology and Theology*, 16(4): 324-6.

(Bonnidell Clouse)는 하나님의 형상이 도덕 발달 이론의 신학적 토대를 제공한다고 제안하면서, 수준 3의 6단계는 하나님의 형상(*Imago Dei*)으로 인해 무제한적인 인간 존중과 연결될 수 있다고 주장한다.[13]

마찬가지로 조엘 브론도스(Joel Brondos)는 성화 교리가 신약성경에서 도덕적 성장을 묘사하는 데 적합한 신학적 전제라고 주장한다. 그러나 그는 도덕은 개인과 사회에 의해 주도되는 반면, 성화는 하나님의 직접 관여를 요구하기 때문에 성화와 도덕 발달을 동일시해서는 안 된다고 경고한다.[14] 브론도스는 도덕 발달 이론을 유익하다고 여기면서도, "그런 [콜버그의 이론] 사용이 말씀을 통한 성령의 성화 사역에 영향을 미치거나 개선시킨다고 가정하지 않도록 모든 예방조치를 취해야 한다"라고 말했다.[15]

사무엘 로완(Samuel Rowan) 역시 이들과 유사하게 회심과 창조의 과정은 기독교 신앙과 도덕 발달 이론을 도덕 발달 과정을 촉진하는 동기로 통합시키는 수단이라고 정의한다.[16]

기독교적 도덕 형성의 기본 원리는 우리의 도덕 형성을 돕기 위해 우리의 삶에서 역사하시는 성령의 영향을 인정하고 의존하는 것이다. 성령은 우리 안에서 회심의 전 과정, 회심 이전(요 16:8), 회심 중(행 2:38; 고전 2:10-16; 롬 8:1), 회심 이후(고전 12:1; 고후 13:14; 갈 5:2; 엡 4:3; 빌 2:1)에 걸쳐 영향을 끼친다. 페레(Nels F. S. Ferré)의 언급, 즉 "모든 교육의 배후에는 성령의 촉구가 있다"라는 설명처럼 성령은 영적 현상유지(status quo)를 그냥 간과하지 않는다.[17] 영성과 도덕성은 실제로 두 가지 다른 관심사이지만, 그 둘은 서로 독립적이지 않다.

---

13 Bonnidell Clouse, "Moral Development and Justice," *Journal of Psychology and Christianity*, 10(4): 293-9.
14 Joel Brondos, "Sanctification and Moral Development." *Concordia Journal*, 17(4): 419-39.
15 Brondos, "Sanctification and Moral Development," 437-8.
16 Samuel F. Rowan, "Testing validity: Moral Development and Biblical Faith," *Moral Development Foundations* (New York: Abingdon Press, 1983), 111-37.
17 Nels F. S. Ferré, *A Theology for Christian Education* (Philadelphia: Westminster Press, 1967), 146.

1) 콜버그와 성경?

기독교 공동체는 도덕 발달에 대한 이런 접근 방식을 낯설어 하는가?

여기서는 도덕 발달에 대한 인지적-도덕적 추론 접근 방식에 대한 일반적인 비판을 제공하기 위해 노력하겠지만, 콜버그의 이론이 가장 앞서 있고, 가장 널리 알려졌다고 간주되기 때문에 그의 이론에 초점을 맞출 것이다.

이런 도덕적 형성에 대한 접근 방식은 지식과 도덕적 행동 사이의 연관성이 성경에 분명히 드러나 있음을 인정하기 때문에 성경에서 그 근거를 찾을 수 있다(시 119:34; 요 13:7; 엡 2:12; 빌 4:9; 약 3:17; 구약성경의 지혜 문헌은 말할 것도 없다).

일부 그리스도인은 인간의 도덕성에 대한 성경의 묘사와 콜버그가 제시한 도덕적 단계 사이의 유사성을 발견한다. 그런 다음 이 유사성들은 콜버그의 도덕 발달 이론을 비판적으로 활용하는 수단으로 사용된다. 예를 들어, 덕스는 콜버그와 성경 사이에 다음과 같은 일반적인 양립가능성을 발견한다. 이를테면, 다음과 같다.

> 콜버그의 자율적 도덕적 판단 개념은 성숙한 신앙인이 외부 권위자들의 지지를 받기 위해 도덕적 결정을 내려서는 안 된다는 성경적 개념을 뒷받침한다. … 도덕성에 대한 성경적 이해는 하나님의 형상과 인격에서 드러난 가치에 대한 자기 선택적 헌신이 도덕적인 것의 본질을 규정한다는 것을 암시한다(예: 롬 8:29; 고후 3:18; 엡 4:24; 골 3:10; 빌 3:21).[18]

페리 다운스(Perry Downs)는 콜버그가 "명백히 성경은 세 가지 수준의 도덕 발달, 즉 조건적 약속, 권위에 대한 호소, 또는 보편적 원칙에 대한 호소를 한다"(호 6:6; 마 9:13; 미 6:8; 롬 7:6; 고후 3:3)라고 언급하면서 "성경과 양립

---

[18] Dirks, "Moral Development in Christian Higher Education," 326.

가능성"을 가지고 있다고 간주한다.[19] 도표 5.2에는 콜버그와 길리건이 제시한 도덕 발달 이론을 일반적으로 반영하는 성경 목록이 포함되어 있다.

콜버그/길리건	콜버그의 단계	성경 목록
수준 1 전 인습적 4-10세	1단계: 처벌 지향	"내가 복을 내리고… 내가 저주하리니…"(창 12:3; 6:11; 9:11; 신 28:1-3, 8, 11, 15-16, 20; 대하 7:14; 욥 4:7-9; 마 6:14-15).
	2단계: 단순 보상 지향	
수준 2 인습적 10-13세	3단계: 착한 아이 지향	"주께서 말씀하시기를…" "기록되었으되…"(출 20:12; 시 19:7-8; 마 16:24; 고전 10:32-11:1; 엡 6:1-3; 골 3:20; 살전 5:22).
	4단계: 권위 지향	
수준 3 후 인습적 13세 이상	5단계: 사회 계약 지향	"나는 인애를 원하고 제사를 원하지 아니하며 번제보다 하나님을 아는 것을 원하노라"(호 6:6; 비교. 마 9:13; 12:17; 사 11:9; 미 6:8; 마 22:36-40; 막 2:27; 눅 4:18; 10:25-27; 요 14:15; 롬 7:6; 13:8; 고전 13:13; 갈 5:14; 골 1:15-20)
	6단계: 보편적 도덕 원칙	

도표 5.2: 콜버그/길리건과 성경

또한, 듀스카(Ronald Duska)와 웰란(Mariellen Whelan)은 다음과 같이 평가한다.

> 최고 수준의 도덕적 추론이 원칙적인 수준에 있고, 최고의 원칙이 정의와 사랑이라면, 신약성경보다 그런 원칙에 대한 더 일관된 진술을 찾기는 어렵다.[20]

따라서 피아제, 콜버그, 길리건이 제시한 이론은 신학적 무결함을 잃지 않고 기독교 교육에 비판적으로 적용될 수 있다.

일부 기독교 권위자는 콜버그의 이론을 성경과 심지어 역사를 해석하는 수단으로까지 사용하면서 콜버그를 더욱 긍정적으로 인정했다. 예를 들

---

19 Perry Downs, *Teaching for Spiritual Growth* (Grand Rapids: Zondervan Publishing House, 1994), 103-5.

20 Ronald Duska and Mariellen Whelan, *Moral Development: A Guide to Piaget and Kohlberg* (New York: Paulist Press, 1975), 99.

어, 댄 모테트(Dan Motet)는 "콜버그의 접근 방식은 우리가 성경에서 발견하는 것과 유사하다." 출애굽 동안의 모세와 이스라엘 백성들에 대한 조사, 다윗왕의 삶, 끝으로 콜버그와 성경의 양립가능성을 보여 주는 예수님의 가르침을 통해서 "우리는 성경에서 [콜버그의] 6단계를 통해 인간의 도덕적 판단을 높이시는 하나님의 사역을 따를 수 있다"라고 평한다.[21]

보다 최근에 등장한 쉐퍼드(R. G. Shepherd)의 "통합 모델"은 콜버그와 길리건의 수준이 거의 섭리를 반영하고 있으며, 성경 시대부터 현시대까지 모든 시대가 도덕 발달 이론과 궤를 같이 하고 있다는 점에 주목한다.[22]

가장 최근 들어 티모시 깁슨(Timothy S. Gibson)은 콜버그와 길리건의 수준을 보다 친숙한 기독교적 용어로 바꾸거나 설명하고, 콜버그가 제안한 7단계를 연상시키는 네 번째 수준인 하나님 나라 중심(Kingdom-Centered)을 추가하면서 콜버그와 길리건의 이론을 기독교적으로 활용하기 위해 수정했다.[23]

이와 마찬가지로 예수님의 가르침 역시 도덕 발달의 관점에서 검토되어야 한다. 클라우스는 예수님의 가르침과 콜버그의 도덕 발달 6단계 사이의 유사점, 특별히 예수님의 "사랑의 법"(마 22:36-40)과 콜버그의 발달의 세 번째 수준을 동일시한다.

클라우스는 다음과 같이 단언한다.

> 예수님의 사랑의 법은 콜버그의 가장 높은 수준, 즉 원칙적 또는 후 인습적(postconventional) 도덕적 사고를 대표한다.[24]

21　Dan Motet, "Kohlberg's Theory of Moral Development and the Christian Faith," *Psychology and Theology*, 6(1): 18.
22　R. G. Shepherds, "Biblical Progression as Moral Development: The Analogy and Its Implications," *Journal of Psychology and Theology*, 22(3): 182-96.
23　Timothy S. Gibson, "Proposed Levels of Christian Spiritual Formation," *Journal of Psychology and Theology*, 32(4): 295-304.
24　Bonndell Clouse, "Jesus' Law of Love and Kohlberg's Stages of Moral Reasoning," *Journal of Psychology and Christianity*, 9(3): 12. Cf. also Clouse, *Teaching for Moral Growth*, 384.

그녀는 이 결론에 대한 세 가지 이유를 다음과 같이 인용한다.

> **첫째**, 예수님은 법의 중요성을 이해했고 그 권위에 순응했다.
> **둘째**, 예수님은 엄격한 [율법] 준수보다 더 나은 방법이 있음을 보여 주었다.
> **셋째**, 예수님은 존엄과 존경으로 모든 사람을 대했다.[25]

마찬가지로 스톤하우스(Catherine Stonehouse)는 말한다.

> 아가페[agape, 사랑]라는 기독교 사상은 정의라는 원칙과 경쟁하는 것이 아니라 오히려 정의의 요구를 초월할 수 있는 영감을 주며 아가페의 행위는 그 대상에게 은혜의 행위이다.[26]

덕스는 성경과 콜버그의 이론에 있는 도덕 형성의 궤적을 보면서 이 관점을 더욱 강조한다. 예를 들어, "누구든지 나를 따라 오려 거든 자기를 부인하고 자기 십자가를 지고 나를 따를 것이니라"(마 16:24)라는 예수님의 말씀은 어떤 면에서 도덕성의 자기 중심적 기준이나 합당한 기준이 원칙에 의해 압도된다는 점에서 콜버그의 수준 3에 해당하는 생각이라고 간주할 수 있다.[27]

그런 도덕 발달의 범주라면, 예수님은 도덕 발달 수준에서 사람들을 만났고, 사람들이 도덕적으로 이해할 수 있는 능력에 맞게 도덕적 요구를 했다고 주장할 수 있다.

---

25 Clouse, "Jesus' Law of Love and Kohlberg's Stages of Moral Reasoning," 12-3.
26 Catherine Stonehouse, "The Power of Kohlberg," *Nurture That Is Christian*, John Dettonni and James Wilhoit, eds. (Wheaton, Illinois: Victor Books, 1995), 71.
27 Dirks, "Moral Development in Christian Higher Education" 326.

2) 도덕 발달 이론에 대한 기독교적 비평

그러나 많은 복음주의자가 도덕 발달에 대한 인지적-도덕적 추론 접근 방식의 무비판적이며 전폭적인 수용에 대해 조심스러운 입장이다. 많은 기독교 권위자가 도덕 발달에 대한 콜버그의 접근 방식을 비판했지만, 일반적으로 다음 세 가지 비판이 주로 제기된다.

첫째, 도덕 발달의 정의에 대한 콜버그의 심각한 제한은 문제이다. 도덕성은 동기나 의사 결정을 포함해야 하지만, 이 접근 방식에서 알 수 있듯이 도덕성은 도덕적 추론에만 국한될 수 없다. 제5장의 후반부에서 설명하겠지만, 다차원적 도덕성은 도덕적 의사 결정의 인지적 추론 과정 그 이상을 포함한다. 단순한 추론이 도덕성의 전부는 아니기 때문에 도덕적 추론은 도덕적 형성을 다루는 데 포괄적이지 않다.

도덕성에는 단순한 이유 이상의 것이 있다. 기독교 교육자들뿐만 아니라 다른 사람들 역시 이런 비평을 제기했다.

예를 들어, 산타 바바라에 위치한 캘리포니아대학교의 메리 프란시스 칼라한(Mary Frances Callahan)은 콜버그의 이론과 길리건의 이론이 "감정과 행동을 배제하는 추론에 초점을 맞춘다는 의미에서 제한적"[28]이라고 평가한다. 모든 도덕성은 도덕적 결정을 반영할 수 있지만, 도덕성에는 인식 그 이상의 것이 있다. 만약 콜버그의 정의가 제한적이거나 심지어 불완전하다면, 그의 모든 접근 방식 역시 도덕 발달이라는 주제를 포괄적으로 다루는 능력에서 마찬가지로 제한을 받는다.

이런 비판은 신학적 우려뿐만 아니라 사회과학계에서 제시하는 비슷한 내용의 우려에서도 발생한다. 따라서 도덕적 형성은 단지 인지적-정신적

28　Mary Frances Callahan, "Feeling, Reasoning, and Acting: An integrated Approach to Moral Education," *Readings in Moral Education*, Peter Scharf, ed. (Minneapolis: Winston Press, 1978), 199[198-209].

추론의 과정을 구성하는 것으로 이룰 수는 없다. 도덕적 형성은 도덕적 영향과 행동의 차원을 포함해야 한다.

둘째, 일반적 비판은 철학적 우려에서 비롯된다. 콜버그의 도덕 발달 이론은 단순한 경험적 증거의 산물이 아니라 이념적 가정이다.[29] 예를 들면, 제임스 마이클 리(James Michael Lee)는 콜버그가 도덕 발달에 대한 긍정적 영향을 미치는 종교를 거부한 것은 경험적 증거나 사회과학의 선례에 근거한 것이 아니라 종교에 대한 철학적 편견에 근거한 것이라고 지적한다.[30] 도덕성 형성에 대한 종교적 신념의 역할을 기독교 교육자들은 강조하는 반면, 비기독교 교육자들은 최소화한다.

아이리스 컬리(Iris Cully) 역시 기독교적 신념이 종종 반문화적이며 더 높은 헌신을 반영하기 때문에 "그리스도인들은 사회적 계약(5단계적 사고)이 도덕성의 궁극적 형태라고 단언할 수 없었다"고 지적한다.[31] 게다가 기독교 교육자들은 인간의 타락 또는 죄의 확증으로 인해 도덕 발달을 인지 발달의 신체적 발달 또는 구조주의와 같이 인간이 타고난 순차적이고 자동적인 발달 과정 중 하나로 간주하기보다는 성장에 중요한 하나의 과정으로 제시하는 경향이 있다.

요약하면, 콜버그의 도덕적 결정에 대한 근거는 기독교 교육자에게는 불완전하다. 이는 콜버그의 이론이 절대적으로 틀렸다는 의미가 아니라, 오히려 도덕적 형성의 한 측면에만 적용될 뿐 모든 것을 설명할 수 없다는 것을 의미한다.

셋째, 어쩌면 가장 확실한 비판으로써 콜버그는 자신의 이론이 실제 지역사회의 상황에서 실현 불가능하다는 것을 증명하면서 자신의 이론이 비현실적임을 인정했다. 1978년, 콜버그는 휴머니스트(The Humanist)라는 잡

---

29 Paul Vitz, "The Kohlberg Phenomenon," *Pastoral Renewal*, 7(8): 64-5.
30 Cf. James Michael Lee, "Christian Religious Education and Moral Development," *Moral Development, Moral Education, and Kohlberg*, Brenda Munsey, ed. (Birmingham, Alabama: Religious Education Press, 1980), 333-6.
31 Iris V. Cully, *Christian Child Development* (San Francisco: Harper and Row, 1979), 86.

지에 다음과 같이 기고했다.

> 클러스터스쿨에서 수 년 동안 실제 도덕 교육에 적극적으로 참여하면서 나는 도덕적 단계들이 도덕 교육자에 대한 부분적인 지침이 아니라 도덕 교육의 기초가 된다는 내 생각이 잘못되었다는 것을 깨닫게 되었다. … 도덕적 단계는 구조, 행동, 추론뿐만 아니라 가치 있는 내용을 다뤄야 하는 학교 현장에서 도덕적 사실을 다루는 도덕 교육자에게는 충분한 지침이 아니다.
> 이런 상황에서, 교육자는 소크라테스나 로저스가 말하는 단지 발달 과정의 촉진자(process-facilitator of development)만이 아니라, 가치 있는 내용과 행동을 가르치는 사회화시키는 사람(socializer)이 되어야 한다.
> 사회화시키는 사람이자 촉진자가 되는 과정에서 교사는 내가 원래 철학적으로 유효하지 않다고 믿었던 "교화"(indoctrination) 단계로 이동한다. … 나는 도덕 교육을 이끄는 개념은 부분적으로 "교화적"(indoctrinative)이어야 한다고 믿는다.[32]

이 고백을 통해 콜버그는 자신의 이론의 한계를 인정한다. 그의 이론은 전달하고자 하는 도덕적 목표를 만들어 낼 수가 없다. 실제로 도덕적 형성을 보장하기 위해서는 교화같은 추가 조치가 필요하다.

3. 도덕 발달에 대한 기독교적 관점

도덕성은 일차원적 개념이 아니라 다차원적 개념이다. 신학과 사회과학적 통찰력을 바탕으로, 기독교 교육자들은 도덕성을 인지적, 정서적, 행동

---

[32] Lawrence Kohlberg, "Moral Education Reappraised," *The Humanist*, 3(Nov/Dec): 14, 15[13-5].

적 차원이라는 세 가지 상호 관련 차원으로 제시했다(도표5.3).³³ 이런 각각의 차원을 설명하기 위해 사용된 성경 구절에서 볼 수 있듯이, 성령은 진정으로 도덕 발달에 대한 지침과 방향뿐만 아니라 변화에 대한 확신과 삶의 가치를 확인하는 데 관여한다.

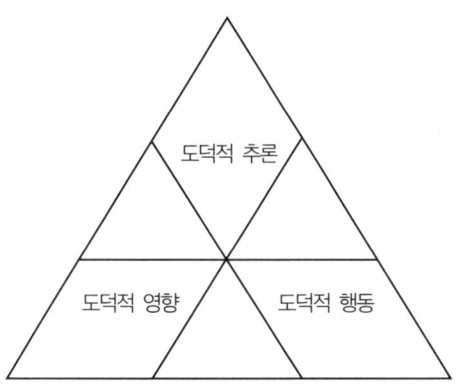

도표 5.3: 도덕성의 세 가지 차원

도덕적 추론 요소는 도덕성의 정신적 측면이나 사고적 측면을 반영하는 도덕적 판단, 선택, 결정으로 설명되어 왔다.³⁴ 장 피아제와 로렌스 콜버그 같은 발달 이론가들이 도덕적 추론이라는 차원에만 초점을 맞춘 도덕 발달 모형을 대표한다.

도덕적 영향은 정서적 영역을 다루는 가치관과 인격 형성을 나타낸다. 이 차원은 아마도 도덕적 형성에서 가장 무시되는 측면일 것이다. 로버트 쿠퍼(Robert Cooper)가 관찰한 바에 따르면, "[도덕적] 형성은 사고를 형성하는 문제일 뿐만 아니라 영향을 형성하고, 공동체 사이에서 감정을 형성하며, 예수님 안에서 우리를 친구로 만드시고, 서로에게 선물이 되도록 하신

---

33 Cf. Catherine Stonehouse, "Moral Development," *Evangelical Dictionary of Christian Education* (Grand Rapids: Baker Book House, 2002), 484-8.
34 Perry Downs, "Promoting Moral Growth and Development," *Street Children* (Monrovia, California: MARC, 1997), 66.

하나님의 비전에 부합되게 우리 자신을 형성하는 문제이기도 하다."[35]

교육 이론가 데이비드 크래스윌(David Krathwohl)의 교육 목표 분류학(learning taxonomy)은 도덕 발달이라는 주제를 다루지는 않지만 세 번째 수준의 영향을 "가치 평가"라고 설명하는데, 이는 "믿음이나 태도의 특성을 취할 수 있을 만큼 충분히 일관되고 안정적이다. … 이 수준에서 우리는 가치들 사이의 관계보다는 특정한 이상적 가치들의 내재화에 관심이 있다"[36]라고 말한다.

성경은 실제로 그런 도덕적 영향을 반영한다(갈 5:22; 요일 4:7-8). 캐롤 길리건, 아나 프로이트(Anna Freud), 에릭 에릭슨, 로버트 콜(Robert Coles) 등이 이런 차원을 옹호하는 대표적 이론가들이다.

도덕적 행동은 윤리적인 사람의 행동, 즉 도덕적 행위를 말한다.[37] 이 차원은 특별히 어린이와 관련하여 아마도 가장 일반적으로 사용되는 도덕성 개념일 것이다. "착한"것은 적절하고 기대되는 행동의 문제이다. 예를 들어, 개인의 강한 성격은 "옳다고 믿는 것을 할 수 있는 힘을 준다."[38] 따라서 행동은 도덕적 추론과 도덕적 영향을 모두 보여 준다. 도덕성을 3차원적 패러다임으로 이해하는 것은 성경적으로 건전하고 사회과학과 일치하는 윤리적 인지, 영향 및 행동의 문제로서 도덕성의 포괄적 개념을 제공한다.

1) 도덕 발달의 기독교적 이론들

도덕적 형성에 대한 분명한 기독교적 접근 방식은 단지 기초적인 전제 이상이 필요하다. 다시 말해, 성경에 명시되어 있고 사회과학을 통해 관찰된 도

---

35 Robert M. Cooper, "Moral Formation in the Parish Church," *Anglican Theological Review* 69(3): 283.
36 David R. Krathwohl, Benjamin S. Bloom, and Bertram B. Masic, *Taxonomy of Educational Objectives: Handbook 2-Affective Domain* (White Plains, New York: Longman, 1964), 180 [emphasis added].
37 Krathwohl, Bloom, and Masic, *Taxonomy of Educational Objectives*, 180.
38 Stonehouse, "Moral Development," 488.

덕적 형성 과정을 촉진하기 위한 포괄적 접근 방식의 표현을 요구한다.

다음은 기독교 교육계에서 도덕 발달에 대한 기독교적 이론의 공식화에 기여한 주요 인물들의 이론을 요약한 것이다. 요약 내용은 결코 포괄적이지는 않지만 주요 인물과 그들의 관점을 제공한다.

예를 들어, 조이(Donald Joy)는 기독교적 맥락에서 도덕적 형성에 대한 단계 이론을 제공하는 반면, 모란(Gabriel Moran)과 다익스트라(Craig R. Dykstra)는 좀 더 신학적으로 접근했다. 클라우스는 도덕 발달에 관한 네 개의 중요한 이론적 접근 방식을 하나의 기독교적 접근 방식으로 조정하면서 도덕적 형성에 관한 폭넓은 그림을 제공하려고 노력한다. 마찬가지로 워드는 인지적, 정서적, 행동적 관계를 설명하면서 도덕적 형성의 삼자적 본질을 확인하는 다리(bridge) 은유를 개발한다.

도널드 조이(Donald M. Joy)는 도덕 발달에 대한 콜버그의 통찰력과 도덕적 추론에 대한 그의 (반드시 단계는 아닌) 수준의 가치를 인정한다. 그러나 조이는 사회과학을 "맹목적이지는 않더라도 근시안적"이라고 간주하면서, 사회과학은 단지 현상학적일 뿐이므로 도덕성 확립을 위해서는 신학적 통찰력이 필요하다고 주장한다.[39] 따라서 도덕 발달은 그 과정에 대한 포괄적 관점을 제공하기 위해 사회과학뿐만 아니라 신학의 통찰력을 가져야 한다.

신학적으로 조이는 예수님이 인간의 발달 과정에 메이지 않았다는 점에서 성육신을 가리켜 "변화를 뒤집는 모험"이라고 말하면서, "그러므로 모든 단계와 수준에서 출입문이 열리고, 모든 사람이 구원의 왕자를 만나 관계를 맺게 될 것이다"[40]라고 주장한다. 조이에게 있어서 도덕 발달은 "일관되게 역동적이고, 관계적이며, 열망적이며, 점진적인"[41] 순례의 은유를 통해 이해되어야 한다. 그는 다음과 같이 말한다.

---

39 Donald Joy, *Moral Development* (New York: Abingdon Press, 1983), 23.
40 Joy, *Moral Development*, 23, 33.
41 Joy, *Moral Development*, 16.

순례에 대한 윤리적 발달은 두 가지로 특징지어지는 경향이 있다. 먼저, 더 나은 관점과 해결책으로 나아가고자 하는 열망…과 현실을 해석하는 발전된 방법에 대한 강한 끌림… '비전'은 그에 맞는'성과'를 이루기 훨씬 전에 받아들여진다.[42]

조이의 기독교적 도덕 형성 모형(도표 5.4)은 법(예: 십계명)으로 대표되는 도덕성에 대한 접근 방식을 통해 금기, 공포, 두려움 같은 도덕적 "통제"에서 벗어나고, 그런 후에는 원칙(예: 가장 큰 계명), 그리고 결국 하나님을 경배(공포보다는)하고 경외(두려움보다는)하는 가치들(예: 신실함, 견고함, 사랑, 의)로 도덕적 순례를 설명한다.[43]

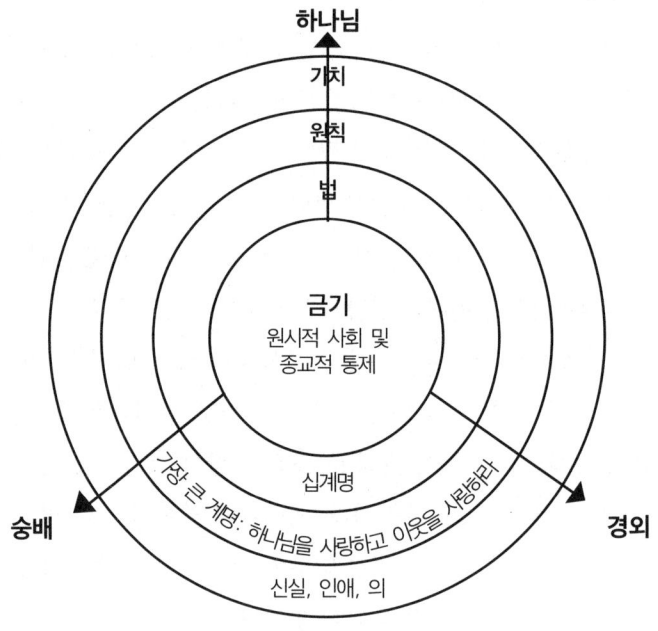

도표 5.4: 도널드 조이의 도덕 발달 체계[44]

---

42 Joy, *Moral Development*, 20.
43 Joy, *Moral Development*, 33-4.
44 Donald Joy, *Moral Development*, 24.에서 각색했다.

조이가 묘사한 동심원 형태의 도덕 수준 영역들은 콜버그의 수준과 아주 유사하며, 인간은 이 단계를 통해 발전한다.[45]

- 자기중심주의(Egocentrism): 도덕성을 자기 이익에 집중시키는 것 (예, 금기)
- 타인중심주의(Heterocentrism): 도덕성을 외부 권위에 집중시키는 것 (예: 법)
- 로고스중심주의(Logocentrism): 도덕성을 로고스(그리스도)의 원칙/가치에 집중시키는 것

가브리엘 모란(Gabriel Moran)은 도덕 발달에 대해 덜 공식적인 접근 방식을 옹호한다. 그는 신약성경이 개인의 인지 과정에서 도덕 발달에 기초하기보다는 종교적 이미지로 묘사되는 "덕/돌봄/인격/공동체"의 도덕성을 제공한다고 제안한다.[46]

모란에 따르면, 도덕적 형성은 신앙공동체가 가르침과 제자도를 통해 제공하는 종교적 이미지를 의도적으로 사용함으로써 촉진될 수 있다. 그는 다음과 같이 말한다.

> 종교적 전통은 … 우리가 반응하는 공동체의 이야기, 이미지, 범위를 풍부하게 한다. … 도덕 발달에 있어서 종교의 중요한 역할은 우리가 속한 사람들의 공동체에 대한 이야기와 우리가 다른 사람들로부터 배울 수 있는 도덕적/종교적 삶의 모범을 제공하는 것이다.[47]

---

45 Joy, *Moral Development*, 21.
46 Gabriel Moran, *Religious Education Development: Images for the Future* (Minneapolis: Winston Press, 1983), 93.
47 Moran, *Religious Education Development*, 87-105.

크레이그 다익스트라(Craig Dykstra)는 신앙을 모든 수준의 도덕적 형성에 내재된 것으로 간주하면서 도덕적 형성과 신앙을 결합한다. 그는 비전적 윤리(visional ethics)에 기초한 도덕의 종교적 이미지와 유사한 도덕적 형성에 대한 관점을 제시한다. 다익스트라에게 있어서 도덕성은 단순히 삶에서 지식과 의사 결정에 국한되지 않고 오히려 우리의 지식과 환경의 한계를 넘어서는 윤리라는 그림(또는 비전)에 의존해야 한다.

당위성에 대한 철저한 지식과 주어진 모든 상황에 대한 올바른 인식을 전제로 하는 콜버그의 정의 개념과는 달리, 다익스트라는 당위성이 개인 밖에서 나와야 한다고 주장한다. 따라서 "비전(vision)이라는 그림은 두려워하며 자기를 기만하는 사람처럼 우리에게 숨겨져 있고 오직 도덕적 상상력과 깊은 분별력이라는 격렬한 노력만이 그 의미를 헤아리기 시작할 수 있는 신비로 가득 찬 세계 중 하나이다."[48]

만약 비전이 도덕 발달의 기초라면, 그 원동력은 상상력과 계시이다. 다익스트라는 다음과 같이 설명한다.

> 계시의 기능은 우리에게 진실되고 현실적으로 볼 수 있는 이미지를 제공하는 것이다. 그러나 계시는 비인격적인 것이 아니다. 그 이미지들이 외적 문화 유산의 일부인 미술품으로 남아 있을 때는 아무것도 드러나지 않는다. 계시는 상상의 전환이며 계시적 이미지가 정신에 뿌리를 내리고 우리가 보고 생활하는 모든 것을 위한 체계를 제공할 때에만 발생한다.[49]

이 모든 것을 용이하게 하는 것은 무엇일까?

개인과 공동체가 회개, 기도, 봉사의 영적 규율을 실천하는 것이 도덕적 형성의 도구이다. 이런 훈련은 단순히 개별적으로만 실행되는 것이 아니라,

---

[48] Craig R. Dykstra, *Vision and Character: A Christian Educator's Alternative to Kohlberg* (New York: Paulist Press, 1981), 34.
[49] Dykstra, *Vision and Character*, 79-80.

오히려 신앙공동체에 의한 규율이라는 모델로 구체화된다.

보니델 클라우스(Bonnidell Clouse)는 그녀의 책 『도덕적 성장을 위한 가르침』(Teaching for Moral Growth)에서 의도적인 도덕적 형성의 전형을 제시한다 (예: 정신분석, 조건화, 도덕적 추론, 도덕적 잠재력). 클라우스에 따르면, 도덕적 형성에 대한 성경적 접근 방식은 더 폭넓고 따라서 더 포괄적인 반면, 이전의 네 가지 접근 방식은 전체의 일부분이다(도표 5.5 참조).

> 각 접근 방식의 주요 심리학은 … 도덕성의 네 가지 표현 중 하나를 강조한다. 갈등, 행동, 지식, 잠재력. 이와는 대조적으로, 성경은 네 가지 모두를 강조한다. 따라서 도덕적인 사람이 된다는 것이 무엇을 의미하는지에 대한 보다 완전한 그림을 제시한다.[50]

도표 5.5: 클라우스의 포괄적 도덕 형성

마찬가지로 클라우스는 도덕 발달에 대한 네 가지 접근 방식을 지지하는 성경 구절을 아래와 같이 제시한다.

첫째, 갈등, 접근-접근 갈등(수 24:14-18) 또는 접근-회피 갈등(롬 5:17; 7:21-24)

---

[50] Clouse, *Teaching for Moral Growth*, 49.

둘째, 행동, 개인적 도덕성과 사회적 도덕성의 통합(시 15:1-4; 암 5:11-12, 21-22; 마 25:31-40; 약 1-2장)

셋째, 지식, 행동과 연결(시 119:34; 요 13:7; 빌 4:9; 약 2:17; 엡 2:12)

넷째, 하나님 형상(*Imago Dei*, 골 1:17; 빌 2:7)과 구원(시 138:8; 롬 8:17; 고후 3:18; 벧전 2:2; 벧후 1:1; 3:8)로 인한 잠재력

따라서 도덕 발달은 사회과학에 의해 이론화되고 성경에서 입증된 바와 같이 심리적 갈등, 행동, 지식 및 인간으로서 우리의 잠재력의 결합의 결과이다.

테드 워드(Ted Ward, 1930-)는 콜버그의 연구 결과의 가치, 특별히 도덕 발달의 세 가지 수준의 가치를 인정하지만, 그의 이론을 도덕성과 도덕적 형성이라는 퍼즐의 한 조각일 뿐이라고 생각한다.

예를 들어, 워드에 따르면, 권위에 대한 사람의 관점은 그 사람의 도덕 발달 수준을 나타낸다. 즉, 법에 대한 순종은 수준 1에서 수준 2로의 통과를 허용하고 표시하는 요소이며, 수준 2에서 수준 3까지는 신뢰가 동일한 역할을 한다.[51] 워드는 콜버그가 고안한 세 가지 수준을 사용하지만 도덕 발달을 단지 인지 과정으로만 제한하지 않는다.

워드는 보다 포괄적인 도덕 발달 개념으로 "도덕적 진리에서 도덕적 행동"으로 이어지는 "다리"(bridge) 은유를 제공한다.[52] 이 다리는 세 부분으로 구성된다.

첫째, 도덕적 의지로 이어지는 도덕적 추론 또는 인지(콜버그와 같은 방식)

둘째, 도덕적 힘으로 이어지는 도덕적 의지 또는 자유의지

셋째, 워드가 "성격"이라고 부른 진리에 따라 행동하는 도덕적 힘[53]

51　Joy, *Moral Development*, 25.
52　Ted Ward (1989), *Values Begin at Home* (Wheaton, Illinois: Victor Books, 1989), 108.
53　Ward, *Values Begin at Home*, 108-9.

워드에 따르면, 도덕적 진리에서 도덕적 행동으로 이동하는 다리를 건너려는 동기는 삶의 네 가지 요소이다.

첫째, 정의의 경험
둘째, 사회적 상호 작용의 경험
셋째, 도덕적 관심사에 대한 열린 토론
넷째, 역할극 기회[54]

따라서 워드는 발달적 통찰력을 사용할 수 있지만 그 통찰력에만 메이지 않는 도덕 발달 모형을 제시한다.

2) 도덕적 형성에 대한 기독교적 관점을 향하여

윤리는 우리의 결정에 대한 정신적 과정 이상으로 그 범위에는 영향과 행동을 포함한다. 윤리와 도덕성은 규범의 존재를 암시한다. 일반적인 질문은 다음과 같다.

> 규범은 누가 정하는가?
> 그 규범은 어디에서 오는가?
> 어떻게 하면 도덕적 형성 과정을 촉진시킬 수 있을까?

---

54 Ward, *Values Begin at Home*, 89-92.

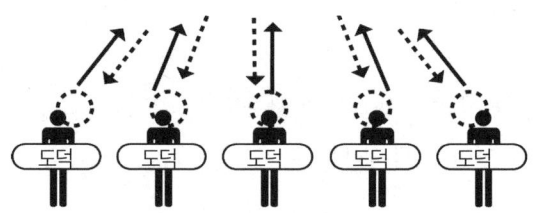

도표 5.6: 윤리와 도덕에 대한 기독교적 접근 방식

 기독교 교육자들에게 윤리와 도덕성은 단순한 인간 또는 사회적 산물이 아니라 오히려 하나님에게 달려 있는 것이다. 도표 5.6은 기독교 윤리와 도덕성의 본질을 설명하기 위해 노력한다.[55]

 궁극적으로 윤리적 규범은 창조와 성경을 통해 인간에게 계시된 하나님에게서 기인한다. 그러나 우리 역시 하나님의 계시를 통해 이런 윤리적 규범을 분별할 수 있어야 한다. 도덕성은 이런 윤리적 원칙을 내재화하는 과정이다(엡 6:6, "마음으로 하나님의 뜻을 행하고;" 마 5:1이하 참조).

---

[55] 이 삽화가 처음 출판된 곳은 Estep의 "Education and Moral Development," 41.이다.

윤리와 도덕에 대해 신학적으로 알려진 몇 가지 체계가 신앙공동체에 의해 제시되었고, 이는 창조, 회심,[56] 성화,[57] 그리고 앞서 언급했던 하나님의 형상(Imago Dei)과 계시 같은 다양한 기독교 핵심 교리를 바탕으로 하고 있다. 따라서 기독교적 도덕성의 일반적 개념은 하나님이 부여한 원칙을 자신의 삶과 궁극적으로는 사회와 문화에 통합하는 것이다. 마찬가지로 이런 통합은 도덕적 형성 과정에 대한 관심의 일부를 의미한다.

성경은 도덕적 형성을 나타내기 위해 성장이라는 은유를 제시하고, 따라서 개인 내부의 타고난 발달 과정보다는 형성이라는 개념을 선호하는 것처럼 보인다(고전 2:1이하; 13:11; 히 5:12-14; 빌 2:14; 엡 4:15). 마찬가지로 몇몇 구절은 윤리적인 사람의 표식을 결실을 맺거나 지혜를 발휘하는 것으로 나타낸다(갈 5:22-23; 골 3:12-13; 약 3:17). 그러므로 도덕성에 대해 순수 발달적 접근 방식의 개념은 성경에 제시된 광범위한 성장이나 형성 접근 방식에 미치지 못한다.

> 너희는 이 세대를 본받지 말고 오직 마음을 새롭게 함으로 변화를 받아 하나님의 선하시고 기뻐하시고 온전하신 뜻이 무엇인지 분별하도록 하라(롬 12:2).

이 말씀처럼 신약성경은 우리에게 변혁적 도덕성을 요구한다. 이런 변화는 피아제, 콜버그, 길리건이 주장해 온 것과 유사하지만, 도덕적 형성이 무형의 것이 아니라 개인의 양식이나 사회적 계획을 가지고 있다는 점에서 다르다. 오히려 도덕적 형성은 초월적으로 규정된 양식의 통합이다. 개인은 자신의 에고(자아)를 넘어 사회적 또는 관계적 관심(종종 법률로 표현됨)을 향해 나아가고 조이의 이론에 표현된 대로 모든 사람에게 보편적으로 적용

---

56 Samuel F. Rowan, "Testing Validity: Moral Development and Biblical Faith," *Moral Development Foundations*, Donald Joy, ed. (New York: Abingdon Press, 1983), 111-37.
57 Joel Brondos (1991), "Sanctification and Moral Development," *Concordia Journal* (October): 219-439.

되는 윤리적 원칙(하나님이 부여한 윤리적 체계)으로 발전해야 한다. 그러므로 신학적으로 도출된 윤리적 원리를 자신의 삶에 통합시키기 위해 도덕적 추론, 정서, 행동을 사용하는 것이 중요하다.

4. 도덕 발달, 그리스도인 형성과 교육적 의미

도덕과 신앙의 발달은 발달에 대한 기독교적 접근 방식과 얽혀 있다. 지나치게 단순화하지 않는다면, 당신은 그리스도인이 아니어도 도덕적일 수 있다. 그러나 도덕적이지 않으면서 그리스도인이 되는 것은 상상할 수 없다.

페리 다운스(Perry Downs)가 지적한 바와 같이 "교회는 신앙과 중요한 상관 관계가 있기 때문에 도덕에 대해 항상 관심을 가져왔다."[58] 이런 관계는 콜버그(및 길리건)와 파울러의 신앙 발달 이론(다음 장에서 설명) 사이의 명백한 관계로 예시된다. 도덕적 형성은 거의 모든 이론에서 공통 주제를 가지고 있다. 그것은 자아 중심에서 타인 중심으로, 원칙 중심으로, 그리고 궁극적으로는 하나님 중심의 인생관으로 전환이다. 그리스도인 형성은 도덕적 형성이 일어나는 더 넓은 정황이다.

도덕적 형성은 그리스도인 형성과 마찬가지로 자연적으로 발생하지 않는다. 도덕적 형성은 신앙공동체인 교회 안에서 의도적 참여를 요구한다. 교회, 기독교 교육 사역, 기독교 교육자는 교리적 교화보다는 도덕적 담론, 숙고, 분별력, 기억에 관여하는 임무, 즉 가르침 기억하기(remembering teaching, 역자 주: 교회의 가르침을 검토하고 이를 실생활에 적용하는 것을 말한다. 앨런 베리에 따르면, 교회는 도덕적 담론공동체로서 교회에 속해 있는 각 지체가 서로에게 가르침 또는 영향을 끼칠 수 있으며, 그런 교회가 성경적인 교회공동체이다)를 맡고 있다.[59]

---

[58] Downs, *Teaching for Spiritual Growth*, 95.
[59] Allen Verhey, "Able to Instruct One Another: The Church as a Community of Moral Dis-

도덕 발달(또는 형성) 이론의 의미는 무수히 많다. 그러나 일반적으로 다음 세 가지 범주로 나눌 수 있다.

첫째, 교회의 사역에 대한 일반적인 접근 방식
둘째, 교육목회, 특히 교사와 가르치는 임무에 미치는 영향
셋째, 도덕 발달과 교회의 공동체적 측면과의 관련성

1) 도덕적 형성과 목회

일반적으로 도덕적 형성은 세 가지 접근 방식에 의해 촉진될 수 있으며, 세 가지 모두 교회 환경에 적용할 수 있다. 실제로 도덕적 형성을 시도한 많은 사례가 실패하는 것은 세 가지 접근 방식을 모두 사용하지 않고 노력의 범위를 제한하기 때문이다.

피터 샤르프(Peter Scharf)는 도덕적 형성을 촉진하는 이 세 가지 접근 방식을 교화, 가치 명료화(values clarification), 발달적 도덕 교육(일명 콜버그로 알려진)으로 규명하고, 다른 접근 방식보다 마지막 발달적 도덕 교육 접근 방식을 선호한다.[60]

교화(Indoctrination)는 개인에게 사회나 문화 또는 우리의 경우 교회에 의해 이미 결정된 윤리적 규범에 관한 수업을 요구한다. 이 규범들은 반복, 연관, 모범, 보상 및 예를 통해 가장 잘 학습된다. 기억을 떠올려 보면 알겠지만, 콜버그는 후기에 와서 교화의 필요성을 인정했다.[61] 교화의 필요성은

---

course" in Mark husbands and Daniel J. Treier, eds., *The Community of the Word: Toward on Evangelical Ecclesiology* (Downer's Grove, Illinois: IVP, 2005), 146-70.
60 Peter Scharf, "Introduction, Values Clarification, and Developmental Moral Education as Educational Response to Conflict and Change in Contemporary Society," *Readings in Moral Education* (Minneapolis, Minnesota: Winston Press, 1978), 18-35.
61 Kohlberg, "Moral Education Reappraised."

우리에게 성도들 속에서 예수님의 윤리적 가르침을 실제로 공유하는 곳이 어디인지를 묻는다.

도덕적 기대와 기준에 대한 직접적 가르침을 제공하는 곳은 어디인가?

교화가 바르게 실천되면 개인은 성경이 기독교 윤리의 기초를 형성할 수 있는 도덕적 차원을 가지고 있음을 인정한다.[62] 그러나 우리는 성경의 내용을 아는 것이 도덕적 형성과 같지 않다는 것을 인정해야 한다. 무엇이 옳은지 아는 것과 실제로 그에 따라 사는 것은 전혀 다른 별개의 문제이다.

가치 명료화(Value Clarification)는 교화 기간 뒤에 온다. 교화가 "점"(point)을 설정할 수는 있지만, 우리를 위해 모든 점을 연결할 수는 없다(역자 주: 점선잇기 게임〈Connect the dots〉을 연상해 보라. 모든 점을 연결해야 큰 그림을 알 수 있듯이, 교화만으로는 도덕적 형성이라는 큰 그림을 이룰 수 없다). 가치 명료화는 개인이 특정한 도덕적 결정을 내리도록 장려한다.

이는 넬스 페레(Nels F. S. Ferré)가 한때 다음과 같이 비판했던 바와 같다.

> 사회적, 도덕적, 영적 지혜의 직접적인 학습은 개인적으로 적절하지 않기 때문에 학습자가 거의 적용하지 않는다. 교육은 완전히 이해되지 않는 명제적 진리라는 만성적 소화불량으로 고통받는다.[63]

교화만으로 도덕적 형성을 꾀하려는 교회의 노력도 마찬가지였다. 교회에서의 가치 명료화는 대안적 가치에 대한 성찰, 즉 신앙의 범위 내에서 자기분석과 가치 선택의 의미에 대한 인식을 통해 이루어진다. 가치 명료화는 또한 개인을 더 잘 이해하고 앞으로 나아가기 위해 개인의 현재 도덕적

---

62 Cf. M. Daniel, R. Marroll, and Jacqueline E. Lapsley, eds. (2007), *Character Ethics and the Old Testament: Moral Dimensions of Scripture* (Louisville, Kentucky: Westminster/John Knox Press) and Robert L. Brawley, ed. (2007), *Character Ethics and the New Testament: Moral Dimensions of Scripture* (Louisville: Kentucky: Westminster/John Knox Press).

63 Nels F. S. Ferré (1954), *Christian Faith and Higher Education* (New York: Harper and brothers), 80.

형성 수준을 평가하는 수단으로 사용될 수 있다.

도덕적 결정에 성경 또는 신학적 통찰력을 통합할 수 있다. 따라서 개인은 단순히 자신의 관점이 아닌 기독교적 관점에서 오는 도덕적 사안들을 통해 추론하고 있다.

도덕 교육(Moral Education)은 도덕 발달을 촉진하는 최고의 접근 방식이다. 교화와 가치 명료화 후에 언급되는 도덕 교육은 철학적 권리에 의해 결정된다. 윤리 원칙은 보편타당해야 한다. 즉, 교회 전체가 그 원칙에 동의해야 한다. 일반적으로, 그런 원칙은 견해 차이, 공동체 안에서의 대화, 역할 수행 및 도덕적 상호 교류를 통해 도출된다. 이 접근 방식은 실제로 개인을 규범을 결정하고 그 규범들을 연결한 다음 규범을 넘어 원칙의 진술로 이동하는 과정으로 안내한다.

기독교적 상황에서 이 세 가지 접근 방식의 결합은 아마도 교회 안에서 도덕적 형성을 촉진하는 가장 포괄적이고 효과적인 수단일 것이다. 도표 5.7은 샤르프가 그의 책 『도덕 교육 강독』(Readings in Moral Education)에서 제시한 도표를 각색한 것으로, 한 가지 접근 방식이 다음 접근 방식의 정당성으로 이어지는 것처럼 교회에서 도덕적 형성을 위한 결합된 접근 방식을 보여 준다. 이런 접근 방식 모두를 사용하지 않고, 각각의 접근 방식만으로는 기독교적 도덕 형성을 촉진하기에 불충분하다.

	교화 →	가치 명료화 →+	발달적 도덕 교육
도덕적으로 옳은 것은 무엇인가?	성경적-신학적 근거에 따라 회중 또는 교단에 의해 결정된 규범	대안적 성경적-신학적 관점에 대한 비판적 검토를 통해 개별 그리스도인이 결정한 규범	신학적, 철학적 정당성에 의해 결정되는 규범. 이처럼 윤리적 원칙은 하나님 나라 안에서 보편적으로 그리고 영원히 유효하다.
아이들은 어떻게 자신의 도덕적 생각을 배우거나 변화시킬까?	반복, 연관, 보상과 처벌, 도덕적 예, 모범을 통한 규범 준수	비판적 분석, 신학적 성찰, 도덕적 의미에 대한 인식을 통한 규범 선택	토론, 대화, 역할 취득/관점 변화 기회, 신앙의 맥락에서 도덕적 처리 과정을 통해 확립

교회의 안정성	회중 또는 교단 지도부의 압력으로 따르던 규범을 되돌리거나 유지할 수 있음	불안정한 도덕성은 윤리적 안정을 낮추기 때문에 우유부단하거나 혼란스러운 상태. 최소한의 도덕적 핵심을 긍정하지만 도덕적 선택 사항들이 많음	영원한 도덕적 원칙을 긍정하지만, 그 적용과 도덕적 표현은 회중과 교단 전통에 따라 다름
성경의 예	"마땅히 행할 길을 아이에게 가르치라 그리하면 늙어도 그것을 떠나지 아니하리라" (잠 22:6) "그들로 젊은 여자들을 교훈하되 그 남편과 자녀를 사랑하며"(딛 2:4)	"그러므로 이제는 여호와를 경외하며 온전함과 진실함으로 그를 섬기라 너희의 조상들이 강 저쪽과 애굽에서 섬기던 신들을 치워 버리고 여호와만 섬기라 만일 여호와를 섬기는 것이 너희에게 좋지 않게 보이거든 너희 조상들이 강 저쪽에서 섬기던 신들이든지 또는 너희가 거주하는 땅에 있는 아모리 족속의 신들이든지 너희가 섬길 자를 오늘 택하라 오직 나와 내 집은 여호와를 섬기겠노라 하니" (수 24:14-15)	"네게 있는 믿음을 하나님 앞에서 스스로 가지고 있으라 자기가 옳다 하는 바로 자기를 정죄하지 아니하는 자는 복이 있도다 의심하고 먹는 자는 정죄되었나니 이는 믿음을 따라 하지 아니하였기 때문이라 믿음을 따라 하지 아니하는 것은 다 죄니라" (롬 14:22-23)

도표 5.7: 교회 안에서의 교화, 가치 명료화, 도덕 교육[64]

2) 도덕적 형성과 가르침

대부분의 도덕 발달 이론은 부분적으로 인지부조화 개념에 의해 결정된다. 예를 들어, 제3장에서 설명한 것처럼 피아제는 인지가 균형과 질서를 추구한다고 주장했다. 이 인지가 없으면, 마음은 불균형 상태에 들어가고 다시 균형을 잡기 위해 노력한다. 인지부조화는 기본적으로 도덕적 불일치를 용인할 수 없는 동일한 과정이다. 따라서 도덕적 성찰, 추론, 변화는 결과물이다.

도표 5.8은 가르침이 어떻게 불협화음을 일으키고, 결과적으로 개인이 도덕적 문제에 대한 기독교적 해결책을 찾도록 어떻게 도울 수 있는지를 보여 준다.

---

[64] Scharf, "Indoctrination, Values Clarification, and Developmental Moral Education," 34. 을 각색.

```
┌─────────────┐  ┌──────────────┐  ┌──────────────┐
│ 불협화음 제기 │  │  불협화음     │  │    해결       │
│ 문제 제기    │→ │ 긍정적, 부정적│→ │ 행동 및/또는   │
│ 공개적으로   │  │ 또는 결과가   │  │ 신념의 변화   │
│ 많은 생각    │  │ 없는 일관성   │  │ 행동 및/또는   │
│ 논의         │  │ 없는 행위     │  │ 신념을 정당화 │
│ 더 높은 수준 │  │ 부정적 결과를 │  │ 문제를 무시   │
│ 의 도덕적    │  │ 가진 일관된   │  │              │
│ 추론 주입    │  │ 행위          │  │              │
└─────────────┘  └──────────────┘  └──────────────┘
```

도표 5.8: 인지부조화 야기[65]

위의 도표에서 교사는 관련 문제를 제기하고, 교실에서 공개적으로 토론하며, 학생들이 더 높은 수준의 도덕적 추론을 하도록 도와줌으로써 불협화음을 일으킬 수 있다는 것을 주목하라. 가장 확실한 방법은 성경이나 신학적 통찰을 적용하여, 삶의 상황에 대한 하나님의 관점을 소개하는 것이다. 이로 인해 불협화음을 견딜 수 없게 된 개인은 도표 오른쪽에 묘사된 것처럼 해결을 추구해야 한다.

그러나 어떻게 해야 이 과정에 참여하도록 가르칠 수 있을까?

도표 5.9는 이 문제에 대한 몇 가지 통찰력을 제공한다.

---

[65] Ronald W. Johnson, Robert J. Kelly, and Barbara A. Leblanc, "Motivational Basis of Dissonance: Adversive Consequences or Inconsistency," *Personality and Social Psychology Bulletin*, 21(8): 850-5. 에 근거한다.

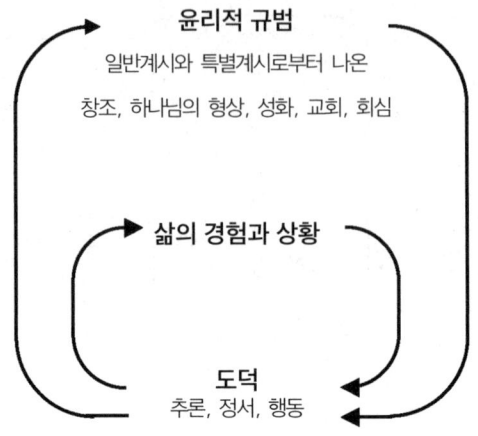

도표 5.9: 도덕적 형성을 위한 가르침

도덕적 형성을 위한 가르침에는 정치적인 화두나 사회문화적 문제에 대한 인위적 토론뿐만 아니라 실제 상황과 경험에 학생들을 참여시키는 지도자가 필요하다. 학생들은 자신들의 삶과 사람들이 표방하는 도덕 관념 사이의 불일치를 제기함으로써 불협화음을 일으킨다.

일단 불협화음을 피할 수 없게 되면 지도자는 학생의 도덕과 삶의 상황을 평가하는 수단인 하나님의 진리로 학생을 인도하여 조화와 균형을 회복하기 위해 노력할 수 있다. 그러므로 도덕적 형성을 위한 가르침은 학생의 도덕과 실제 생활, 그리고 성경 사이의 순환적 상호 작용이다. 이 모든 것은 교사의 역할과 가르침이라는 임무에 영향을 미친다. 교사들이 유의해야 할 것들은 다음과 같다.

- 가르침은 내용 숙달을 위한 것이지만, 정서적 긍정과 행동의 변화를 배제하는 것은 아니다. 교사는 학생들에게 단지 성경을 가르치는 것이 아니라, 성경을 가르침으로 학생들을 가르치는 것이다.
- 내용을 넘어서라. "이유"를 포함하라. 교사에게 이것은 교육 방법의 문제가 아니라 개인적인 요구 사항이다. 교사는 다른 사람들을 여행에 동

참시키기 전에 스스로에게 "왜"라고 물어야 한다.
- 멘토로서의 교사. 학생들에 대한 교사의 영향은 교실 밖으로 확대되어야 한다. 교사는 강의와 수업뿐만 아니라 논의와 모범을 보이는 지도자이다.
- 도덕적 수준에 민감하게 반응하라. 교사는 모든 학생이 도덕적으로 동등하다고 가정해서는 안 된다. 따라서 교사는 학생들의 도덕 형성 수준을 확인하고 학생들의 발전을 돕기 위해 그들의 말을 들어야 한다.

불협화음과 그 이전의 수업 모형은 가르침이라는 임무에 다음과 같은 시사점을 부여한다.

- 도덕적 논의에 성경의 가르침, 선례, 예시를 활용하라.
- 도덕적 난제에 대해 간단히 대답하는 것을 피하라.
- 도덕적 쟁점을 명확히 하고 분석하라.
- 의도적으로 인지적 학습뿐만 아니라 정서 및 행동적 학습 목표를 지향하라.
- 도덕적 추론(권위의 출처, 이성의 흐름, 기본 문제)에 대해 비판적으로 성찰하라.
- 모범적인 모습의 손상 없이 도덕적 처리와 문제를 학생들과 공유함으로 학생들과 투명한 관계를 유지하라.
- 교실이라는 한계를 넘어 다양한 체험을 통해 가르치라. 예: 비교문화 체험(cross-cultural experiences, 역자 주: 보통 '다문화'〈multi-cultural〉라는 말을 사용하지만, 다문화는 여러 문화로 구성된 복합적인 사회를 가리키는 반면, '비교문화'라는 말은 문화의 경계를 넘는 것을 의미한다).

- "말씀에 붙잡히라"(Scripture Saturation).[66] 즉, 성찰에 대한 초대 교회의 교육 모델로 거룩한 독서(lectio divina)와 거의 유사하다.
- 도덕적 해결책의 성경적, 역사적, 개인적, 실제적 사례들을 찾으라.
- 도덕적 쟁점에 대한 사실, 의견, 판단을 구별하라.
- 기독교 신앙과 헌신을 반영하는 도덕적 원칙을 개발하라.
- 인물을 연구하라. 그러나 '좋은-나쁜'이라는 전형적인 예를 넘어서라 (예, '좋은' 사람으로 묘사된 아브라함과 '나쁜' 사람으로 그려진 롯의 대립). 아브라함의 생애에 대한 창세기의 이야기는 아브라함의 도덕적 실패의 시기와 함께 롯이 도덕적으로 강했던 시기 또한 보여 주고 있다.
- 도덕적 선택의 결과와 의미를 생각해 보라.
- 강의를 하되 사례 연구와 같은 방법들을 함께 활용하라.

3) 도덕적 형성과 신앙공동체

교회는 신앙공동체로서 도덕적 형성을 위한 훌륭한 환경을 제공할 수 있다. 개인은 도덕적 형성을 촉진하기 위해 관계, 교육, 봉사, 예배를 통해 도덕적 비전 또는 이미지(모란과 다익스트라가 제시한 것과 같은)를 제시할 수 있다. 이와 같이 도덕 발달 이론은 회중 내에서 사역의 접근 방식과 실행에 대한 통찰력을 제공해 왔다.

> 너희는 내게 배우고 받고 듣고 본 바를 행하라 그리하면 평강의 하나님이 너희와 함께 계시리라(빌 4:9).

스톤하우스는 존중, 소속감, 정의, 개방성 가운데 하나의 분위기일 때 도덕적 형성이 촉진된다고 말한다.[67] 마찬가지로 다운스는 교회나 기독교 기

---

[66] Patrick Henry Reardon (2003), "Scripture Saturation," *Christian History*, 80: 30-4.
[67] Catherine M. Stonehouse, *Patterns of Moral Development* (Eugene, Oregon: Wipf and Stock,

관과 같은 정의롭거나 도덕적인 공동체에 관여하고 참여하는 행위의 영향력을 말한다.[68] 이런 맥락에서 앞서 언급한 도덕적 관계가 형성되며 따라서 도덕적 관계는 자신, 타인, 교회와 사회, 그리고 궁극적으로 하나님과의 도덕적 영향 형성에 중요하다.[69]

다운스는 또한 "속지 말라 악한 동무들은 선한 행실을 더럽히나니"(고전 15:33)를 인용하면서 "모범적 도덕성"(modeling morality)의 가치를 말한다.[70]

가족, 이웃, 학교, 교회 모두가 그런 관계를 제공할 수 있다. 아마도 이 요인의 확장은 행동뿐만 아니라 도덕적 추론과 도덕적 영향의 모델 역할을 하는 도덕적 모범의 확장일 것이다. 그렇게 함으로써, 교회는 도덕적 형성에 있어서 추가적이고 지원적인 양육의 수단으로서 부모들과 다른 보호자들에게 도움이 될 수 있다.

역사적으로 교회의 역사뿐만 아니라 신구약 성경의 다양한 인물을 통해 도덕적 전기(moral biographies)를 제공하는 것은 교회와 기독교 학교의 도덕적 교육에 일관된 접근 방식이었다. 만일 교회가 세상에서 도덕적 목소리가 되려면 교회는 도덕적 공동체 그 자체여야 한다. 하나님을 기쁘시게 하는 삶을 옹호하는 교회는 세상의 모범이 되어야 한다. 이를 이루기 위해 교회는 도덕적 형성 과정에 참여해야 한다.

2000), 67-85.
68 Downs, "Moral Growth and Development," 75-6.
69 Tom Wallace, "Values and Spirituality: Enhancing Character Development and Teaching/Learning Processes for a New Millennium," *Journal of Christian Education* (43.1): 44.
70 Cf. Donald B. Rogers, "Christian Formation: The Neglected Mandate," Religious Education, 96(3): 427-40.

5. 복습을 위한 질문

1. 도덕성(그리고 도덕적 형성)을 기독교적으로 만드는 것은 무엇인가?

2. 도덕 발달에 대한 네 가지 접근 방식에 대해 어떻게 생각하는가?
   어떤 방식이 가장 마음에 드는가?

3. 콜버그와 길리건을 어떻게 평가하는가?
   그들은 친구인가, 적인가?
   그렇게 생각하는 이유는 무엇인가?
   도덕 발달에 대한 인지 및/또는 정서적 접근 방식의 가치는 무엇인가?

4. 성령의 사역은 도덕적 형성 과정에 어떤 영향을 미칠 수 있을까?

5. 어떻게 하면 당신 자신, 학생들, 성도들을 위한 도덕적 형성에 좀 더 효과적으로 성경을 사용할 수 있을까?

6. 당신의 교회에서 교화, 가치 명료화, 발달적 도덕 교육이 사용되는 곳은 어디인가?
   만약 이들 중 하나라도 사용되지 않는 것이 있다면, 회중의 도덕적 형성에 어떤 영향(장단점)을 미칠까?

제6장

신앙 발달과 그리스도인 형성

티모시 폴 존스(Timothy Paul Jones),
마이클 와일더(Michael S. Wilder)

믿음은 자라거나 아니면 적어도 그래야 한다(역자 주: 통상적으로 발달 이론에서 faith는 신앙으로 번역되지만, 성경에서 faith는 주로 믿음으로 표기된다. 따라서 이 제6장에서는 문맥에 따라 신앙 또는 믿음으로 병행하여 표기하기로 한다). 때문에 사도들은 주님께 "우리의 믿음을 더하소서"(눅 17:5)라고 간청한 적이 있었고 이는 놀랄 일이 아니다.

사도들이 예수님에게서 받은 가르침에 따르면, 믿음은 거의 눈에 띄지 않는 감지할 수 없는 작은 것, 즉 "겨자씨만 한 크기"에서 땅을 뒤흔드는 능력으로 성장하는 것이 가능했다(마 17:20; 눅 17:6).

사도들은 예수님이 "큰 믿음"을 칭찬하신 다음 그를 따르는 사람들의 "적은 믿음"을 꾸짖는 것을 들었다(마 6:30; 8:10, 26; 14:31; 15:28; 16:8; 눅 7:9; 12:28). 예수님이 이 땅에 다시 오셨을 때 믿음을 찾으실 것은 명백한 사실이다. 예수님은 "…그러나 인자가 올 때에 세상에서 믿음을 보겠느냐"(눅 18:8)라고 물으셨다. 예수님은 이 땅에 재림했을 때 이 땅에 믿음이 존재하기를 원했고, 이 믿음이 성장하기를 기대했다.

영감 받은 성경의 저자들은 믿음의 성장을 바라고(고후 10:15; 엡 4:13-14; 살후 1:3) 기대했다(히 5:11-6:2). 개인의 믿음이 성장하지 못하면 그 믿음이 유효한지 의심했다(히 10:39). 예수님의 죽음과 부활 이후 수십 년 동안, 구세주에 대한 신앙은 사도들이 신자들을 가르칠 때(살전 3:2,10)뿐만 아니라 사람에서 사람으로 전파되면서(행 6:7; 딤후 1:5) 크게 증가했다.

1. 신앙 발달 탐구

그러나 이 시점에서 곤란한 문제에 봉착하게 된다. 신약성경 전반에 걸쳐 믿음의 성장을 칭찬하고 있다는 사실에도 불구하고 성경은 이 성장에 대한 명확한 단계별 순서를 언급하지 않는다.

> 그렇다면, 개인의 믿음이 건강한 방식으로 발달하고 있는지를 어떻게 가늠할 수 있을까?
> 일련의 방식이나 단계로 신앙 발달을 설명하는 것이 가능할까?
> 그리고 그 점에 있어서 과연 신앙이란 무엇인가?

히브리서 기자는 히브리서 거의 마지막 부분에서 믿음에 대한 간략한 정의를 제공한다. 그러나 이 정의는 설명하는 만큼 복잡해 보이는 정의이다.

> 믿음은 바라는 것들의 실상이요 보이지 않는 것들의 증거니(히 11:1).[1]

이 정의 이후에 이어지는 내용은 일련의 발달 단계가 아니라 일련의 이야기, 즉 과거 믿음의 선진들에 대한 이야기들이다.

결국, "신앙은 어떻게 성장하는가?"

이 의문은 여전히 남아 있고, 제6장의 목표는 바로 그 비판적 질문을 탐구하는 것이다.

1) 신앙 발달에 관한 지배적 관점

제임스 파울러(James W. Fowler)가 1970년대에 처음으로 제기한 이론은 21세기 초반까지 계속해서 신앙 발달에 대한 논의를 지배하고 있다. 따라서 제6장의 대부분은 파울러의 이론에 초점을 맞출 것이다. 동시에 현대 이론가들과 역사적인 기독교적 성찰로부터 나온 다른 발달 모형들을 통해 토론을 위한 추가적 틀을 만나게 될 것이다.

프리츠 오저(Firtz Oser), 폴 그뮌더(Paul Gmünder), 존 웨스터호프(John Westerhoff), 제임스 로더(James Loder), 하인츠 슈트라이프(Heinz Streib)는 파울

---

1 달리 표기가 없는 모든 그리스어와 라틴어 본문은 티모시 폴 존스(Timothy Paul Jones)가 원자료를 번역한 것이다.

러식의 단계적 발달에 대한 현대적 대안과 해결책을 제시해 왔다. 제6장에서는 이 연구들 대부분의 타당성을 인정하면서도, 이들 이론가들이 "신앙"이라고 표현해 온 것이 실제로 신앙인지 의문을 제기할 것이다.

이 질문과 씨름하면서 우리는 성경과 정통 기독교 신학자들이 수 세기 동안 신앙 발달을 어떻게 묘사해 왔는지 면밀히 살펴볼 것이다. 신앙 발달에 대한 역사적 관점을 살펴본 다음에는 그리스도인 형성의 모델을 제시하고, 이 모델을 기독교 성화 과정과 연결시킬 것이다.

2) "신앙 이해를 위한 추구": 복음주의 신학 성찰의 격차

11세기 켄터베리의 안셀름(Anselm of Canterbury)은 오늘까지도 여전히 신학적 성찰의 시금석으로 남아 있는 격언에서 기독교 신학자의 임무를 요약했다.

> 이해를 추구하는 신앙(*fides quaerens intellectum*).[2]

안셀름의 이 격언은 신학자의 중심 과제를 그리스도인이 이미 믿고 있는 진리를 보다 깊이 이해하고 보다 명확하게 표현하는 과정으로 정의했다.

---

[2] 안셀름(Anselm)은 이사야 7장 9절의 라틴어 벌게이트역에서 이 조항을 개발한 것으로 보인다. 안셀름은 히포의 어거스틴(Agustine of Hippo)의 설교(*Sermo* 43:7-9)를 암시하는 단어로 자신의 의도를 분명히 밝혔다. "Non tento, Domine, penetrare altitudinem tuam, quia nullatenus comparo illi intellectum meum; sed desidero aliquatenus intelligere veritatem tuam, quam credit et amat cor meum. Neque enim quaero intelligere ut credam, sed credo ut intelligam. Nam et hoc credo: quia 'nisi credidero, non intelligam'"("주님, 나는 당신의 높음을 꿰뚫어 보기 위해 노력하지 않습니다. 왜냐하면, 감히 나의 지성을 당신의 지성과 비교할 수도 없기 때문입니다. 그러나 나는 어떻게든 내 마음이 믿고 사랑한 당신의 진실을 이해하기 원합니다. 나는 믿기 위해 이해하려고 노력하지 않습니다. 나는 이해하기 위해 믿습니다. 또한, 나는 내가 믿지 않는 한 이해할 수 없다고 믿습니다"), 『프로슬로기온』(*Proslogion*), "서론"(Prooemiun) 그리고 "하나님을 명상하려는 충동"(Excitatio mentis ad contemplandum Deum). 안셀름의 프로슬로기온 본문은 http://www.thelatinlibrary.com/anselmproslogion.html를, 어거스틴의 설교(*Sermo*) 43은 http://www.augustinus.it/latino/를 참조하라.

이해를 추구하는 신앙의 중요성을 인정하면서도 우리는 또 다른 과제가 그리스도인 형성과 제자 훈련에 똑같이 꼭 필요하다고 제안한다. 안셀름의 격언에서 방향을 바꿔서 우리는 이 일을 "신앙 이해를 위한 추구"(quaerens intellegere fidem)라고 묘사한다.

안셀름의 이해를 추구하는 신앙의 과제는 신적 계시에 근거하여 그리스도인들이 자신이 믿는 하나님을 이해하는 방법을 명확하게 하는 규범적 과정을 묘사한다. 우리가 신앙 이해를 위한 추구라고 부르는 과제는 신앙의 기본 구조를 이해하고 이런 구조가 개인의 행동, 관점, 이상을 어떻게 형성하는지 검토하는 서술적 과정이다.

이 두 과제 모두 동등하게 중요함에도 불구하고 복음주의 신학자들과 교육자들은 **신앙 이해를 위한 추구**보다는 **이해를 추구하는 신앙**에 훨씬 더 중점을 두는 경향이 있다. 복음주의 저자들의 경험적 연구는 성숙한 신앙에서 중요한 요인들을 설명한다.[3] 영적 훈련에 대한 대중적인 설명들은 예수 그리스도의 제자로서 발전할 수 있는 효과적인 수단과 방법을 강조한다.[4]

"구원의 서정"(ordo salutis) 안에 신앙의 논리적 위치와 진정한 신앙의 측면에 관한 많은 조직신학적 문헌이 있다.[5] 그러나 이런 가치 있는 문헌들조차 그리스도인의 삶 전반에 걸쳐 신앙이 어떻게 성장하는지를 묘사하는 구조

---

3 예를 들어, Brad Waggoner, *The Shape of Faith to Come* (Nashville, Tennessee: Broadman & Holman, 2008)을 참조하라.
4 예를 들어, Dallas Willard, *The Great Omission* (New York: HarperSanFrancisco, 2006)을 참조하라.
5 예를 들어, Millard Erickson, *Christian Theology*, 2d ed. (Grand Rapids, Michigan: Wm. B. Eerdmans, 1998) 218, 946-54; Wayne Grudem, *Systematic Theology*. Rev. ed. (Leicester, United Kingdom: InterVarsity Press, 2000) 669-70, 709-20; Louis Berkhof, *Systematic Theology* (http://books.google.com) 3:3b:3; 3:5c. 고전적인 **구원의 서정**(ordo salutis)은 예지(foreknowledge), 예정(predestination), 선택(election), 중생(regeneration), 복음주의(evangelism), 신앙(faith), 칭의(justification), 회심(conversion), 회개(repentance), 성화(sanctification), 견인(perseverance), 영화(glorification)와 같은 개념들이 포함되어 있다. 이런 요소들의 정확한 순서는 특정한 신학적 약속에 따라 다르다.

를 거의 설명하지 않고 있다.

예를 들어, 최고의 복음주의 신학적 문헌에서 그리스도인의 삶에서 발달 구조에 대한 유일한 표현은 회심, 거룩함의 성장, 거룩함의 궁극적 완성이라는 3단계 과정이다.[6]

회심(conversion)에서 완성(consummation)으로 이어지는 그리스도인의 삶 전체는 "거룩함의 성장"이라는 단 하나의 범주로 요약된다. 비록 이런 구조가 정확할 수는 있지만, 그리스도인의 성숙도를 평가하거나 개인을 예수 그리스도에 대한 더 깊은 신실함으로 인도하는 목적에는 특별히 도움이 되지 않는다.

> 제임스 로더(James Loder)는 그의 책 『삶이 변형되는 순간』(The Transforming Moment)에서 신앙이나 종교의 발달 단계를 설명하려고 시도하지 않은 대신, 그가 "확신 체험"(convictional experience)이라고 부르는 회심이 어떻게 일어나는지를 설명했다. 로더에 따르면, 확신 체험은 개인이 자신이 현재 속해 있는 범주가 부적절하다는 것을 인식하는 갈등(conflict) 지점에서 시작된다. 이 시작은 개인이 자신의 선택에 대해 반성하는 시간, 잠시 멈춤(pause)이 이어진다. 이 멈춤은 통찰(insight)의 관점에서, 어떤 상징이나 내적 깨달음을 통한 새로운 수준의 이해를 열어 주고, 이 통찰력은 다시 개인의 내적 헌신을 정형화(repatterning)한다. 궁극적으로 변형된(transformed) 개인은 공개적 선언이나 증언을 통해 자신의 변형을 확인한다.

---

6 Grudem, 748-51.

2. 신앙 발달 이론

아마도 복음주의자들이 신앙의 발달 구조를 상대적으로 소홀히 한 탓인지는 몰라도, 신앙 발달의 주요 이론들은 복음주의가 아닌 자유주의적 개신교에서 나왔다. 21세기 초, 신앙 발달 연구의 주요 패러다임은 감리교 신학자 제임스 W. 파울러(James W. Fowler)가 1960년대와 1970년대에 처음 정립한 단계 이론으로 남아 있다.[7]

제임스 파울러는 1960년대 하버드대학교 신학대학원에서 "베트남 전쟁을 둘러싼 미국의 결렬한 분열 투쟁의 정황 속에서" 자신의 발달 이론의 토대를 마련했다.[8] 그 기간 동안 파울러는 〈경험의 상징화로서의 신학〉(Theology as the Symbolization of Experience)이라는 제목의 신학석사 과정을 개설했다. 폴 틸리히(Paul Tillich)와 리처드 니버(H. Richard Niebuhr)의 저술을 통해 자신의 신학적 체계를 갖춘 파울러는 에릭 에릭슨과 로버트 벨라(Robert Bellah)의 개발주의적 관점과 자신의 신학을 통합했다.

파울러는 하버드대학교의 비교종교학 교수인 윌프레드 캔트웰 스미스(Wilfred Cantwell Smith)의 연구를 통해 신앙에 대한 정의를 구체화했다.

곧 또 다른 영향이 파울러의 관심을 끝었고 신앙에 대한 그의 관점을 형성하는 데 도움이 되었다. 하버드대학교 교육대학원의 로렌스 콜버그 교수는 도덕성의 인식과 실천이 평생 동안 어떻게 진화했는지를 설명하기 위해 단계 발달(stage-development) 이론을 공식화했다.[9] 콜버그의 방법과 단계에 깊은 영향을 받은 파울러는 신학과 발달 심리학 분야의 대학원생들로 구성

---

[7] 파울러의 이론과 관련된 연구에 대한 조사는 다음을 참조하라. Heinz Streib, "Faith Development Research at Twenty Years," in *Developing a Public Faith*, Richard Osmer and Friedrich Schweitzer, eds. (St. Louis: Chalice, 2003), 15-42.

[8] James W. Fowler and Mary Lynn Dell, "Stages of Faith from Infancy through Adolescence," in *The Handbook of Spiritual Development in Childhood and Adolescence*, Eugene Roehlkepartain, et al., eds. (Thousand Oaks, California: SAGE, 2005), 35.

[9] Lawrence Kohlberg, "The Claim to Moral Adequacy of a Highest Stage of Moral Judgment," *Journal of Philosophy* 70(1973): 630-46.

된 팀을 만들었다. 3년이라는 기간에 걸쳐 파울러와 학생들은 359번의 인터뷰를 실시하여 개인의 "신앙 발달"이라고 여기는 것을 탐구했다. 이전의 이론적 연구와 이 인터뷰들을 통해 파울러는 신앙이 어떻게 성장하는지 설명하는 단계 이론을 고안했다.

파울러가 정립한 단계 이론은 1981년 출간된 이래 2005년에 40쇄가 출간된 그의 저서 『신앙의 발달 단계: 인간 발달의 심리학과 의미의 탐색』(*Stages of Faith: The Psychology of Human Development and the Search for Meaning*)의 기초가 되었다.[10] 『신앙의 발달 단계』가 출판된 이래로 파울러의 단계 이론을 탐구한 수십 개의 박사학위 논문과 300개 이상의 학술 논문이 발표되었다.[11]

1) '신앙'에 대한 파울러의 정의의 토대

파울러의 단계 이론의 토대는 '신앙'에 대한 정의이다. 제임스 파울러는 어떤 특정한 내용이나 신념을 초월하는 신앙의 관점을 추구했다. 파울러가 자신의 신앙 발달 이론을 공식화하기 몇 년 전, 도덕 이론가 로렌스 콜버그는 보편화된 정의의 원칙이 도덕 발달 이론에 필요한 토대를 제공할 수 있다고 주장했다.[12]

파울러는 자신의 신앙 발달 이론을 뒷받침하기 위해 비슷한 종류의 보편화된 "내용 없는"(content-empty) 원칙을 추구했다.[13] 파울러 이론의 보편적

10　Fowler and Dell, 36.
11　예를 들어, Heinz Streib, "Faith Development Research Revisited," *International Journal for the Psychology of Religion* 15(2001): 99-121; Heinz Streib, "Faith Development Research at Twenty Years," *Developing a Public Faith*, Richard Osmer and Friedrich Schweitzer, eds. (St. Louis: Chalice, 2003) 15-42. 를 참조하라.
12　Lawrence Kohlberg, *From is to Ought: How to Commit the Naturalistic Fallacy and Get Away with It in the Study of Moral Development* (New York: Academic Press, 1971).
13　James W. Fowler, "Faith Development Theory and Postmodern Challenges," *International Journal for the Psychology of Religion* 11(July 201): 164.

기본 원칙은 개인 또는 집단이 초월적 가치와 힘에 반응하는 방식이 되었다.[14] 이 원칙에 따라 파울러는 신앙을 "축적된 전통의 형태를 통해 인식되고 파악된 초월적 가치와 힘에 반응하는 개인 또는 집단의 방식"으로 정의했다.[15]

파울러가 "신앙"이라고 정의한 현상의 잠재력은 신성한 행동에서 또는 애초에 인간의 선택에서 비롯된 것이 아니다. 신앙에 대한 성향은 모든 인간의 유전 암호의 일부이다.[16] 신앙은 "일반적인 인간 현상"이며 "의미를 찾아내거나 부여하는 보편적인 부담감이라는 명백한 유전적 결과"이다.[17]

비록 리처드 니버와 폴 틸리히의 신학적 관점에 영향을 받았지만, 주로 하버드대학교의 비교종교학 교수인 스미스의 연구에 의존한 파울러는 신앙의 본질에서 내용을 배제했다. 그의 저서 『신앙의 발달 단계』에서 파울러는 자신이 스미스의 연구에 의존하고 있음을 명시적으로 인정하면서, "거의 20년 동안 [W.C. 스미스]가 … 각 중앙 세계 종교 전통이 신앙에 대한 우리의 이해에 기여하는 것을 연구하고 해석하는 임무"로 헌신해 왔음을 지적했다.[18]

---

14 James W. Fowler, "Stages of Faith and the Adult Life Cycle," *Faith Development in the Adult Life Cycle*, Kenneth Stokes, ed. (New York: Sadlier, 1982), 2002; James W. Fowler, *Weaving the New Creation* (San Francisco: Harper, 2002) 100-2.

15 James W. Fowler, *Stages of Faith: The Psychology of Human Development and the Quest for Meaning* (New York: Harper, 1981), 9; James W. Fowler, "Faith/Belief," *Dictionary of Pastoral Care and Counseling*, Rodney J. Hunter, ed. (Nashville: Abingdon, 1990), 394.

16 Fowler, *Stages of Faith*, 303.

17 원자료는 이탤릭체로 기록되어 있다. Fowler, *Stages of Faith*, xiii, 5, 33; James W. Fowler and Antoine Vergote, *Toward Moral and Religious Maturity* (Morristown, New Jersey: Silver Burdett, 1980), 52; W. C. Smith, *Faith and Belief: The Difference Between Them* rev. ed. (Princeton: Princeton University, 1998), 129. 또한, 참조하라. James W. Fowler, "Stages of Faith: Reflections on a Decade of Dialogue," *Christian Education Journal* 13, 1(1992): 18; James W. Fowler, "Faith and the Structuring of Meaning," *Faith Development and Fowler*, Craig Dykstra and Sharon Daloz Parks, eds. (Birminghman, Alabama: Religious Education Press, 1986), 16. 또한, 참조하라.

18 Fowler, Stages of Faith, 9. Frederick Downing, "Toward the Second Naivete," *Perspectives in Religious Studies* 12, 1(1985): 40-1, 47; Fowler, *Weaving the New Creation*, 16. 또한, 참조하라.

W. C. 스미스는 자신의 저서 『종교의 의미와 목적』(*The Meaning and End of Religion*)(1963)과 『신앙과 믿음: 그 둘 사이의 차이점』(*Faith and Belief: The Difference Between Them*)(1979)에서 전근대적인 세계 속에서 믿음을 가지거나 신앙을 갖는다는 것이 특정 내용을 진실로 받아들이는 것을 의미하지 않는다고 주장했다. 대신에 이 용어들이 의미하는 것은 "어떤 궁극적 충성심"을 가지고 다른 사람을 대하고, 그 사람과의 관계에 마음을 두는 것이라고 주장했다.[19]

신앙이 특정한 내용의 수용을 요구할 수도 있다는 생각은 전근대 시대의 사람들에게는 낯설었을 것이다. 따라서 유대-기독교 성경과 근대 교리에서 "신앙", "믿음", "믿다"로 번역된 용어들은 이 문서들이 쓰였을 당시의 하나님에 대한 어떤 구체적인 주장에 대한 승인을 의미할 수 없다고 스미스는 주장했다.[20]

파울러는 자신의 발달 이론에서 신앙의 본질에 대한 스미스의 기본적 가정을 따랐다. 파울러에게 있어서 히브리 성경과 기독교 성경, 그리고 초기 그리스도인들의 글에서 "신앙", "믿음", "믿다"로 번역된 용어들은 개인적인 충성("나는 믿음이 있다")을 나타내는 것이지, 결코 하나님에 대한 구체적인 주장에 동의하는 것("나는 믿는다")은 아니었다. 신앙은 어떤 특정한 개념이나 제안에 대한 지적 동의를 요구하지 않는 개인적 충성심이었다.[21]

파울러는 다음과 같이 말한다.

> 고대 유대인이나 그리스도인이 "나는 하나님이 계시다고 믿는다" 또는 "나는 하나님이 존재한다고 믿는다"라고 말했다면 같은 말을 굳이 에둘러 말하는 이상한 표현이 됐을 것이다. 하나님의 실재(being)나 존재(existence)는

19　Smith, *Faith and Belief*, 5-6, 108.
20　Smith, *Faith and Belief*, 247; Fowler, *Stages of Faith*, 11-2. 또한, 참조하라.
21　Smith, *Faith and Belief*, 71-91; Fowler, *Stages of Faith*, 12. 또한, 참조하라.

당연한 것으로 받아들여졌다.²²

어떤 사람이 특정 주장을 진실로 받아들였는지 여부는 초기 그리스도인들의 마음에 "최종적인 인간 운명의 문제"가 전혀 아니었다.²³

스미스나 파울러 둘 다 그들이 "신앙"이라고 지칭한 현실 안에서 진리의 존재나 필요성을 부인하지는 않았다. 스미스는 신앙은 "초월적 실재와 진리에 대한 해답"(answerable to transcendent reality and truth)이라고 주장했다.²⁴ 그러나 그들이 말하는 "초월적 실재와 진리"(transcendent reality and truth)는 그 어떤 특정한 믿음에도 동의하지 않는다. 대신 초월적 실재와 진리는 초월적인 원칙으로서의 진리에 대한 충성으로 파울러가 "초월적 가치와 힘에 대응하는 방법"이라고 신앙을 정의하면서 상기시킨 관점이다.²⁵

스미스는 진리를 내용이 없는 초월적 원칙으로 정의함으로써 다음과 같이 주장할 수 있었다.

> 현대 세계에서 원칙적으로 지적이고 현명한 유대인이나 이슬람교도, 그리고 지적이고 현명한 개신교인, 그리고 정말로 지적이며 세심한 무신론적 인문주의자가 … 다른 믿음을 가져야 할 이유가 없다. 그러나 그들이 다른 상징의 관점에서 계속 살아서는 안될 이유도 없다.²⁶

이런 사고방식에 따라 제임스 파울러는 신앙에 대한 "문화-언어학적" 관점을 주장했다. 이 관점은 교리를 진리의 선언이 아니라 특정 종교적 확

---

22 Fowler, *Stages of Faith*, 12; 그러나 Hebrews 11:6에서 히브리서 기자는 파울러가 "이상한 표현"이라고 부르는 용어를 정확하게 사용한다는 것을 참조하라.
23 Smith, *Faith and Belief*, 159.
24 Smith, *Faith and Belief*, 125.
25 Smith, *Faith and Belief*, 167-8; Fowler, *Stages of Faith*, 9; Fowler, "Faith/Belief," 394. 와 비교하라.
26 Smith, *Faith and Belief*, 171.

신의 언어를 지배하는 "문법적 규칙"으로 취급한다.²⁷

이런 관점에서 들어 보면, 그리스도인이 "예수님은 주님이시다"라고 선언할 때, 이 진술은 기독교의 문법적 규칙 내에서 표현되는 자신보다 더 위대한 실재에 헌신할 필요성에 대한 존재론적으로 참된 확증을 나타낸다. 이슬람교도들이 알라 외에는 신이 없다고 선언할 때, 그들은 자신들의 특정한 신앙의 문법에서 동일한 존재론적 진리를 말한다.

파울러에 따르면, "종교와 믿음의 무수한 변형에도 불구하고 모든 종교에는 동일한 신앙 현상을 가리키는 보편적인 '통합과 인식 가능성'"(unity and recognizability)이 있다.²⁸

문화-언어학적으로 취급되는 신앙은 특정 지식(specific knowledge)에 대한 동의가 필요 없는 앎의 방식(a mode of knowing)으로 기능한다.²⁹

제임스 파울러에 따르면, 내용이 없는 이 양식은 자신, 타인, 공유된 가치와 힘의 중심(shared centers of value and power)의 세 가지 실체를 포함하는 언약적 삼자 관계(triad) 안에서 발전한다(도표 6.1참조). "공유된 가치와 힘의 중심"은 공동체 또는 개인을 초월적인 것, 궁극적으로 의미 있는 것으로 향하게 하는 일관된 무용담(unifying sagas)과 공유된 진술을 나타낸다.³⁰ 이런 무용담과 진술의 문화-언어학적 표현은 종교마다 다르지만, 파울러와 다른 사람들이 주장하는 근본적인 실재(the underlying realities)는 그대로이다.

---

27 Fowler, "Faith/Belief," 396; Fowler, "Stages of Faith: Reflections on a Decade of Dialogue," 22; George Lindbeck, *The Nature of Doctrine* (Philadelphia: Westminster, 1984) 32-41, 63-9. 린드백(Lindbeck)은 이 접근 방식을 한편으로는 "인지적-명제주의"와 다른 한편으로는 "경험적-표현주의"와 대조한다.
28 Fowler, *Stages of Faith*, 14-5.
29 Fowler, *Stages of Faith*, 11; James W. Fowler, "Faith, Liberation, and Human Development," *Christian Perspectives on Faith Development*, Jeff Astley and Leslie Francis, eds. (Grand Rapids: Eerdmans, 1992), 11; Perry Downs, "The Power of Fowler," *Nurture That Is Christian*, Kim Wilhoit and John Dettoni, eds. (Grand Rapids: Baker, 1995) 76; James W. Fowler, "Dialogue Toward a Future in Faith-Development Studies," in *Faith Development and Fowler*, 278; Richard Niebuhr, "On the Nature of Faith," in *Religious Experience and Truth*, Sidney Hook, ed. (New York: New York University, 1961), 93-102. 또한, 참조하라.
30 Dykstra and Parks, 1986, 16-17; Fowler, *Stages of Faith*, 16-18. 참조하라.

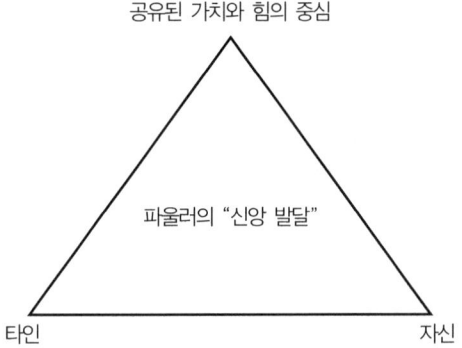

도표 6.1: 파울러의 언약적 삼자관계(Covenantal Triad)

프리츠 오저(Firtz Oser) 폴 그뮌더(Paul Gmünder)의 연구는 인지-심리학적 종교적 단계 이론(cognitive-psychological religious stage theory)이라는 "유럽 학파"로 이어졌다.[31] 이 이론은 "종교적 판단", 즉 종교적 사고의 본질과 구조, 특히 사람과 관련하여 "궁극적인" 것과의 관계에 초점을 맞추고 있다. 종교적 판단의 5단계는 사람들이 초월적 영역과의 관계를 규제하거나 통제하려는 방법을 구체적으로 다룬다. 두 이론이 독립적으로 발전했음에도 불구하고 오저와 그뮌더의 종교적 판단 단계와 파울러의 신앙 단계 간에는 상당한 유사점이 존재한다.

---

31 Fritz Oser and Paul Gmünder, *Religious Judgment*, trans. H. F. Hahn (Birmingham, Alabama: Religious Education Press, 1991).

2) 파울러의 발달 단계[32]

제임스 파울러는 유아 신앙 발달의 "전 단계"(pre-stage)와 여섯 개의 본격적인 신앙 발달 단계를 제안했다. 파울러의 관점에서 볼 때 우는 아기에게 부모가 위로나 먹을 것을 주면 그 아기 안에 미래의 신앙을 위한 기초가 자라게 된다. 부모와 다른 보호자는 단순히 아기가 필요에 따라 이용할 수 있고 그 필요에 사랑으로 반응하는 존재가 됨으로 말하기 이전의 아기가 상호성, 즉 다른 사람을 신뢰하고 의미 있게 상호 작용을 할 수 있는 능력을 키울 수 있도록 돕는다.

(1) 1단계: 직관적-투사적(Intuitive-Projective)

매일 아침 케이틀린의 엄마와 아빠는 출근하기 전 동생 웨스와 함께 온 가족이 모여 잠시 동안 기도한다. 세 살배기 케이틀린은 매일 아침기도에 나오는 몇 구절만 이해한다. 그런데도 케이틀린은 이 시간이 가족의 하루에서 중요한 부분이라는 것을 생생하게 알고 있다.

"예수님 고맙습니다."

"하늘에 계신 우리 아버지!"

이 같은 문구의 정확한 의미가 성장하고 있는 케이틀린의 뇌 속에 지금은 희미하게 남아 있다. 그러나 이 문구들은 케이틀린이 더 성장함에 따라 의미를 얻을 수 있는 중요한 언어적 이정표 역할을 한다.

---

[32] 이 부분은 다음 논문을 포함한 다양한 글에서 가져왔다. Perry Bassett, "Faith Development and Mid-Life Transition" (Ph.D. diss., Baylor University, 1985) 21-3; F. L. Downing, "The Dangerous Journey Home," in *Perspectives in Religious Studies* 25 (1998): 261; Fowler, *Stages of Faith*; James W. Fowler, "Faith Development Research," in *Dictionary of Pastoral Care and Counseling*, Rodney Hunter, ed. (Nashville: Abingdon, 1990), 399-401; Fowler, *Weaving the New Creation*, 18; Robert W. Pazmiño, *Foundational Issues in Christian Education*. 2d ed. (Grand Rapids: Baker Book House, 1997), 208-9; and David Rose, "An Instrument to Measure Four of James Fowler's Stages of Faith Development" (Ph.D. diss., California School of Professional Psychology, 1991), 95-7.

파울러에 따르면, 케이틀린과 같은 어린아이들은 직관적으로 투사된 신앙 발달 양식을 경험한다. 3세서 7세 사이의 아이들은 부모가 보여 주는 신앙을 직관적으로 동화시킨다. 아이들은 하나님을 모호하고 비인간적인 이미지로 묘사하고 종교적 상징 그 자체가 힘을 가진 것으로 이해한다. 이 단계의 아이들은 아직은 다른 사람의 관점을 인식할 수 없다.

직관적-투사적 아이들은 비록 이런 표현 뒤에 숨겨진 지식을 아직은 이해하지 못하더라도 상징과 이미지를 통해 특정 신앙 표현에 감정적으로 반응한다. 아이들은 성장하면서 보다 합리적으로 이런 초기 인식을 되돌아본다.

(2) 2단계: 신화적-문자적(Mythic-Literal)

선한 의도를 가진 목회자로부터 "예수님을 마음에 영접할 수 있다"라는 말을 들은 아홉 살 에이미는 자신의 가슴으로 눈을 돌렸다. 잠시 침묵을 지킨 뒤 에이미는 "그러나 어떻게 예수님이 마음에 들어가지"라고 물었다.

파울러의 용어로 이해하면 에이미는 지금 파울러가 "신화적-문자적"이라고 명명한 것에 어려움을 겪고 있다. 에이미는 상징적 언어와 비유를 받아들였지만, 이런 상징들은 에이미의 정신적 틀 안에서 의도한 대로 기능하지 못했다.

7세 무렵의 어린아이들은 장 피아제가 "구체적-조작기"(concrete-operational)라고 밝힌 양식으로 자신의 세계를 인식하기 시작한다. 구체적인 조작기가 시작되면서 아이들은 실제와 환상적인 것을 구별하기 시작한다. 그 결과 발생하는 내적 불균형은 아이를 신화적-문자적 신앙 발달로 이끈다.

신화적-문자적 단계에 있는 아이들의 마음속에는 가족이나 종교 모임의 공통의 "신화"나 "무용담"이 중심이 된다. 신화적-문자적 단계의 아이들은 이런 무용담을 문자 그대로 이해한다. 하나님을 인격적 존재로 인식하는 동안, 신화적-문자적 단계의 아이는 일반적으로 신적 법칙이나 중재자를 통해 초월적 존재와 관계를 맺으려고 시도한다.

이 단계에서는 인과 관계의 순서와 논리적 추론이 삶을 이해하는 중요한 도구가 된다. 개인은 올바른 행동이 실질적인 보상으로 이어질 것이라고 믿으면서도 도 우트 데스(*do ut des*, 역자 주: "네가 주기 때문에 나도 준다"는 의미로 상호주의를 의미한다) 윤리에 따라 행동하는 경향이 있다. 파울러에 따르면, 일부 성인의 경우 신화적-문자적 단계를 거치지 않는다.

(3) 3단계: 종합적-인습적(Synthetic-Conventional)

몇 년 전 나(티모시)와 내 가족은 화려한 모니터에 나오는 가사 대신 직접 찬송가를 들고 찬송을 부르는 전통 교회를 방문했다. 그 교회의 목사는 나처럼 청바지와 헐렁한 셔츠를 입고 돌아다니며 설교하지 않았다. 그는 짙은 가운을 입고 강대상 뒤에서 설교했다. 신학적으로 이 교회는 우리 가족이 다니는 교회와 동일했지만, 열한 살인 내 딸 한나는 그 교회의 모습이 매우 낯선 것 같았다. 사실 너무 달라서 우리 가족이 예배 후 주차장으로 향할 때 한나가 나에게 속삭였다.

"이 사람들이 정말 예수 믿는 사람들이에요?"

그 당시 한나의 기독교 신앙에 대한 이해는 내가 목사로 섬겼던 교회의 관습과 관행에 밀접하게 연관되어 있었다. 한나는 너무도 다른 예배 관행을 가진 사람들이 그리스도인일 것이라고는 생각할 수 없었다. 파울러의 용어로 표현하면, 한나는 종합적-인습적 발달의 초기 징후를 보이고 있었다.

종합적-인습적 단계에 있는 사람들은 특정 집단의 관습을 준수함으로써 삶 속에서 증가하는 복잡성을 다룬다. 이 단계에서 개인은 자신이 속한 집단의 신앙과 다른 사람들의 신앙을 구별할 수 있는 능력을 개발하기 시작한다. 자신이 속한 집단의 관점 또는 집단 내의 영향력 있는 지도자의 관점은 개인의 믿음과 가치를 형성한다. 개인은 이런 믿음과 가치가 논리적인 내부 구조와 일관성을 가지고 있다고 인식한다.

청소년의 특징을 언급할 때 종종 종합적-인습적 관점이 거론된다. 동료의 영향을 많이 받는 가치관을 가진 성인의 경우 종합적-인습적 단계를 거치는 경우가 없다.

(4) 4단계: 개별적-반성적(Individuative-Reflective)

로마가톨릭대학교에 다니는 학생이 어머니와 있었던 논쟁, 즉 이 학생의 인생에서 그때가 의문의 시기였다는 표식을 남긴 논쟁에 대해 다음과 같이 말했다.

"어머니는 [성체성사의 빵]이 실제 예수님의 몸이라고 느꼈어요. 나는 정말로 바뀌어도 상관없다고 말했어요. 내가 생각할 때 성체성사는 최후의 만찬을 재연하는 것에 더 가깝죠."[33]

이 학생은 이전의 종교적 헌신과 비슷한 모습을 유지했지만, 합리화된 세계관에 맞춰 자신의 헌신을 수정했다. 파울러의 이론에 따르면, 이 학생이 이전의 헌신을 합리적으로 재구성한 것은 개별적-반성적 발달을 의미한다.

개별적-반성적 단계에서 초점은 자신의 헌신과 믿음에 대한 책임으로 바뀐다. 이제 완전히 합리적인 방식으로 살아가는 개인은 이전의 믿음과 관행을 재고하고 심지어 거부하면서까지 익숙한 가정(familiar assumptions)을 되돌아본다. 새로운 믿음과 새롭게 재고된 과거의 믿음은 응집력 있고 일관성 있는 것으로 인식되는 개별화된 체계로 변경된다. 이 체계 안에서 상징은 도움이 되는 의미를 전달하는 경우에만 중요하다.

과거 파울러의 학생이었던 샤론 댈로즈 팍스(Sharon Daloz Parks)는 파울러의 연구 대부분을 긍정하면서도, 그녀의 저서 『비평적 시기』(*The Critical Years*)에서 파울러의 네 번째 단계가 부적절하다고 주장했다. 팍스는 파울러의 개별적-반성적 단계의 시작 부분에서 뚜렷하고 분리된 발달 단계를 발

---

33 Dam McAdams, *The Stories We Live By* (New York: Guilford, 1997), 183.

견했고,³⁴ 이 단계를 "비평적 시기"(the critical years)라고 지칭했다.

파스의 관점에서 볼 때, 이 시기가 비평적인 이유는 **임계적 중요성**(*critical importance*)뿐만 아니라 이 단계의 신생 성인들(emerging adults)이 이전의 관점에 대한 **비판적 분석**(*critical analyses*)에 몰두하기 때문이다. 비평적 시기는 학생의 상황에 따라 달라지는 질문과 헌신에 대해 캐묻는 기간을 보여 준다.

종합적-인습적 단계의 청소년들이 의미 있는 집단과의 동일시를 통해 자기 정의(self-definition)를 추구하는 반면, 비평적 시기의 신생 성인들은 자신이 속한 집단에 따라 헌신이 바뀌는 "분열된 자아"(divided self)의 해체된 헌신에 대한 결단을 모색한다.

대학생들 사이에서 이런 결단은 학생들이 의도적으로 멘토링 관계를 구축하는 환경에서 교수진 및 교직원과 상호 작용할 때 가장 자주 발생한다. 그 결단은 그 청년이 파울러의 개별적-반성적 단계로 완전히 발달할 수 있도록 하는 것이다.

결국, 이 단계는 성스러운 의식과 상징에 대한 합리적인 접근 방식에 불만을 품게 하는 "비평의 사막"(desert of criticism)으로 이어질 수 있다.³⁵ 이런 불만은 개인에게 삶에 대한 역설적-통합적 접근 방식(paradoxical-consolidative approach)이라는 더 넓은 가능성을 열어 준다.

(5) 5단계: 역설적-통합적/결합적(Paradoxical-Consolidative/Conjunctive)

30세 이전에 도달한 경우가 거의 없는 역설적-통합적 단계는 자신의 입장 이외의 입장의 무결성(integrity)을 인정해야 한다. 결합적 성인은 인종, 계급 또는 이념적 경계를 초월하는 정체성을 키운다. 이 정체성은 전통적

---

34 Sharon Daloz Parks, *The Critical Years* (New York: Harper, 1986). Steve Garber는 그의 책 *The Fabric of Faithfulness: Weaving Together Belief and Behavior* (Downers Grove, Illinois: InterVaristy Press, 2007)에서 기독교적 고등교육에 대한 이 비전을 더 발전시켰다. Stanley Hauerwas, *A Community of Character* (South Bend, Indiana: University of Notre Dame Press, 1981) 또한 참조하라.

35 Dan Stiver, *Theology after Ricoeur* (Louisville, Kentucky: Westminster John Knox, 2001), 64-5, 138-45.

관점과 개인의 의심과 타인의 신념을 통합하여 "균형… 포용… 둘 다/그리고"라는 광범위하고 의미 있는 세계관을 형성한다.³⁶

파울러는 역설적-통합적 단계는 "고통과 상실, 책임과 실패, 그리고 생명과 에너지에 대한 돌이킬 수 없는 헌신을 했을 때 불가피한 부분인 슬픔을 알아야 한다"라고 제안했다.³⁷

역설적-통합적 단계는 종교적 무용담, 의식, 상징에 대한 새로운 인식을 불러일으킨다. 이는 비평적 시기 또는 개별적 반성적 단계에서 합리주의적 환원주의의 희생양이 되었을 수도 있는 신앙의 징후이다. 이 단계의 사람들은 종교적 무용담, 의식, 상징을 설명할 수 없는 궁극적 실재를 가리키는 중요하지만 그러나 부적절한 표지판으로 이해한다.

초월성에 대한 이런 새로운 인식은 개인을 "비평의 사막"에서 벗어나게 하고, 결합적 성인이 이전 단계에서 버려졌던 많은 의미 있는 요소를 재통합하는 "이차적 순수"(second naïveté, 역자 주: naïveté에 대한 번역은 소박성, 순수, 순수성, 순진성, 믿음까지 다양하다. 본서에서는 순수로 번역하기로 한다)로 꽃피울 수 있다.³⁸

(6) 6단계: 보편화(Universalizing)

모한다스 간디(Mohandas Gandhi)는 한때 다음과 같이 선언했다.

> 오랜 연구와 경험 끝에 나는 모든 종교가 진실이라는 결론에 도달했다. 모든 종교는 약간의 오류가 있다. [그리고] 모든 종교는 내가 믿는 힌두교 만큼이나 나에게 소중하다. … 다른 신앙에 대한 내 존경심은 힌두교에 대한

---

36 Jeff Astley and Leslie Francis, "Introduction" in *Christian Perspectives on Faith Development* (Grand Rapids: Wm. B. Eerdmans, 1992), vii.
37 James W. Fowler, et al., *Life-Maps* (Waco, Texas: Word, 1978), 81.
38 Paul Ricoeur, *The Symbolism of Evil* (New York: Harper, 1967 rpt. 1986), 352-4; Paul Ricoeur, *Figuring the Sacred* (Minneapolis, Minnesota: Augsburg Fortress, 1995), 2-6.

내 존경심과 동일하다. 그러므로 개종은 생각할 수 없다.[39]

파울러의 단계 발달의 관점에서 볼 때, 그런 단어들은 그 말을 하는 사람의 삶과 결합되어 영적 성장의 최고 단계의 전형적인 예가 된다.

역설과 양극성을 뛰어넘어 보편화 단계에 있는 사람들은 모든 사람과 하나가 되어 살아간다. 궁극적 실재는 삶의 중심으로서 자아를 대체한다. 이 새로운 삶의 비전은 이 단계에 있는 사람들이 보편적 정의와 사랑을 위해 자신을 쏟아 부을 수 있도록 자유롭게 한다.

파울러의 관점에서 볼 때, 간디, 테레사 수녀, 마틴 루터 킹 목사 같은 사람들의 삶은 신앙 발달의 보편화 단계의 전형을 보여 준다. 보편화는 매우 드문 단계로 파울러와 그의 연구팀은 연구 표본인 359명의 인터뷰 대상 중에서 단 한 명만이 보편화 단계에 있음을 확인했다.

(7) 단계에서 단계로의 전환(Transitioning from Stage to Stage)

파울러는 자신의 이론에서 말하는 단계를 보편적이고, 불변하며, 계층적이라고 표현했다.[40] 다시 말하면, 모든 사람의 발달은 이 단계를 따르고 있으며, 사람은 상위 단계로 올라가는 것이 바람직하다.[41] 파울러에 따르면, 단계를 통과하기 위해서는 생물학적 성숙과 삶의 경험이 필요하다. 그러나 삶의 경험과 생물학적 성장만으로는 개인을 한 단계에서 다음 단계로 옮기기에 결코 충분하지 않다.[42]

---

39 Mohandas K. Gandhi, *All Men Are Brothers* (Paris: UNESCO, 1958), 60.
40 James W. Fowler, "Faith Development Theory and Postmodern Challenger" *International Journal for the Psychology of Religion* 11, 3(July 2001): 167; James W. Fowler, "Faith and the Structuring of Meaning," *Faith Development and Fowler*, Craig Dykstra and Sharon Parks, eds. (Birmingham, Alabama: Religious Education, 1986), 26.
41 사람의 영적 발달의 적절성에 대한 "표준" 지표로서 파울러의 단계에 대해서는 특별히 다음을 참조하라. Fowler, *Stages of Faith*, 293; James W. Fowler, "Stage Six and the Kingdom of God," *Religious Education* 75, 3(May-June 1980): 231-48.
42 Fowler, Weaving the New Creation, 17.

그렇다면 자연스럽게 제기되는 다음 질문은 이것이다.
"파울러의 지도가 정확한가?"
한 단계에서 다른 단계로 성장하려면 삶의 일곱 가지 측면 이상의 인지 및 관계적 전환이 필요하다. 변화는 일곱 가지 측면에서 일어난다.

① 논리의 형태[43]
② 사회적 관점 채택[44]
③ 도덕 판단의 형태[45]
④ 사회적 경계의 배타성 인식
⑤ 권위의 장소
⑥ 세계관의 형태
⑦ 인식된 상징의 기능

파울러의 관점에서, 이 일곱 가지 측면과 관련된 양식은 연구자들이 개인의 신앙 성숙도를 평가할 수 있는 충분한 태도적 지표와 가치론적 지표를 제공한다.

3) 파울러의 단계 발달에 대한 비판

제임스 파울러의 단계는 이론뿐만 아니라 모형도 제공하며, 무엇인지뿐만 아니라 무엇이 되어야 하는지를 묘사한다고 주장한다.[46] 파울러는 자신

---

43 파울러가 피아제로부터 이런 측면을 이끌어 낸 것에 대해서는 다음을 참조하라. Jeff Astley and William Kay, "Piaget and Fowler" in *Religion in Education* vol.2, Jeff Astley and William Kay, eds. (Leominster, United Kingdom: Gracewing, 1998), 162-5.
44 R. L. Selman, *The Growth of Interpersonal Understanding* (London, UK: Academic, 1980).
45 Lawrence Kohlberg, *The Psychology of Moral Development* (San Francisco: Harper, 1984).
46 James W. White, *Intergenerational Religious Education* (Birmingham, Alabama: Religious Education Press, 1988), 119; cf. H. G. Koenig, *Aging and God* (New York: Haworth, 1994), 93. James W. Fowler, *Faith Development and Pastoral Care* (Nashville: Abingdon, 1987),

의 이론이 "우리의 가르침을 구체화"하기 원한다.[47] 다시 말해, 파울러의 단계는 사람들의 삶을 위한 지도를 제공하고,[48] 지도는 삶을 묘사하고 규정한다. 지도는 특정 목적지를 나타낼 뿐만 아니라 원하는 목적지에 도착하기 위해 지면을 가로지르는 방법도 알려 준다.

그렇다면 질문은 다음과 같다.

"파울러의 지도가 정확한가?"

지난 30년 동안 소수의 목회자들과 학자들은 파울러의 지도가 신앙 발달의 지형을 정확하게 묘사하고 있는지에 대해 의문을 제기해 왔다. 대다수의 비평가들은 파울러의 단계에서 다음 세 가지 중 하나 이상의 결점을 발견했다.

- 파울러의 초기 표본은 신앙 발달을 위한 보편적인 모형의 기초라고 하기에 충분했는가?
- 복잡하고 지속적인 삶의 이야기 속에서 신앙이 전개되는 것처럼 보인다는 점에서, 전통적인 단계 발달 이론이 신앙 발달을 정확하게 설명하는 것이 가능한가?
- 성경 및 신학적 관점에서 볼 때, 파울러가 "신앙"이라고 불렀던 실재가 실제로 신앙인가?

(1) 신앙 발달을 위한 보편적 모형인가?: 파울러의 방법론에 대한 비판

제임스 파울러와 그의 연구원들은 북미 학계와 그 주변 지역에서 인터뷰를 위한 359명의 초기 표본을 모집했다. 인터뷰 대상자들은 무작위가 아니라 의도적으로 선정되었으며, 연구진은 대상자의 학력에 대한 정보를 수집

57, 80.

[47] Gloria Durka, "Reflections on a Gift to Religious Education," *Religious Education Journal* 99, 4(2004); 424.

[48] 예를 들어, 제임스 파울러의 초기 작품 중 하나인 *Life-Maps* (Waco, Texas: Word, 1978)를 참조하라.

하지 않았다. 이런 표본 추출의 불규칙성과 데이터의 격차를 고려할 때, 파울러의 표본이 더 많은 모집단을 정확하게 대표했는지는 확실치 않다.

다른 요인들도 파울러의 표본이 더 많은 모집단을 나타내지 않았을 수 있음을 시사한다. 신앙 발달은 특히나 덜 성숙한 단계에서는 나이가 들수록 발전하는 경향이 있다는 주장에도 불구하고 이후의 연구에서는 이 관계가 지속적으로 나타나지 않았다.[49]

무신론적 유대인을 대상으로 한 연구에서는 파울러의 연구 결과가 그대로 나타났다. 그러나 하와이 원주민과 한국인을 대상으로 실시된 연구에서는 파울러의 연구 결과와 일치하는 면들이 많이 나타남과 동시에 상당한 격차와 문화적 편견 역시 드러났다.[50]

캐나다와 인도의 바하이 신앙(Baha'i)을 따르는 사람들을 대상으로 한 파울라 드릭(Paula Drewek)의 연구는 파울러의 3단계와 4단계에서 문화에 뿌리를 둔 특정 문제를 밝혀냈다.[51] 또한 인터뷰를 기반으로 한 파울러의 단계 평가가 평가자들 간에 유사하게 유지되기는 했지만, 이런 평가가 외부 조건과 일관되게 또는 유의미하게 연관되었는지 여부는 불분명하다.[52]

---

49 James W. White, "Faith Stages Affiliation and Gender" (Ph.D. diss., Boston University, 1985); Timothy Paul Jones, "An Analysis of the Relationship Between Fowlerian Stage Development and Self-Assessed Maturity in Christian Faithfulness among Evangelical Christian" (Ed.D./Ph.D. diss., The Southern Baptist Theological Seminary, 2003), 78-9; Rose, 22-3, 111.

50 Randall Furushima, "Faith Development Theory" (PhD. Diss., Columbia University, 1982); Soon Keun Lee, "Fowler's Faith-Development Interveiw Questions in a Korean Context" (Ph.D. diss., Trinity International University, 1999). 비신론적인 키부츠 지도자들에 대한 Snarey의 연구 결과는 파울러의 결과를 많이 복제했다. "Faith Development, Moral Development, and Non-Theistic Judaism," Handbook of Moral Development and Behavior: Research, vol.2, W. Kurtines and J. Gerwitz, eds. [Hillsale, New Jersey: Erlbaum, 1991]).

51 Paula Drewek, "Cross-CulturalTesting of James W. Fowler's Model of Faith Development among Bahá`ís" (Ph.D. diss., Ottawa University, 1996),; Furushima, "Faith Development Theory."

52 파울러는 그의 책 『신앙의 단계』(Stages of Faith)에서 평가자 간 상호 신뢰도 85퍼센트를 달성했다고 주장했다. 그러나 이런 내부적 관계가 자신의 인터뷰 범위를 넘어서는 어떤 조건과 강하게 또는 유의미하게 연관되어 있는지는 여전히 불분명하다. 토론을 위해서 H. G. Koenig, Aging and God, 101-2; J. Chirban, "Intrinsic and Extrinsic Motivation and

보편적 단계 이론을 개발했다는 파울러의 주장에서 가장 긴급한 문제는 아마도 사회적 계층과 파울러의 단계 발달 사이의 상관 관계일 것이다. 『신앙의 단계』가 발표된 이후 수십 년 동안 수행된 연구에서 파울러의 단계 발달은 교육 수준,[53] 직업 수준, 직무 복잡성 및 소득 수준[54]과 관련된 것이 분명하다. 도시 지역의 시민은 농촌 지역의 사람들보다 높은 비율을 보이고 있고,[55] 여성은 3, 5단계에 군집하는 경향이 있는 반면, 남성은 2, 4단계에서 더 자주 발견되었다.[56]

이 모든 것이 파울러의 모형 안에 편견의 가능성이 있음을 시사한다. 만약 그런 편견이 존재한다면, 그 편견은 파울러가 성별, 계급, 문화, 종교적 전통을 초월한 보편적인 체계를 형성했다는 주장에 이의를 제기할 것이다.

파울러의 입장에서 요인 분석은 그의 단계가 인간 발달의 실제적 차원을 설명하는 구조 전체를 구성한다는 것을 시사했다.[57] 그런데도 파울러의 발달 순서를 뒷받침하는 자료 대부분은 발달 이론의 제안을 뒷받침하기에는 충분하지만 그런 모든 것을 포괄하는 발달 모형을 유지하기에는 불충분하기 때문에 확정적 상태가 아니라 보다 체험적인 상태로 남아 있다.[58]

Stages of Faith" (Ph.D. diss., Harvard Divinity School, 1981)를 참조하라.
53 S. Dreidger, "Relationships among Faith Development, Ego Development, and Religious Orientation in HIV+ Individuals" in *Dissertation Abstracts International B* 58, 12 (1998): 6842.
54 Snarey, "Faith Development, Moral Development, and Non-Theistic Judaism."
55 Snarey, "Faith Development, Moral Development, and Non-Theistic Judaism"; R. Timpe, "Faith Development Scale," *Measures of Religiosity*, P. Hill and R. Hood, eds. (Birmingham, Alabama: Religious Education Press, 1999) 또한 참조하라.
56 Jones, "An Analysis of the Relationship," 74-7.
57 Snarey, "Faith Development, Moral Development, and Non-Theistic Judaism," 288-92; Jones, "An Analysis of the Relationship,"111-3.
58 *Faith Development and Fowler*, Craig Dykstra and Sharon Daloz Parks, eds. (Birmingham, Alabama: Religious Education Press, 1986) 190; F. C. Power, "Hard *versus* Soft Stages of Religious Development," *Stages of Faith and Religious Development*, James W. Fowler, K. E. Nipkow, and F. Schweitzer, eds. (London: SCM, 1991).

(2) 단계 혹은 방식?: 파울러의 인지-구조적 발달 이론 활용에 대한 비판

유럽의 발달 이론가 하인츠 슈트라이프(Heinz Streib)는 다음과 같이 지적했다.

> 구조적, 계층적, 순차적, 비가역적으로 발전한다는 발달 이론의 전통적 논리에서 인지-구조적 발달 이론이 근대화 프로젝트에 대해 너무 낙관적으로 이해하기 때문임을 간과할 수 없다.[59]

슈트라이프는 특히 이와 관련해서 제임스 파울러의 이론을 비판한다. 그에 따르면, 파울러의 단계는 거의 전적으로 인지적 탈중심(cognitive decentration)에 초점을 맞추고 있다. 즉, 자신의 관점을 초월하는 관점에 대한 개인의 반응을 건설적으로 확장하는 데 중점을 둔다. 그러나 탈중심을 중심으로 한 파울러의 단계 발달은 인지 능력이라는 "수레"(cart)를 개인의 전기와 인생사라는 "말"(horse) 앞에 놓음으로써 스스로 걸려 넘어지게 된다.[60]

개인의 인지 능력에 지나치게 집중하지 않기를 원하는 슈트라이프는 종교 발달 이론가들에게 그들의 초점을 탈중심에서 현상학으로 바꾸도록 촉구했다. 즉, 인지 능력의 발달에서 초월적 혹은 "기타"(other)로 인식되는 개인의 삶에 관한 이야기와의 관계로 바꾸도록 촉구했다.[61] 이 과정에서 슈트

---

59 Heinz Streib, "Faith Development Theory Revisited," *The International Journal for the Psychology of Religion* 11, 3 (2001): 155.

60 Streib, "Faith Development Theory Revisited,"144. 페미니스트적 관점에서 말하면, 낸시 데버(Nancy Devor)도 마찬가지로 파울러의 이론이 개인의 인지 능력에 너무 뿌리를 두고 있어서 관계적 가치와 발전을 무시한다고 비판해 왔다. Nancy Devor, "Toward a Relational Voice of Faith" (Ph.D. diss., Boston University 1989) 참조하라; A. R. Vanden Heuvel, "Faith Development and Family Interaction" (Ph.D. diss., Union for Experimenting Colleges, 1985) 22-3; Robert Wuthnow, "A Sociological Perspective on Faith Development," *Faith Development in the Adult Life Cycle*, Kenneth Stokes, ed. (New York: Sadlier, 1982), 222; Nicola Slee, *Women's Faith Development* (Burlington, Vermont: Ashgate, 2004), 164-8; Stephen Parker, "Measuring Faith Development," *Journal of Psychology and Theology* 34, 4 (2006): 341. 역시 참조하라.

61 Streib, "Faith Development Theory Revisited," 144.

라이프는 자신의 이론의 중심 현상을 파울러의 내용 없는 "신앙"에서 개인의 인생 서사 속에서 계속 진행 중인 종교의 전용으로 확장한다.[62]

파울러의 인지-구조적 체계에 대한 수정의 결과, 슈트라이프는 영적 형성이 다섯 가지 "종교적 양식"의 흐름을 따라 발생한다고 제안한다.[63] 이 수정을 통해 슈트라이프는 종교적 발달을 파울러가 시도한 "연성 발달 이론"에서 에릭 에릭슨의 심리적 발달 이론과 더 유사한 "기능적 발달 모형"으로 옮긴 것으로 보인다(도표 2.1 참조).

슈트라이프의 다섯 가지 종교적 양식은 직관적-투사적 단계(1단계)에서 시작하여 결합적 단계(5단계)까지 연속적으로 이어지는 파울러의 5단계와 매우 유사한 동시에 두 가지 중요한 차이점이 있다.

첫째 차이점은 슈트라이프의 양식은 개인의 의미에 대한 인식의 변화 대신 개인의 확대된 인생 이야기와 관계에 초점을 맞춘다.

둘째 더 중요한 차이점은 어떤 종교적 양식이 삶의 특정 단계에서는 더 지배적일 가능성이 있지만, 슈트라이프의 모든 양식은 이론적으로 개인의 평생 동안 존재한다(도표 6.2 참조)는 것이다. 슈트라이프는 "신앙의 단계는 어떤 특정한 나이에 국한되지 않고 어떤 나이든 유연하게 파고들 수 있다"라고 주장한다.[64] 빌레펠트대학을 기반으로 한 종교적 탈회심에 관한 교차문화 연구(The Bielefeld-Based Cross-Cultural Study of Religious Deconversion)는 유럽뿐만 아니라 북미에서도 슈트라이프가 제안한 여러 측면을 확증했다(슈트라이프의 양식에 대한 설명을 위해서는 도표 6.3 참조).

---

62 Streib, "Faith Development Theory Revisited," 149.
63 슈트라이프의 체계(style)는 길 노암(Gil Noam)의 자아단계와 많은 공통점이 있다. Gil G. Noam, "The Theory of Biography and Transformation," *Cognitive development and child psychotherapy*, S. R. Shirk, ed. (New York: Plenum, 1988) 273-317; Gil G. Noam, "Beyond Freud and Piaget," *The Moral Domain*, T. Wren, ed. (Cambridge, Massachusetts: MIT Press, 1990), 360-99. 를 참조하라.
64 Heinz Streib, "Extending Our Vision of Developmental Growth and Engaging in Empirical Scrutiny," *Religious Education* 99, 4 (Fall 2004): 432-3.

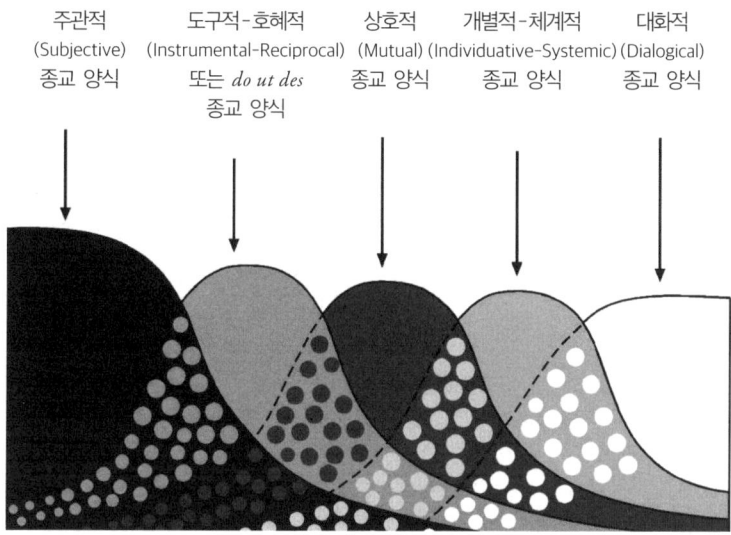

도표 6.2: 하인츠 슈트라이프의 다섯 가지 종교 양식

3. 신앙 발달에 관한 성경적·신학적 통찰

파울러의 단계 발달에 대한 가장 강력한 비판은 파울러의 "내용 없는"(content-empty) 신앙 이해에서 결함을 발견한 학자들로부터 나왔다.[65] 거룩한 성경의 규율적 권위를 강조하고 성경에 대한 높은 견해로 인해 특정 내용에 대한 동의를 요구하는 신앙을 이해하는 그리스도인들에게 내용 없는 신앙 개념은 문제가 될 수밖에 없다.

---

65 "내용 없는"(content-empty)이라는 문구는 James W. Fowler, "Faith-Development Theory and Postmodern Challenges" in *International Journal for the Psychology of Religion* 11,3 (July 2001), 164. 를 참조하라.

1) 발달 이론가들의 '신앙'에 대한 정의

스미스가 제안한 역사적 재구성 작업을 통해 파울러는 "신앙"을 초월적 실재에 대한 개인적 충성으로 정의하면서, 이 실재의 본질에 관한 구체적인 명제에 동의할 필요성을 배제했다. 파울러에 따르면, 고대 그리스도인들 또한 이 내용 없는 범주에 "신앙"과 "믿음"을 두었다. 파울러는 그리스도인들이 명제적 동의를 요구할 수 있는 방식으로 신앙을 정의한 것은 근대 시대에만 있었다고 주장한다.[66]

> 그러나 과연 파울러는 초기 예수 그리스도를 믿는 사람들의 신앙에 대해 정확한 역사적 재구성(reconstruction)을 했을까?
> 기독교 신앙의 원초적 형태는 정말로 내용이 없는 것일까?
> 파울러의 '신앙'에 대한 정의는 기독교 신앙 발달과 어떤 의미에서 상관관계가 있는가?
> 관계가 없다면, 파울러의 발달 이론은 실제로 어떤 현상을 설명하는가?

(1) 역사적·신학적 관점에서 본 파울러의 "신앙"

우리가 볼 때 초기 그리스도인들 사이의 신앙에 대한 파울러의 주장은 성경과 초대 교회의 신학자들에 대한 매우 선별적인 독서를 필요로 한다는 것이다. 신약성경에서 그리스어 피스투에인(*pisteuein*, '믿다' 또는 '신앙을 가지다')의 기능을 조사한 결과, 초기 그리스도인들의 신앙은 사람에 대한 신앙을 갖는 문제일 뿐만 아니라 어떤 주장이 사실이라고 믿는 것이었음을 보여 준다.

초기 그리스도인들 사이에서 신앙은 삶의 변화를 가져온 개인적 충성을 의미하는 것이 사실이다. 기독교 신앙은 사실 그런 변화와 분리될 수 없다.

---

[66] Fowler, *Stages of Faith*, 12.

세례 요한은 다음과 같은 임무를 가지고 그의 사역을 시작했다.

> 회개하고 복음을 믿으라(막 1:15).

예수님은 순종과 믿음을 동의어적 병행구로 여겼다(요 3:36). 바울에게 있어서 "우리 주 예수님에 대한 신앙"을 갖는 것은 "하나님을 향한 회개"였다(행 20:21; 롬 1:5; 10:16; 16:26 또한 참조하라). 계시록의 저자에게 있어서 하나님의 계명에 순종하는 것은 "예수님에 대한 신앙"을 유지하는 것과 분리될 수 없다(계 14:12).

동시에 히브리서 11장 3절 같은 구절은 신앙의 삶이 특정 내용에 대한 명제적 동의를 필요로 한다는 것을 분명히 한다.

> 믿음으로 모든 세계가 하나님의 말씀으로 지어진 줄을 우리가 아나니 보이는 것은 나타난 것으로 말미암아 된 것이 아니니라(히 11:3).

다른 구절들에서, 신앙은 하나님이 계시며, 하나님이 예수님을 죽은 자 가운데서 살리셨고, 예수님이 구세주이심을 인정할 것을 요구한다(롬 10:9; 살전 4:14; 히 11:1-6; 약 2:19; 요일 5:1-5). 바울이 로마인들에게 보낸 편지에서 신앙은 그리스도의 주권에 진심으로 순종할 뿐만 아니라 그분의 부활의 역사적 사실에 대한 동의를 요구한다(롬 10:6-11).[67]

기독교 초기 수십 년 동안 '신앙'은 명제적 동의와 개인적 충성 모두를 의미했다. 만일 개인이 두 가지 측면 중 하나를 포기하면 그 결과는 진정한 신앙이 아닌 것으로 간주되었다(예: 요일 4:3,15; 5:1-5; 요이 1:7 참조).

심지어 많은 초기 그리스도인에게 최초의 성경 역할을 했던 히브리어 성경의 헬라어 번역본인 70인역에서도 "믿음", "믿다", "신앙"으로 번역된 용

---

67 Thomas Schreiner, *Romans* (Grand Rapids: Baker, 1998), 560

어는 특정한 역사 및 존재론적 주장에 대한 동의를 반복적으로 암시했다 (예: 창 45:26; 출 4:5,8-9; 왕상 10:7; 욥 9:16 참조). 신앙에 대한 이런 이해는 교부들의 글에서도 찾을 수 있다.

스미스가 자신의 역사적 오해에 대한 주된 증거를 얻었다고 주장한 바로 그 신학자인 예루살렘의 시릴(Cyril of Jerusalem)은 자신이 저술한 교리에서 "신앙"이라는 용어를 사용했을 때 의미하는 바를 명확히 했다.

> '신앙'이라는 용어는 한 단어이지만 두 가지 의미를 가지고 있다.
>
> **한 종류의 신앙은** 교리에 관한 것이다. 신앙은 영혼이 어떤 특정한 지점으로 올라가고 받아들이는 것을 포함하며, 영혼에게 유익하다. 만일 당신이 **예수 그리스도가 주님이시며 하나님이 예수님을 죽은 자 가운데서 살리셨다는 신앙을 가질 수 있다면**, 당신은 구원받을 것이며, 강도를 낙원으로 데려온 바로 그 분에 의해 낙원으로 옮겨질 것이다. …
>
> **또 다른 종류의 신앙은** … 성령께서 특별한 호의로 주신 것으로 **교리적일 뿐만 아니라** 인간의 능력을 넘어서는 효과를 낳는다. … 누구든지 마음에 의심하지 않고 이루어질 것이라는 믿음을 가지고 믿음으로 말할 때마다 은혜를 받는다. … 모든 사람이 성경을 읽을 수 없기 때문에 … 영혼이 무지로 인해 멸망하지 않도록 우리는 신앙에 관한 모든 교리를 몇 줄로 전한다. … 형제들이여 조심하라. 당신이 지금 받고 있는 것들을 단단히 붙잡으라.[68]

이 특정 구절에서 "신앙"으로 번역된 용어의 기능은 이 교부의 신앙에 대한 정의가 객관적인 주장에 대한 동의를 특별히 요구했음을 시사한

---

[68] "Cyrilli Archepiscopi Hierosolymitani Opera Quae Existant, Catechesis V, De Fide et Symbolo" in *Patrilogiae Cursus Completus, Series Graeca*, 5.10-13. 예루살렘의 시릴(Cyril of Jerusalem)의 글을 번역했으며, 강조체가 추가되었다.

다.[69] '신앙'에 대한 이런 이해는 라틴 신학자들이 크레데레(*credere*, '믿다' 또는 '신앙을 가지다')라는 단어를 사용하는 데에서도 나타난다. 예를 들어, 카르타고의 사이프러스인(Cyprian of Carthage)들에게 하나님을 믿는다(*credere in*: 믿다) 것은 하나님이 교회의 지도자를 임명하셨다는 것을 믿는 것(*credere quod*: 믿어라, 명령)이었다.[70]

5세기 북아프리카 히포의 어거스틴(Agustine of Hippo)은 한 글에서 신앙이란 하나님께서 예수 그리스도와 성경에서 계시하신 진리에 대해 "동의하는 마음으로 생각하는 것"이라고 밝혔다.[71]

이런 관점은 중세 신학자들 사이에서도 지속되었다. 12세기에 쓰여진 피터 롬바르드(Peter Lombard)의 『명제집』(*Sententiarum*)은 기독교 신앙이 어떻게 성장하는지 설명하는 최초의 발달 모델 중 하나가 포함되어 있다. 피터 롬바르드의 네 가지 모델은 신앙의 본질과 기능에 대한 스콜라 철학의 관점에 강한 영향을 미쳤다.

첫째, 롬바르드와 다른 스콜라 신학자들에게 있어서 신앙은 더 높은 지식의 원천에 대한 타고난 신뢰감인 "암묵적 신앙(맹신)"(*fides implicita*)으로 시작한다.[72]

---

69 호머(Homer), 플라톤(Plato), 크세노폰(Xenophon)을 포함한 고전 그리스 작가들은 조약에서 진술의 신뢰성을 설명하기 위해 피스투에인(*pisteuein*)과 그 동종어를 사용했다. 플루타르크(Plutarch)와 플로티노스(Plotinus)와 같은 후기 그리스 작가들은 이교의 신들의 존재나 비존재를 논할 때 피스투에인을 사용했다. 다시 말하지만, 피스투에인은 특정 주장에 대한 동의를 의미했다. Carroll Stuhlmueller, "The Biblical View of Faith: A Catholic Perspective" in *Handbook of Faith*, James Michael Lee, ed. (Birmingham, Alabama: Religious Education, 1990), 105. 를 참조하라.

70 Cyprian of Carthage, "Epistle 68," in *The Ante-Nicene Fathers*, Alexander Roberts, ed. (Wheaton, Illinois: Christian Classics Ethereal Library, n.d.), CD-ROM.

71 "Quamquam et ipsum credere, nihil aliud est, quam cum assensione cogitare" (Augustine of Hippo, *De Praedestinatione Sanctorum*, [2] 5: <http://www.augustinus.it/latino/>).

72 Alexander McKelway, "Theology of Faith: A Protestant Perspective," *Handbook of Faith*, J. M. Lee, ed. (Birmingham, Alabama: Religious Education, 1990), 170.

둘째, 그런 다음 신앙은 예수 그리스도 안에서 자신을 드러내면서 하나님의 역사적 실재에 동의하도록 성장한다("역사적 신앙" 또는 *fides historica*). 비록 기독교 신앙의 완전한 구성은 아니지만, 이 동의 행위는 기독교 신앙에 필요한 토대를 제공했다.

셋째, 이 역사적 신앙은 개인적 충성 또는 "명백한 신앙"(*fides explicita*)으로 바뀐다.

넷째, 이상적으로, 명백한 신앙(*fides explicita*)은 "사랑으로 형성된 신앙"(*fides formata caritate*)으로 성장한다. 사랑으로 형성된 신앙에서 신자는 자신이 받을 수 있는 축복 때문이 아니라 순전히 사랑 때문에 믿는다.[73]

존 칼빈(John Calvin)과 마틴 루터(Martin Luther) 같은 16세기 개혁주의자들은 신앙에 대한 스콜라 철학의 관점을 전적으로 수용하지 않았다. 초기 개신교 신학자들은 명백한 신앙이 있기 전에는 누구의 마음에서도 진정한 신앙을 찾을 수 없다고 주장했다.[74]

예수 그리스도를 명시적으로 신뢰하기 전까지는, 개인의 동의는 단지 "관념적"일 뿐이며 영생으로 이어질 수 없다.[75] 칼빈은 "우리를 향하신 신적 자비에 대한 확고하고 확실한 지식"이라는 용어로 기독교 신앙을 정의했다. 그런 확신 이전에는 진정한 신앙이 존재하지 않는다.[76]

73　Peter [the] Lombard, *Sententiarum libri quatuor, P. Lombardi magistri sententiarum* in *Patrologiae cursus completus, series latina*, J. P. Migne, ed. (Paris: Lutetiae Parisiorum) 3:23. Timothy Paul Jones, "An Analysis of the Relationship," 2, 14-5, 149-55. 또한, 참조하라.

74　John Calvin, *Institutio Christianae religionis in Ioannis Calvini opera selecta*, Peter Barth, Wilhelm Niesel, and Donna Scheuner, eds. (Munich: Christliche Kaiser, 1926) 3:2:3; Karl Barth, *Die kirchliche Dogmatik*, vol. 4, *Die Lehre von der Versöhnung* (Zollikon: Verlag der Evangelischen Buchhandlung, 1957) 4:63:1; Karl Barth, *Evangelical Theology*, trans. Grover Foley (New York: Holt, Rinehart, and Wilson, 1963), 98를 참조하라.

75　Alexander McKelway, "The Logic of Faith," *Toward the Future of Reformed Theology*, David Willis, et al" eds. (Grand Rapids: Eerdmans, 1999), 211-2. 신약성경의 맥락 속에서 논의하려면 Thomas Schreiner, *New Testament Theology* (Grand Rapids: Baker, 2008), 616를 참조하라.

76　Calvin, *Institutio*, 3:2:7.

그러나 이런 차이점이 중요한 합의점을 무색케 해서는 안 된다. 즉, 스콜라 철학자들과 개혁주의자들 모두 기독교 신앙이 하나님에 대한 구체적이고 객관적인 주장에 동의해야 한다고 이해했다.

1세기 이후부터 기독교 신앙은 헤아릴 수 없는 초월적 실재에 대한 개인적 충성을 수반했다. 그러나 이 신앙은 또한 특정 이름으로 초월적 실재를 언급했고, 이 실재가 인간 역사의 특정 구속 행위와 연결될 것을 요구했으며, 이 실재의 본질적 속성에 대한 특정 주장을 받아들일 것을 신자들에게 요청했다.

신약성경과 교회 역사 전반에 걸쳐 "신앙"으로 번역된 용어의 명확한 기능을 고려할 때, 전근대 시대의 그리스도인들 사이의 신앙 현상은 어떤 특정한 동의를 요구하지 않는 "앎의 방식"이었다는 파울러의 주장은 아무리 좋게 보려고 해도 잘못된 것으로 보인다.[77]

(2) 파울러의 "신앙"과 그리스도인의 성숙

파울러에 따르면, 모든 종교적 전통은 궁극적으로 "동일한 현상"을 예시하는 방식으로 신앙을 묘사한다.[78] 동시에 파울러는 성숙은 "자신이 믿는 진리의 전통에 대한 헌신에 부족함이 없음을 의미한다"라고 주장한다.[79]

만약 파울러의 이런 주장이 사실이라면, 파울러의 단계 발달에 따라 발전은 어떤 종교적 전통에서든 성숙해지는 것과 강력하고 긍정적인 상관 관계가 있어야 한다. 파울러의 단계에 따르면, 심지어 보수 복음주의 기독교 전통 내에서도 기독교 신앙의 성장은 성숙도를 높이는 것과 긍정적으로 연관되어야 한다.

그러나 파울러의 연구는 이 가정을 입증하지 못했다. 2003년의 연구에서 복음주의 그리스도인들의 표본은 파울러의 단계 발달에 따라 분류된

---

77 Fowler, *Stages of Faith*, 10-5.
78 Fowler, *Stages of Faith*, 14.
79 Fowler, *Stages of Faith*, 186.

다음 기독교 신앙의 성숙도를 평가하기 위해 표준화된 도구인 "목자 측정"(Shepherd Scale)을 사용하여 평가되었다.[80] 기독교 신앙의 성숙과 파울러의 발달 단계 사이에 중요한 관계가 관찰되었지만, 예상했던 결과는 아니었다. 성숙한 기독교 신앙의 증거를 보여 준 참가자들은 파울러가 말하는 높은 수준의 발달 단계를 보일 가능성이 약간 낮았다.

이 실험 결과가 시사하는 바는 파울러와 그의 연구원들이 실제 발달 패턴을 측정했을지라도 파울러의 모형은 복음주의 그리스도인들이 신앙으로 인정할 수 있는 어떤 의미로도 신앙을 설명하지 못했을 수 있다는 것이다. 파울러가 모든 진리의 전통에 대한 동일한 신앙 현상이라는 "통일성과 인식 가능성"을 주장했음에도 불구하고[81] 연구 결과는 그 주장을 입증하지 못하는 것 같다. 적어도 복음주의적 전통 안에서 기독교 신앙의 현상은 파울러가 신앙으로 파악한 현상과는 근본적으로 다르다.

존 웨스터호프 3세(John Westerhoff III)

듀크대학교 신학대학원에서 기독교 교육학 교수로 재직 중인 웨스터호프는 신앙 발달을 네 가지 "양식"(styles)으로 묘사했다. 그는 이 양식을 나무의 나이테와 비교했다. 나무는 줄기의 나이테 수와 관계없이 여전히 나무이다. 그러나 나무가 자람에 따라 더 많은 나이테가 나타난다. 마찬가지로 신앙은 "신앙공동체에 있는 다른 신앙의 자아들과의 상호 작용을 통해 전달되고, 지속되고, 확장된다."[82] 중심에서 밖으로 향하는 웨스터호프의 신앙 양식은 경험적 신앙(experienced faith), 귀속적 신앙(affiliative faith), 탐구적 신앙(searching faith), 고백적 신앙(owned faith)이다.

---

80 Jones, "An Analysis of the Relationship," 98-106.
81 Fowler, *Stages of Faith*, 14-5.
82 John Westerhoff III, *Will Our Children Have Faith?* rev. and exp. ed. (Harrisburg, Pennsylvania: Morehouse, 2000), 88-91.

2) 거부, 적응 또는 재정의된 수용?

그렇다면 복음주의적 교육자들은 제임스 파울러와 같은 신앙 발달 이론에 어떻게 대응해야 할까?

가장 간단한 대응 계획은 거부(rejection)또는 조정(adaptation)이다. 그러나 각 대응에는 문제가 있다. 우선 이 이론들을 완전히 거부하는 것은 파울러와 같은 이론가들이 어떤 실제 현상을 측정했을 수도 있다는 사실을 적절하게 다루지 않는 것이다. 다른 한편으로 파울러와 같은 보편화된 '신앙'을 기독교 신앙과 일치시키기 위해 조정하는 것은 이런 이질적 신앙의 정의를 구분하는 근본적 차이를 인식하지 못하는 것이다.[83]

그러나 실천 가능한 세 번째 대응 계획은 재정의된 수용(redefined appropriation)으로, 이 "재정의된 수용"이 바로 우리가 말하고자 하는 바이다. 비록 지배적인 신앙-발달 이론들이 복음주의 기독교적 관점에서 인정할 수 있는 방식으로 신앙을 정의하지는 못했지만, 이 이론들은 그리스도인 형성에 중대한 영향을 미치는 일부 현실을 설명할 수 있다. 다른 말로 표현하면, 파울러와 다른 이론가들은 무언가(something)를 설명했다. 비록 이 "무언가"가 기독교 신앙이 아닌 것처럼 보이지만, 이 현상은 여전히 기독교의 제자훈련 과정과 어느 정도 관련이 있을 수 있다는 것이다.[84]

이 세 번째 대응 계획을 추구하는 우리는 신앙 발달에 관해 가장 영향력 있는 사회-과학 모형과 상호 작용하기 위한 세 가지 구체적인 안을 제시한다.

---

83 Perry Downs, for example, suggests that Fowler's stages may be adapted to coincide with an evangelical vision of faith (Perry Downs, "The Power of Fowler," *Nurture That Is Christian*, Jim Wilhoit and John Dettoni, eds. [Grand Rapids, Michigan: Baker, 1995], 84.

84 다른 이론가들 역시 이 계획을 추구했다. 예를 들어, 데렉 웹스터(Derek Webster)는 파울러의 단계 발달을 실제 현상으로 인정한다. 그러나 그는 파울러의 현상을 신앙이 아닌 "자아가 어떻게 의미를 구성하는가"의 과정으로 파악한다. Derek Webster, "James Fowler's Theory of Faith Development," *Christian Perspectives on Faith Development*, 83; see also J. Harry Femhout, "Where Is Faith?" *Faith Development and Fowler*, Craig Dykstra and Sharon Daloz Parks, eds. [Birmingham, Alabama: Religious Education Press, 1986], 70).

우선, 종교적 또는 신앙적 성장을 설명하려는 이론들 사이에 상당한 공통점이 존재한다는 점을 지적하는 것이 중요하다. 제임스 파울러, 프리츠 오저, 폴 그뮌더, 하인츠 슈트라이프, 존 웨스터호프 3세 등이 제안한 이론들은 각각의 차이에도 불구하고 놀랍도록 유사한 양식과 변화를 공유한다. 이런 공통점은 놀라운 것이 아니다.

웨스터호프는 파울러의 『신앙의 발달 단계』(Stages of Faith) 이전에 출판된 자신의 책 『교회의 신앙교육』(Will Our Children Have Faith?)에서 급성장하는 파울러의 이론에 의존했음을 명시적으로 언급한다.[85]

오저와 그뮌더는 파울러뿐만 아니라 콜버그의 도덕 발달 이론으로부터 많은 부분을 차용했고, 슈트라이프의 다섯 가지 종교 양식은 파울러의 단계를 재작업한 것이다.[86]

이런 발달 이론의 전형적인 예들이 가지는 공통 요소는 무엇일까?

각 모형이나 이론은 어린아이가 가족이나 다른 긴밀한 사회적 관계에서 의미를 만드는 양식에 **주관적으로 동화**(subjective assimilation)하면서 시작된다. 이 단계가 끝나면서 아이는 삶의 규칙과 패턴을 발견하고 그 규칙과 패턴을 따르면, 자신의 특정한 상황에서 긍정적인 결과로 이어진다.

이 도구적 호혜(instrumental reciprocity) 단계에서 자연스러운 경향은 규칙을 지키고, 부정적 결과를 피하고 보상을 받기 위해 특정 의식(rituals)을 따르는 사회적 관습(social conventionality)은 개인이 의미 있는 집단의 기대에 따라 자신의 가치를 개발하기 시작할 때 나타난다.

마침내 개인은 자신이 선택한 집단 안에서조차도 불일치가 존재한다는 사실을 깨닫게 된다. 일부 개인은 한 집단에서 다른 집단으로 이동하면서 여전히 집단에서 자신의 가치와 정체성을 도출한다. 그러나 다른 사람들은 증가

---

85 Westerhoff, *Will Our Children Have Faith?* rev. and exp. ed., 86-8.
86 Fowler and Dell, "Stages of Faith from Infancy through Adolescence," 43; Heinz Streib, "Faith Development Theory Revisited," *The International Journal for the Psychology of Religion* 11,3 (2001): 150-5.

하는 삶의 복잡성에 대처하기 위해 개인화된 세계관을 발전시키면서 **개별적 체계화**(individuative systemization) 과정에 착수한다. 일부 개인은 이 시점에서 **대화적 통합**(dialogical consolidation)으로 이동한다. 이 사람들은 개별화된 세계관을 유지할 수도 있지만, 이 세계관을 서로 다른 집단, 서로 다른 관점, 서로 다른 세계관과 감상적인 대화를 나눌 수 있는 새로운 능력과 조화시킨다.

	신앙 양식 (존 웨스터호프)	신앙 단계 (샤론 델로즈 팍스와 함께하는 제임스 파울러)	종교적 판단 단계 (프리츠 오저, 폴 그뮌더)	종교적 양식 (하인츠 슈트라이프)
주관적 동화 (Subjective Assimilation)	경험적 신앙: 아이는 "먼저 그리스도를 신학적 긍정이 아니라 정서적 경험으로 배운다."[87]	직관적-투사적 신앙: 7세 이전까지 아이들은 부모의 신앙 경험에 직관적이고 정서적으로 반응한다.	절대적인 타율적: 8세 정도가 될 때까지 아이들은 자신이 궁극적 존재에 대한 수동적 응답자라고 생각한다.	주관적: 아이들은 일차 보호자와의 경험을 통해 초기 종교 인식을 개발한다.
도구적 상호 관계 (Instrumental Reciprocity)	귀속적 신앙: 개인은 먼저 규칙과 의식을 통해 신앙공동체와 연계한다	신화적-문자적 신앙: 사람들은 의식과 법을 통해 초월적 실존과 관련되며, 인과 관계의 순서를 중요시한다.	Do ut Des ("나는 당신이 주기 때문에 준다"): 궁극적 존재는 순종, 의식, 특정 공동체의 관습에 대한 순응을 통해 영향을 받을 수 있다.	Do ut Des: "선한" 것은 권위가 원하는 것으로, 특히 의식과 명령에 순종하는 것이며, "나쁜" 것은 처벌을 초래하는 것이다.
사회적 관습 (Social Conventionality)	그 다음은 공동체 내 관계를 통해서 신앙공동체와 연계한다.	종합적-인습적 신앙: 특정 집단의 규칙을 준수함으로 삶의 증가하는 복잡성에 대처한다.		상호적: 사람들은 의심할 여지없이 사회 또는 종교집단의 안전을 추구한다.
개별적 체계화 (Individuative Systemization)	탐구적 신앙: "공동체에 속한 신앙의 이해에서 우리 자신의 신앙의 이해로 나아가기 위해서는 그 신앙을 의심하고 의문을 가져야 한다."[88]	비평적 시기: 신생 성인들은 과거의 믿음에 의문을 제기하고 일관성 있는 세계관을 개발할 수 있도록 돕는 사람들과의 관계에서 해결책을 모색할 수 있다. 개별적-반성적 신앙: 새로운 믿음과 새롭게 재고된 과거의 믿음은 응집력 있고 일관성 있는 것으로 인식되는 개별화된 체계로 개조된다	자아 자율성, 일방적 책임: 개인은 자신을 삶에 대한 책임이 있는 존재로 인식하기 시작하고 궁극적 존재로 인식되는 것에 대한 믿음을 인식하기 시작한다.	개별적-체계적: 사람들은 종교적인 문제에 대해 비판적으로 성찰하고 개인의 믿음이나 의심에 대한 이유를 제시할 수 있게 된다.

---

87 Westerhoff, *Will Our Children Have Faith?* rev. and exp. ed., 92.
88 Westerhoff, *Will Our Children Have Faith?* rev. and exp. ed., 96.

대화적 통합 (Dialogical Consolidation)	고백적 신앙: 성숙한 신앙은 개인이 자신의 신앙과 신앙공동체를 강하게 고수하면서 다른 사람의 서로 다른 신앙 표현을 존중하는 것이다.	역설적-통합적 신앙: 이 단계의 사람들은 종교 공동체, 종교적 무용담, 의식, 상징을 설명할 수 없는 궁극적 실재를 가리키는 중요하지만 그러나 부적절한 표지판으로 이해한다. 보편화: 사람들은 다른 사람들을 위하여 자신을 희생하고 모든 사람과 함께, 그리고 존재 자체와 함께 하나 되어 살아간다(이 단계가 실재 존재한다는 증거는 불충분할 수 있다)	중재된 자율성: 신앙 공동체 및 다른 사람들과의 사회적 참여는 주된 종교적 표현이 된다. 무조건적 종교성: 개인은 모든 삶에서 신성함을 인식하면서 역설적으로 생각할 수 있게 된다.	대화적: 더 이상 자신의 종교적 정체성을 옹호하는 데 관심이 없는 사람들은 자신의 종교가 아닌 다른 종교적 성향을 수용하고 배운다.

도표 6.3: 종교 및 신앙 발달에 관한 사회과학 이론의 공통점

 이 이론들 사이에서 중요한 공통 요소를 인정하면서도 우리가 추가로 제안하는 것은 종교 발달의 지배적 이론들은 하나의 실제적 현상을 어떤 구조 전체가 되는 것으로 설명했다는 것이다.

 확실히 이 이론들의 몇 가지 측면은 그 내용을 뒷받침하는 자료가 부족하다. 예를 들어, 파울러와 오저의 연구 결과 중 어느 것도 사회적 관습 지점 이후로 그들이 제안한 진행 상황을 명확하게 입증할 수 없다.[89] 파울러의 보편화 단계의 기초가 되는 연구는 특히 충분한 근거 자료가 부족하다.

 더욱이 각 이론의 몇몇 측면도, 예를 들어 발달 단계가 진행되면 다른 믿음 체계에 대한 다원적 관점을 초래한다는 가정도 신학적 근거에서 이의를 제기해야 한다. 그뿐만 아니라, 어떤 발달 구조는 창조의 선함이나 구속의 은혜가 아니라 인간의 타락과 자기중심주의에서 비롯될 수 있다는 점을 인식해야 한다. 따라서 이런 발달 구조를 중심으로 제자 훈련 과정을 발전시키는 것이 항상 그리스도 중심의 성숙으로 이어지는 것은 아니다.

---

[89] 이는 개별적 단계와 대화적 단계가 계층적으로 정렬된 발달 단계가 아니라 실제로 대안적인 마지막 단계이기 때문일 수 있다. C. D. Batson, P. Schoenrade, and W. L. Ventis, *Religion and the Individual: A Social Psychological Perspective* (New York: Oxford University Press, 1993)를 참조하라.

동시에 서로 전혀 다른 표본과 방법에도 불구하고 이 이론들은 모두 유사한 현상을 설명한다는 가정을 뒷받침하는 방식으로 서로 겹치는 공통 요소들을 제시한다. 이 현상이 기독교 신앙이 아니라는 것은 이미 증명되었다.

그러나 이 공통 현상이 신앙이 아니라면 과연 무엇일까?

이 공통 현상은 기독교 신앙 발달에 어떤 영향을 미칠까?

우리의 제안은 사회과학 이론가들이 "신앙 발달"이라고 묘사한 것이 성경의 지혜 개념과 더 밀접하게 연관되어 있다는 것이다. 성경적으로 지혜는 "주님을 경외함", 즉 우리 주위에는 쉽게 이해되거나 인식되지 않는 질서와 광대함이 있다는 경외심을 불러일으키는 인식에서 시작된다(욥 28:28; 시 111:10; 잠 1:7; 15:33; 사 33:6). 이 인식은 신자뿐만 아니라 이교도들도 어느 정도 도덕적 모습을 추구하게 하고 삶의 사건 이면에 있는 더 큰 의미를 찾도록 만든다.[90]

성경의 관점에서 볼 때, 이런 추구는 지혜를 길러 준다. 즉, 자연적, 사회적 상황 속에서 개인이 특정 목표를 달성하는 데 필요한 습관과 태도를 개발할 수 있도록 하는 보편적 패턴을 합리적으로 찾는 것이다. 또는 지혜에 대한 우리의 정의를 좀 더 간단하게 표현하면, 이런 추구는 "합리적 삶으로 표현되는 지적 이해 그 자체"[91]로 이어진다.

영감 받은 성경 저자들에 따르면, 지혜는 믿음의 공동체 안팎에서 사용할 수 있는 보편적 현상이었다(창 41:8; 출 7:11; 사 19:11; 겔 28:1-17; 단 2:12-18; 4:6-18; 행 7:22). 하나님은 성경뿐만 아니라 자연에도 지혜를 허락하셨다

---

90 R. N. Whybray, *Wisdom in Proverbs* (London, United Kingdom: SCM, 1965), 93-6. 성경 전체에서 지혜는 "주님을 경외함"에서 시작된다고 한다(욥 28:28; 시 111:10; 잠 1:7; 9:10; 15:33; 사 33:6). 성경은 또한 어떤 지혜가 존재하며 믿음의 공동체를 넘어서 사용할 수 있음을 확인시켜 준다(출 1:10; 7:11, 행 7:22). 그러므로 참하나님을 분명하게 인식하지 못하는 사람들 사이에서도 "주님을 경외함"에 대한 어떤 척도가 존재해야 하고 이용 가능해야 한다.

91 John Goldingay, *Psalms: Volume 3: Psalms 90-150* (Grand Rapids, Michigan: Baker, 2008), 306.

(시 104:22; 잠 8:1,22; 렘 8:9). 지혜는 발달 현상이다.

지혜는 부모의 훈계에 대한 인과적 상호 관계에서 시작되어(잠 29:15-17), 나이가 들면서 성숙되고(욥 12:12; 15:8-10; 눅 2:40,52; 집회서〈Sirach〉 6.18, 34; 25.4-5의 "지혜"의 기능과 비교하라), 엄격한 규칙이 아닌 가장 중요한 원칙에 따라 윤리적 결정을 내릴 때 가장 최고의 수준으로 작용했다(왕상 3:16-28). 개인은 지혜를 긍정적으로(전 7:25; 잠 3:19-20) 또는 부정적으로(출 1:10; 삼하 13:3) 사용할 수 있다. 아마도 가장 중요한 것은 지혜는 인생의 사건에서 의미를 찾기 위해 그 탐구 영역을 넓혀 간다는 것이다(전 7:25; 8:16; 4마카베오서 1.16의 "지혜"의 기능과 비교하라).[92]

이런 요소들 거의 모두는 "신앙"과 "종교적 판단"에 관한 사회과학 이론에서도 찾을 수 있다. 이들 이론이 말하는 발달 현상은 "보편적인 인간의 관심사"와 "의미를 찾아내거나 부여하는 보편적인 부담감의 결과"를 구성하며, 이는 개인이 인과 관계 윤리를 넘어 "질서, 통합, 일관성"을 추구하는 "원칙적 도덕률"(principled higher law)을 수용하는 것이다.[93]

파울러의 신앙 발달 인터뷰에서 이 현상에 대한 사람들의 자각을 이끌어 내는 한 가지 핵심 질문은 이것이다.

"당신은 언제 어디서 경이로움, 경외감 또는 황홀감을 경험합니까?"[94]

이 요소들을 한데 묶어서 봤을 때, 이 요소들은 합쳐져서 "지혜"라는 성경적 현상과 매우 유사한 현상을 묘사한다.

확실히 몇몇 발달 이론가는 지혜의 여러 측면을 잘못 해석한 것 같다. 파울러와 다른 이론가들에게 발달의 종착점은 문화-언어적 다원주의이다. 유대-기독교 성경에서 지혜의 궁극적인 목표와 구체적인 내용은 예수 그

---

[92] James L. Crenshaw, *Old Testament Wisdom* (Louisville, Kentucky: Westminster John Knox, 1981, 1998), 190-206; Gerhard von Rad, *Wisdom in Israel* (London, United Kingdom: SCM, 1972), 148.

[93] Fowler, *Stages of Faith*, xiii, 5, 24, 33, 92-3, 245; Fowler 1992b, 18; Fowler and Vergote, *Toward Moral and Religious Maturity*, 52; Smith, *Faith and Belief*, 129.를 참조하라.

[94] Fowler, *Stages of Faith*, back cover.

리스도이다(고전 1:21-30; 골 2:2-3).[95] 그런데도 이 이론가들은 바로의 궁전에서 모세에게 지혜를 가르쳤던 믿지 않는 현자들처럼(행 7:22) 영감을 받은 성경 저자들이 수천 년 전에 묘사한 진실한 현상(역자 주: 지혜)의 요소들을 보고 체계화한 것으로 보인다.

이 이론가들의 연구에서 일정 부분은 인간의 발달과 지혜의 형성에 대한 복음주의적 탐구에 이용될 수 있다. 그러나 이런 발달 이론가들이 묘사한 패턴은 성경적 의미의 신앙 발달이 **아니다**. 그들의 '신앙'은 발달 패턴뿐만 아니라 본질적 특성에서도 기독교 신앙과 뚜렷하게 구별되는 현상이다.

4. 신앙 발달에 대한 기독교적 접근 방식

그렇다면 정말 기독교적인 신앙 발달 모델은 어떤 모습일까?

구체적인 모델을 제시하기에 앞서 우리는 기독교 신앙 발달에 대한 기독교적 접근 방식을 특징 짓는 세 가지 구체적인 기준을 제시하고자 한다.

첫째, 그런 접근 방식은 **특별하고 개인적인 내용**에 집중되어야 한다. 기독교 신앙의 실체는 모든 사람이 공유하는 보편적 경험이 아니다. 기독교 신앙의 목표와 실체는 예수 그리스도이다(히 12:2). 신앙 발달에 대한 기독교적 접근 방식은 성경을 통해 인식되고 성령을 통해 계시되는 예수 그리스도라는 특정 대상을 중심으로 이루어져야 한다.

둘째, 기독교 신앙 발달은 **성화라는 신학적 명제와 분리될 수 없는 것**으로 이해해야 한다.

---

[95] 앞서 인용한 2003년 연구(Jones, "An Analysis of the Relationship")에서 파울러의 단계에 따르면, 기독교 신앙 성숙과 파울러의 단계 발달은 개인들이 더 큰 성숙을 보이면서 분화되었다. 이 차이는 기독교 신앙 발달과 파울러의 단계 발달의 종착점의 차이 때문일 수 있다.

셋째, 기독교 신앙은 개인이 아닌 공동체와 하나님의 언약에 뿌리를 두고 있다는 점에서, 신앙 발달에 대한 기독교적 접근 방식은 신앙공동체의 절대적 역할을 반영해야 한다.

1) 내용과 기독교 신앙

신약성경에서 제시된 바와 같이 기독교 신앙은 적극적이고 개인적인 충성의 패턴을 필요로 한다(히 11:7-30; 약 2:17,26; 요일 3:2-3). 그러나 신앙은 또한 신자들이 예수 그리스도 안에 있는 하나님의 완전한 자기 계시에 뿌리를 둔 구체적인 내용에 동의할 것을 요구한다(예: 롬 10:9; 살전 4:14; 히 11:1-6; 약 2:19; 요일 5:1-5 참조).

"내용 없음"과는 거리가 먼 초기 그리스도인들의 신앙은 성경을 통해서 인식되고 성령을 통해서 계시된 바와 같이 그야말로 예수님에 대한 충성의 삶을 규정하는 것이었으며, 그 결과 예수 그리스도 안에서 자신들을 위한 하나님의 위대하신 행위에 대한 신뢰는 점점 높아지게 되었고, 예수 그리스도의 인격에 더욱 순종하게 되었다.

그런 신앙은 즉시 칭의로 이어지고 결국 성화로 귀결된다(롬 5:1-2; 6:8-23; 10:9-10). 그러나 이 신앙에서 내용이 제거되면 그 결과는 전혀 기독교 신앙이 아닌 개인의 덧없는 경험 이상의 어떤 기초도 없는 초월성에 대한 상대주의적 인식이 된다(도표 6.4 참조). 진정한 신앙을 대체하는 그런 대체물은 궁극적이지 않은 현실에 궁극적 가치를 부여하고, 결국 우상 숭배가 된다.

초월성에 대한 상대론적 인식으로서의 '신앙' 초월적 실재에 관한 특정 진리에 대한 명제적 동의: 아니오 자신을 넘어서는 실재에 대한 개인적 충성: 예	성경적 관점의 신앙 초월적 실재에 대한 구체적인 진리에 대한 명제적 동의(복음의 진리): 예 자신을 넘어서는 실재에 대한 개인적 충성(예수 그리스도): 예
자신감으로서의 '신앙' 초월적 실재에 관한 특정 진리에 대한 명제적 동의: 아니오 자신을 넘어서는 실재에 대한 개인적 충성: 아니오	사실에 대한 환원주의적 수용으로서의 '신앙' 초월적 실재에 관한 특정 진리에 대한 명제적 동의: 예 자신을 넘어서는 실재에 대한 개인적 충성: 아니오

표 6.4: '신앙'에 대한 관점 분류[96]

2) 성화와 기독교 신앙 발달

종종 성화 교리는 신학자들의 범주로 간주되고, 신앙 발달은 기독교 교육자의 영역으로 인식되지만, 사실 이 둘은 불가분의 것으로 보아야 한다. 성화는 하나님의 목적을 위해 구별되고 신자의 삶에서 역사하는 성령의 은혜로운 사역을 통해 하나님의 형상으로 회복되는 과정이다(롬 8:29-30; 고후 3:18; 엡 4:20-24; 골 3:10).

신앙 발달은 이런 변화 과정의 한 측면이며 성령의 거룩케 하시는 사역 전반에 걸쳐 필수적 요소이다. 예수님은 신자들이 성화를 경험하는 것은 믿음에 의한 것이라고 선언하셨으며(행 26:18), 신자들은 믿음을 통해 거룩하게 하시는 성령을 받는다(갈 3:2, 14). 따라서 정확하고 유용한 기독교 신앙 발달 모델은 성령의 성화 사역을 충분히 고려해야 한다.

성화는 개인이 신자가 될 때 하나님께서 성취하시는 사건(고전 6:11; 히 10:10)인 동시에 신자가 이 땅에서 사는 동안 지속되는 변화의 과정이다(롬 6:19-23; 히 10:14). 성화는 특정한 진리에 대한 동의를 요구하며(요 17:17) 궁극적으로 예수 그리스도의 성품에 뿌리를 두고 있다(고전 1:30). 비록 성화가 중생이라는 신비한 사역에 의해 시작되지만, 성화는 또한 신자의 입장

---

96 Timothy Paul Jones, Lectures for 45250 Family Ministry through the Lifespan, 2008-9.

에서 꾸준한 인간적 노력을 필요로 한다. 신앙이 가시화되는 영원한 영화에 이를 때까지(롬 6:22) 성화의 과정은 미완으로 남아 있을 것이다.

3) 신앙 발달과 신앙공동체

예수 그리스도를 믿는 신앙은 하나님의 은혜에 대한 개인의 반응에서 비롯된다. 동시에 신약성경 전반에 걸쳐 제시된 신앙의 삶은 신앙공동체에서 경험된다. 교회는 결국 그리스도인들이 공동의 헌신(빌 1:27)을 위해 함께 노력하는 "신앙의 가정"(갈 6:10)이다.

신앙은 한 세대에서 다음 세대로 "전달"되기 위해(유 1:3) 다른 신자들과 "공통"으로 유지된다(딛 1:4). 신앙을 통해 신자들은 서로 격려한다(롬 1:12). 신약성경에서 말하는 신자는 예수 그리스도를 믿는 고독한 신자, 즉 다른 신자들과 고립되어 홀로 성화와 그리스도인 형성을 추구하는 사람이 아니다.

성경의 관점에서 볼 때, 혼자서는 결혼할 수 없는 것처럼 홀로 예수님을 따를 수 없다. 예수 그리스도를 믿는 신앙을 갖는 것은 신앙의 여정에 있는 동료 여행자들의 특정 공동체에 얽혀 있는 것이다.

예수님은 자신을 따르도록 고립된 사람들을 부르지 않으셨다. 예수님은 한 무리의 제자들을 부르셨다. 예수님은 군중을 모았다. 사생활은 기독교의 범주가 아니다. 우리는 우리의 돈, 우리의 생식기, 우리의 삶을 어떻게 사용해야 할지 말해 줄 수 있는 사람들의 일원이 됨으로써 사생활로부터 보호받고 있다. 우리는 좋은 사람들, 멋진 모험의 일부가 되었기 때문에 더 이상 "내 것"이 필요하지 않다.[97]

이것은 그리스도인의 가벼운 헌신이 아니다. 이는 다른 사람을 희생적으로 사랑하고, 종의 태도를 유지하며, 탐심을 버리고, 감정을 통제하고, 다른

---

[97] William Willimon and Stanley Hauerwas, *Lord, Teach Us* (Nashville: Abingdon 1996), 28-29, 77, 108.

사람의 짐을 지고, 관대하게 베풀고, 은혜롭게 맞서며, 죄를 인정하는 것 등을 요구할 것이다. 그것은 어려운 상황에서 성경적 진리를 적용하는 것, 즉 우리의 삶이 서로 밀접하게 연결되어 있을 때 철이 철을 날카롭게 할 수 있도록 하는 것이다.

5. 그리스도인 형성에 대한 함의

신앙 발달에 대한 기독교적 접근 방식은 특정 내용에 초점을 맞추고, 성화와 분명하게 연결되어 있으며, 신앙공동체 안에서 구축되어야 한다. 기독교 신앙에 대한 우리의 역동적 모델(도표 6.5)은 그런 신앙 발달의 패러다임의 한 가지 가능성을 묘사한다. 우리의 모델에서, 영적 성장은 개인이 한 관점을 버리고 다른 관점으로 나아가는 고정적인 일련의 단계를 통한 움직임의 결과가 아니다.

성장은 성경에 계시된 것처럼 예수 그리스도 안에서 하나님의 자기 계시라는 분명한 진리에 대한 동의와 결부되어 성부, 성자, 성령이신 하나님에 대한 개인적인 충성으로 시작되고, 그 충성에 의해 주도된다. 충성과 동의라는 이 동전의 양면은 스콜라 철학에서 명백한 신앙이라고 밝힌 것이다. 신자는 성화의 과정에서 자신의 초기 신앙을 버리지 않는다. 이 신앙은 신앙 발달 전반에 걸쳐 고정적이고 영구적인 핵심으로 남아 있다.

우리 모델에는 하나님에 대한 신자의 신앙 가운데 역동적인 상호 작용이 일어나는 '나이테' 효과가 있다. 이 상호 작용은 타인에 대한 사랑, 하나님에 대한 사랑, 고통을 통해 신앙을 성장시키며 그리스도 안에서 자신의 정체성을 형성한다. 나무의 성장은 내부 및 외부 자극에 반응하여 층 또는 테가 추가되는 것이다.

기독교 신앙 발달의 경우도 마찬가지이다. 신앙공동체적 맥락에서 형성된 신앙(*fides ecclesiam formata*)은 신자들이 자신의 약점과 실패에도 불구하고 하나님의 백성들 사이에서 하나님의 역사를 받아들일 때 진정한 교제로 이어진다(엡 4:1-6; 살후 1:3). 사랑으로 형성된 신앙(*fides caritate formata*)은 신자들이 하나님을 기뻐하는 법을 배우면서 감사하는 삶으로 이어지는데, 이는 하나님에게서 얻을 수 있는 은사 때문이 아니라 단지 하나님 그분 때문이다(엡 3:17-21; 딤전 1:5; 합 2-3).

신앙은 또한 고통을 통해 형성되고(*fides cruciate formata*), 이런 잠깐의 고통을 통해 점점 더 굳건해지고 완전해진다(행 14:22; 약 1:2-6; 벧전 1:6-7).

신앙 형성에 중요한 이 사건들은 신자의 삶에서 순차적으로 발생하지 않는다. 더욱이 단순히 어떤 특정 영역에서 신앙이 형성되었다고 해서 개인이 성장에서 오는 딜레마를 단번에 모두 해결했다는 의미는 아니다. 어느 목사는 "하나님의 학교는 대부분의 학교와는 다르다"라고 지적했다. "하나님의 학교는 계획적이지도, 연령에 따라 조정되지도, 교육 과정에 메어 있지도 않다. 하나님의 학교의 교실은 삶 자체이며, 삶의 모든 요구와 방해, 권태, 놀라움과 실망 등이 바로 교육 과정이다."[98]

이 수업과 교육 과정은 때로 골치 아프고 예측이 불가능하지만, 명확한 목표를 가지고 있다. 신앙 형성에 중요한 각각의 일화와 사건들을 통해 신자는 "우리가 다 하나님의 아들을 믿는 것과 아는 일에 하나가 되어 온전한 사람을 이루어 그리스도의 장성한 분량이 충만한 데까지"(엡 4:13) 이를 때까지 신앙의 충만함(*fides plenus*, 도표 6.5)에 대해 더 잘 알게 되고 더욱 소망하게 된다.

신앙의 충만함에 대한 소망은 신앙 발달을 위한 통일된 목표를 제공한다. 물론, 이 "신앙과 참된 지식의 하나 됨"은 이 땅에서 충만하게 경험될 리가 없을 것이다. 그러나 지금도 여전히 신자들은 믿음이 성취되는 이 영광스러운 소망의 빛을 가지고 있으며, 그 소망은 예수 그리스도 안에서 모든 가치와 정체성이 발견되는 영원한 순간에 대한 소망이다.

---

[98] Mark Buchanan, "Schedule, Interrupted," http://www.christianitytoday.com.

우리가 그와 같을 줄을 아는 것은 그의 참모습 그대로 볼 것이기 때문이니(요일 3:2).

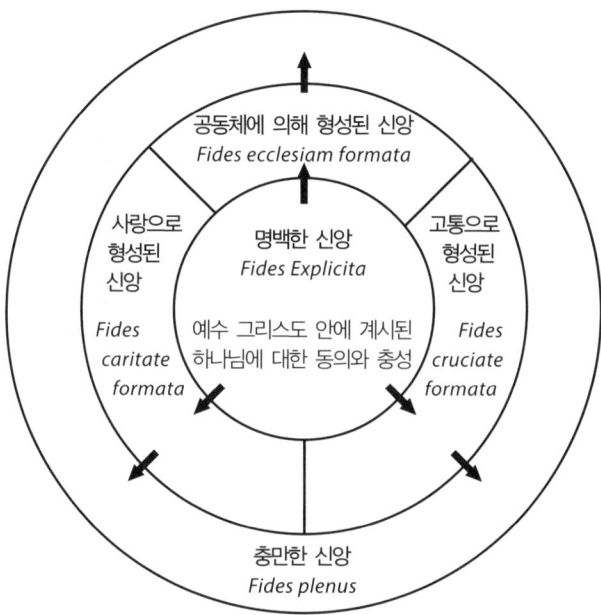

도표 6.5: 기독교 신앙 발달을 위한 역동적 모델[99]

1) 목회적 함의 및 교육적 함의

제6장에서 우리는 기독교 신앙은 개인적 충성과 명제적 동의라는 두 가지 본질을 강조했다. 기독교 신앙은 지속적으로 깊어지는 신학적 핵심과 함께 발전하고 성장하는 신실한 생활 양식 모두를 필요로 한다. 그러나 실제로는 동전의 양면 같은 이 두 본질은 기독교 신앙의 성장과 확산에 있어 서로 대립되는 것처럼 보인다.

예를 들어, 한 유명한 개신교 지도자는 최근 "신앙의 승리는 교리를 사랑했기 때문이 아니라 예수님을 사랑했기 때문에 일어났다"[100]라고 선언

---

99 Timothy Paul Jones, Lectures for 45250 Family Ministry through the Lifespan, 2008-9.
100 Morris Chapman, "The Southern Baptist Convention and Great Commission Resurgence,"

했다. 그러나 이는 잘못된 이분법이다. 이런 분열된 생각과는 달리, 우리가 제6장에서 주장한 것은 예수님에 대한 개인적 충성의 성장은 건전한 교리에 대한 끊임 없는 헌신과 불가분의 관계에 있다는 것이다.

만일 어떤 사람이 예수님을 흠모하면서도 교리를 무시한다면, 그 사람은 종종 예수 그리스도를 역사 속에 개입시키신 하나님의 주권보다 자신의 영적 경험을 더 사랑하게 된다. 반대로 어떤 사람의 교리에 대한 헌신이 예수님에 대한 헌신을 능가한다면, 그 사람의 신앙은 살아 있는 믿음과 신비, 생활 양식이면서도 "매일 아침마다 새로운 역사"[101]가 되기보다는 생명 없는 논리 체계가 된다.

기독교 신앙은 성령을 통해 계시되고 성경에 기록된 것처럼, 예수님에 대한 개인적 충성과 예수님에 관한 진리에 대한 헌신 모두를 필요로 한다.

그러나 이것이 우리의 일상적인 제자 훈련 사역과 리더십 사역에 어떤 의미가 있을까?

밝혀진 바에 따르면, 상당한 의미를 가지고 있다. 초기 기독교 공동체에서 예수님께 헌신하는 것은 "사도들의 가르침"(*didache*)에 헌신하는 것이었다(행 2:42). 사도 요한은 관계적이고 도덕적인 기반뿐만 아니라 교리적이고 고백적인 기반에 대한 독자들의 신앙을 시험했다(요일 4:1-3).[102] 사도 바울에 따르면, 죄로부터의 자유와 마음으로부터의 순종은 교리적 가르침에 대한 헌신의 심화와 불가분의 관계에 있다(롬 6:17-18).

현대의 연구는 개인적 충성과 결부된 교리적 헌신의 결정적 중요성을 확인하는 것 같다. 200개의 복음주의 교회의 성도 80,000명을 대상으로 실시한 최근 연구에서 연구자들은 영적 성장 과정에서 중요한 두 가지 영적 촉

SBC Executive Committee Presidential Report, June 23, 2009.

101 Karl Barth, *Evangelical Theology*, trans. Grover Foley (New York: Holt, Rinehart, and Wilson, 1963), 103.

102 For discussion of "tests" presented in 1 John, see Daniel Akin, *1, 2, 3 John* (Nashville, Tennessee: Broadman & Holman, 2001), 28-32, 171-2.

매를 확인했다.[103]

이 두 가지 촉매는 신자의 일상 생활에서 그리스도 우선주의와 성경의 권위에 대한 개인의 헌신이었다. 흥미롭게도 이 둘 가운데 하나는 개인적 충성에 관한 것이고, 다른 하나는 교리적 주장에 동의하는 것이다.

또한, 목회와 교육 사역에 중요한 것은 기독교 신앙 발달에 있어 고난과 공동체의 위치이다. 종종 구조-발달 모델은 고통스러운 실패와 대인관계의 역할을 무시하거나 경시했다. 기독교 신앙에 관한 우리의 역동적 모델에서는 성경에서처럼 고난과 공동체가 중요한 역할을 한다. 이 두 가지 역동적 측면에서 볼 때, 모든 고난은 신자가 더 큰 신앙의 충만함을 경험할 수 있는 기회를 제공하고, 신앙공동체는 신앙 성장을 위한 주요 정황을 제공한다.

6. 결론

마크 트웨인(Mark Twain)의 이름으로 출판된 소설에서 한 남학생은 "당신이 아는 것을 그렇지 않다고 믿는 것이 신앙이다"라고 말했다.[104] 수십 년 후 저널리스트 멘켄(H. L. Mencken)은 신앙을 "불가능한 것의 발생에 대한 비논리적 믿음"으로 정의하면서 이와 동일한 정서를 반복했다.[105]

이런 면에서 볼 때 신앙은 바보의 소망이며 현실에 존재하지 않는 어떤 존재 상태에 대한 비이성적 갈망이다. 그러나 그리스도인에게 신앙은 비이성적 갈망과는 거리가 먼 범주에 속한다. 기독교 신앙은 합리적인 동시에 경험적이며, 고백적인 동시에 실험적이며, 명제적인 동시에 개인적이며,

---

[103] Greg Hawkins and Cally Parkinson, *Follow Me* (South Barrington, Illinois: Willow Creek Resources, 2008).

[104] Mark Twain, "Pudd'nhead Wilson's New Calendar," *Following the Equator*. http://www.gutenberg.org/ebooks/2895.

[105] H. L. Mencken, "The Believer," *Prejudices: Third Series*: http://books.google.com.

객관적인 동시에 주관적이고, 인간적인 동시에 신성한 계속해서 발전하는 현상이다.

제6장에서 우리는 신앙에 대해 많은 이야기를 했고, 우리가 말한 내용이 당신의 사역에 유용하기를 바란다. 그러나 신앙의 마지막 단어는 이 장에서 찾을 수 없다. 신앙의 마지막 단어는 사실 그 누구의 문장에서도 찾을 수 없다. 왜냐하면, 이 단어는 명제가 아니라 인격이기 때문이다.

> 믿음의 주요 또 온전하게 하시는 이인 예수를 바라보자 그는 그 앞에 있는 기쁨을 위하여 십자가를 참으사 부끄러움을 개의치 아니하시더니 하나님 보좌 우편에 앉으셨느니라(히 12:2).

7. 복습을 위한 질문

1. 20세기 초 기독교 작가인 체스터턴(G. K. Chesterton)은 "진정한 발달은 길에서처럼 물건을 뒤로 남겨두는 것이 아니라 뿌리가 있는 것처럼 그것으로부터 생명을 끌어내는 것"이라고 말한 적이 있다.[106]
   당신은 체스터턴의 의견에 동의하는가?
   이 관점은 하인츠 슈트라이프와 존 웨스터호프 3세가 제안한 개발 이론에 어떻게 반영되었는가?
   제임스 파울러의 이론에는 어떻게 반영되었는가?

2. 제6장에서 살펴본 발달 모델 중 어떤 발달 모델이 성경의 관점을 가장 정확하게 반영하는가?
   이 질문에 답한 후, 이 장에서 제시한 정보뿐만 아니라 성경적 지식을 사용하여 자신만의 기독교 신앙 발달 모델을 개발하라. 당신의 모델에

---

[106] G. K. Chesterton, *The Victorian Age in Literature reprint edition* (Charleston, South Carolina: BiblioBazaar, 2008), 13.

인생의 주요 신앙 형성 사건을 포함시켜라.

3. 목회자로서 성도의 삶 속에서 명제적 동의와 개인적 충성을 발전시키기 위해 교회에서 제자 훈련 과정을 어떻게 조직할 것인가?
    성장하는 신자들의 삶에서 충성과 동의 모두를 심화시킬 제자 훈련 과정 또는 순서를 그려 보라.

4. 경성 발달 모델(hard developmental model)은 연성(soft), 기능(functional) 및 문화-시대적(cultural-age) 모델과 어떻게 다른가?
    이들 중 기독교 신앙 발달이 가장 적합한 범주는 무엇이고 그 이유는 무엇인가?

5. 제6장의 저자들은 신앙은 성경을 통해서 인식되고 성령을 통해서 계시된 바와 같이 그야말로 예수님에 대한 삶을 규정하는 충성이며, 그 결과 예수 그리스도 안에서 우리를 위해 행하신 하나님의 결정적 행위에 대한 신뢰가 높아졌고 예수 그리스도의 성품에 대해 더욱 순종하게 되었다고 정의했다.
    이 정의에서 수정하고 싶은 것은 무엇인가?

6. 기독교 신앙의 발달은 성화와 어떤 관련이 있는가?
    성화와 신앙 발달 중 어느 것이 더 넓은 범주인가?
    기독교 신앙 발달은 성화의 한 측면인가?
    아니면 성화가 기독교 신앙 형성의 표현인가?

제7장

성인 발달과 그리스도인 형성

그레고리 C. 칼슨(Gregory C. Carlson)

제7장 성인 발달과 그리스도인 형성

"아이는 언제 어른이 되고, 어른은 여전히 영적으로 성장할 수 있는 능력이 있나요?"

> 장성한 사람이 되어서는 어린아이의 일을 버렸노라(고전 13:11).

말씀에 관심을 가진 한 여성이 성경 공부 도중에 던진 질문이다.
"왜 남자 아이들이 어른이 될 수 있다고 생각하세요?
나는 유머러스하게 대답했다. 그러나 그녀의 질문은 정말 좋은 질문이었고, 중요한 문제점을 시사한다.

> 성인 발달이란 무엇이며, 그리스도인 형성과 어떤 관련이 있을까?
> 성인 발달에 대해 이해할 수 있는 패턴이 있을까?
> 성인기 동안 영적 성장을 촉진하거나 이끄는 것은 무엇인가?
> 어른들은 "유치한 것들을 버렸기" 때문에 영적 발달이 안정되는가?
> 성인 발달에 대해 우리가 배우고 있는 것에 비추어 볼 때, 교회가 성인과 가정에 다가가고 교화시키고 준비시킬 수 있는 더 효과적인 방법이 있을까?

성인 발달은 "성인의 성장 및 성숙 과정에 대한 연구이며 도덕적, 사회적, 정신적, 육체적 또는 신앙 발달과 같은 영역에 초점을 맞출 수 있다."[1] 성인 발달의 이런 다양한 측면은 모두 기독교 교육에 관한 노력과 어느 정도 관련이 있다. 성인 발달 이론과의 신학적 통합은 복음주의 교회에서 성인들을 대상으로 한 사역 방법에 관해 새로운 시각을 제공할 수 있다.

제7장은 기독교 교육자에게 더 깊은 이해를 제공하기 위해 일부 이론, 접근 방식, 맥락을 분석하고자 한다. 이 장의 첫 번째 부분은 성인 발달 및

---

[1] Gregory C. Carlson, "Adult Development," *Evangelical Dictionary of Christian Education*, edited by Michael J. Anthony (Grand Rapids: Baker Academic, 2001), 31.

학습 이론에 초점을 맞출 것이다. 그 다음 부분에서는 성인기에 대한 성경적, 이론적 통찰을 다룰 것이다. 이어서 세 번째와 나머지 부분에서는 성인 발달이 기독교인 형성과 어떤 관련이 있는지, 그리고 교회 사역에 어떤 영향을 미치는지를 다룰 것이다.

1. 성인 발달과 학습에 관한 이론

현재의 성인의(of) 발달 이론은 성인과 함께(with) 우리의 영적 형성 노력을 지시하고 명확히 한다.

성인을 기독교적 성숙에 이르도록 제자화하는 우리의 신앙 사역에 도움을 얻기 위해 사회과학에서 무엇을 배울 수 있을까?

다음은 성인기와 구체적으로 연관된 발달 이론에 대한 조사로 비록 완전하지는 않지만 대표적인 목록들이다. 우리는 이 이론을 설명하고, 우리의 기독교 교육 목적 모델과 연관시키고, 설명된 각 모델/이론에 대한 사역에 몇 가지 함의를 제공하기 위해 노력할 것이다.

1) 성인의 삶의 단계들

결혼, 부모 되기, 빈 둥지, 은퇴와 같은 성인기의 일반적인 생활 패턴 또는 단계에 관한 다양한 시나리오가 제시되었다. 그러나 이런 문구들은 실제 인간 발달에 대한 연구 결과보다는 문화에 더 영향을 받는다는 사실을 인식해야 한다.

로저 굴드(Roger Gould)는 성인 연구를 통해 발달 이론을 밝혀냈다. 그는 성인의 일생 동안 질서 있게 진행되는 개별 단계의 과정에 대한 개요를 설명했다. 특히, 그는 성인의 삶에서 사회적 발달 측면에 초점을 맞추었다.

그의 초기 저서들 중 하나는[2] 몇몇 후속 작가에 의해 유용하게 사용되었다. 이런 이유로 우리는 성인 발달에 관한 그의 선구적 작품을 설명하고, 그의 업적, 즉 성인이 다양한 발달 단계를 이해하는 것은 인지 가능할 뿐만 아니라 교육자에게도 가치가 있다는 그의 업적을 언급할 것이다.

대니얼 레빈슨(Daniel Levinson, 1920-94)은 모든 성인 발달의 구조를 보여 주는 체계를 연구하고 저술했다.[3] 그는 "인생 구조"(life structure)라는 개념을 개략적으로 설명하고 다음과 같이 정의한다.

> 인생 구조란 주어진 시간에 한 개인의 삶에서 나타나는 근본적인 패턴 또는 디자인이다. 나는 인간의 인생 구조가 5년에서 7년 동안 지속되는 일련의 교차 주기를 통해 진화한다는 것을 발견했다. 인생 구조를 만들고 유지하는 기간이 지나면 기존 구조를 해체하고 그 다음 구조를 유지 보수하는 기간에 완전히 새롭게 나타날 새 구조로 이동하는 과도기가 이어진다.[4]

세 가지 핵심 "전환"(transition)은 각각 아래 목록에 나와 있다. 각 기간이 중단될 수 있지만, 인생 구조를 만들고 유지하는 데 따른 긴장은 나이를 먹음에 따라 필연적으로 다음 인생 단계로 움직여야 할 때 증가한다. 이런 인생 구조 단계를 이해함에 있어 남성과 여성의 경우 다음 단계가 나타날 것이라고 가정할 수 있다.

성인 초기 전환기(17-22세)
성인 입문기(22-28세)
30대 전환기(28-33세)

---

2   Roger Gould, *Transformations: Growth and Change in Adult Life* (New York: Simon & Schuster, 1978).
3   Daniel J. Levinson, *The Seasons of a Man's Life* (New York: Knopf, 1978).
4   Daniel J. Levinson, *The Seasons of a Woman's Life* (New York: Ballantine, 1996), 6.

성인 초기 절정기(33-40세)

중년의 전환기(40-45세)
중년 입문기(45-50세)
50대 전환기(50-55세)
중년의 절정기(55-60세)

성인 후기 전환기(60-6세)
성인 후기(60세 이상)[5]

레빈슨의 연구는 다른 단계 이론가들에게 영향을 미쳤다. 작가 게일 쉬이(Gail Sheehy)는 그녀의 책 『통로: 성년의 예측 가능한 위기』(*Passages: Predictable Crises of Adult Life*)[6]에서 전환이라는 아이디어를 대중화했다. 전 신학 교수인 찰스 M. 셀(Charles M. Sell)도 그의 책 『성년을 통한 전환』(*Transitions Through Adult Life*)[7]을 통해 성인 발달에 관한 토론에 강력한 복음주의적 관점을 가져왔다. 예를 들어, 셀은 청년의 과도기적 힘을 다음과 같이 설명한다.

> 내면의 힘은 새로운 사회적 역할과 결합된다. 청년들은 사춘기 시절과는 다른 방식으로 세상을 마주보는 것 같다. 청년들이 10대 시절에 세상의 상황에 노출되지 않은 것은 아니다. 다만 다른 것은 그들의 인식이 바뀌었다는 것이다.[8]

---

5 Levinson, The Seasons of a Woman's Life, 118.
6 Gail Sheehy, *Passages: Predictable Crises of Adult Life* (New York: Ballantine, 1974, 2006).
7 Charles M. Sell, *Transitions Through Adult Life* (Grand Rapids: Zondervan, 1991).
8 Sell, *Transitions Through Adult Life*, 29.

2) 성인기 학습

성인은 어린아이와는 다른 방식으로 배운다. 어린 시절의 학습은 교육학(*pedagogy*)이라는 용어로 지정된다. 그러나 성인의 경우 학습에 대한 두 가지 지배적인 접근 방식, 즉 성인교육학(andragogy)과 변혁적 학습(transformational learning)이 등장했다. 여기서는 이 분야의 선도적 이론가인 말콤 놀즈(Malcolm Knowles)와 잭 메지로우(Jack Mezirow)에 초점을 맞출 것이다.

말콤 놀즈(1913-97)는 안드라고지(*andra*-인간, *logos*-연구 또는 교리)라고 불리는 지배적 성인 교육 이론의 주요 기획자였다. 그가 제안한 안드라고지의 다섯 가지 신조는 20세기 후반에 실천과 이론 발전의 기초를 형성했다.[9]

첫째, 놀즈는 성인 학습자들이 자기 주도적이라고 주장했다.

> 사람이 의존성에서 자기 주도성(self-directedness)을 높이는 쪽으로 나아가는 것은 성숙 과정의 정상적인 측면이다. … 성인은 특별한 일시적 상황에서 의존적일 수는 있지만 일반적으로 자기 주도적이 되고자 하는 깊은 심리적 욕구를 가지고 있다.[10]

둘째, 성인 학습자는 상당한 경험을 가지고 있다. 성인의 과거 학습을 계속 최소화하면 성숙을 위한 자원을 제외하게 된다.

> 사람들은 성장하고 발전함에 따라 점점 더 많은 경험을 쌓아 가고, 그 경험은 자신과 타인을 위한 풍부한 학습 자원이 된다.[11]

---

9   Malcolm Knowles. *The Adult Learner: A Neglected Species* (Houston: Gulf Publishing Company, 1973) and *The Modern Practice of Adult Education: From Pedagogy to Andragogy* (Chicago: Association Press/Follett Publishing Co., 1980).
10 Knowles, *The Modern Practice of Adult Education*, 44
11 Ibid.

셋째, 성인 학습자는 자신이 필요로 할 때 배울 준비가 되어 있다. 놀즈는 다양한 발달 단계가 "학습 준비가 되어 있는 지점"이라고 말한다.[12] 물론, 발달 단계가 성인이 느끼는 유일한 "필요"는 아니지만, 교육에 있어서 중요하다.

넷째, 성인 학습자는 경험과 실제 생활을 중심으로 학습하려는 경향이 있다. 안드라고지에서 교육은 가르치는 과정에서 배움의 실현으로 바뀐다. 일반적으로 이런 강조는 특정 요구 사항이 선형적이고 단편적인 방식이 아닌 문제 해결, 계획, 관리 또는 평가의 시스템적 접근 방식으로 해결될 때 발생한다.

다섯째, 성인 학습자는 외부보다 내부적으로 더 많은 동기가 부여된다. 놀즈는 "다양한 삶의 문제를 해결하기 위해 지식을 적용할 수 있는 능력자"라는 개념을 염두에 두고 있다.[13]

잭 메지로우는 전환 학습(transformative learning)과 관점 전환(perspective transformation)으로 알려진 변혁적 학습과 관련된 주요 인물이다. 그는 "개인이 무비판적으로 다른 사람의 가치, 의미, 목적에 따라 행동하기보다는 자신의 가치, 의미, 목적을 이루는 방법을 배움으로 보다 자율적인 사상가가 되도록 돕기 위해" 노력했다.[14]

메지로우는 자신의 이론을 통해 성인은 개인적으로 그리고 궁극적으로 사회적 변화를 이끄는 마음의 변화를 겪으면서 배운다고 주장한다. 따라서 학습은 관점의 변화로 표현된다. 그는 "[성인은] 단지 오래된 앎의 방식을 더 부지런히 적용하여 변화하는 환경에 적응하기보다는 변화하는 사건에

---

12 Malcolm S. Knowles, "Gearing Up for the Eighties," *Training and Development Journal*, 32(7): 12.
13 Malcolm S. Knowles, "The Professional Organization as a Learning Community," *Training and Development Journal*, 33(5): 36.
14 Jack Mezirow, "'Transformative Learning: Theory to Practice," *New Directions for Adult and Continuing Education*, (74): 11.

대한 보다 완전한 이해와 자신의 삶에 대한 더 높은 수준의 통제력을 얻기 위해 새로운 관점을 습득해야 할 필요성을 발견한다"라고 기록했다.[15] 변혁적 학습 이론은 세 가지 지배적 주제를 중심으로 한다.

- **가정(assumptions)에 대한 비판적 성찰**: 즉, 사람은 자신의 현재 가정에 도전하지 않는다. 변화에 대한 필요성은 결코 인식되지 않는다. 따라서 학습은 자신의 현재 관점에 도전하는 것으로 시작한다.
- **참조 체계 인식**: 즉, 변화의 필요성을 인정하는 시점.
- **합리적 담론에 참여**: 즉, "다른 사람들의 주장에서 무엇이 유효한지 이해하고 배우려고 노력하고 자신의 주장에 대한 합의된 검증을 얻으려고 노력한다."[16]

이 세 가지 요소가 결합되어 변혁적 학습의 기초를 형성한다.

변혁적 학습의 과정은 이 세 가지 요소를 통해 성인 학습자를 움직인다. 변혁적 학습 과정은 제안된 학습 과정 내에서 쉽게 인식되는 이전에 식별된 세 가지 요소와 함께 10단계 과정으로 제시된다.

1. 혼란스러운 딜레마
2. 두려움 또는 분노, 죄책감이나 수치심에 대한 자기 평가
3. 개인적으로 내면화된 역할 가정에 대한 비판적 평가와 전통적인 사회적 기대(인식론적, 사회문화적 또는 정신적 가정과 왜곡)로부터의 소외감
4. 자신의 문제가 공유되고 사적인 문제가 아니라는 것을 인식하면서 자신의 불만을 타인의 유사한 경험이나 공공 문제와 연결

---

15 Jack Mezirow, *Transformative Dimensions of Adult Learning* (San Francisco: Jossey-Bass, 1991), 3.
16 Jack Mezirow, "Concept and Action in Adult Education," *Adult Education Quarterly*, 35(3): 142-143. Cf. Mezirow, "Transformative Learning," 9

5. 새로운 행동 방식(새로운 역할, 관계 및 행동)을 위한 대안 탐색
6. 행동 방향 계획
7. 계획을 실행하기 위한 지식과 기술 습득
8. 새로운 역할을 시도하고 피드백을 평가하기 위한 일시적 노력
9. 새로운 역할에 대한 역량과 자신감 구축
10. 새롭게 형성된 관점을 토대로 사회로의 재통합[17]

이 이론은 비기독교인과 기독교인 응답자들 양측 모두에서 비판을 받았지만, 다른 응답자들은 이 이론 중 몇 가지 원리가 기독교 신앙과 일치한다고 생각한다. 숀 린제이(Shawn Lindsay)는 성인 학습 및 발달 요구에 해당하는 네 가지 사항을 다음과 같이 확인한다.

첫째, 준거 틀의 변화(요 3:18; 롬 12:1; 빌 4:8)
둘째, 초월적 주제로서의 해방(롬 6:6-11; 14-23)
셋째, 공동체에 참여(엡 4:11이하)
넷째, 행동의 필요성(약 1:19-25; 2:14-26)[18]

3) 성인 발달과 학습 원리 개요

(1) 성인은 계속해서 배운다

성인은 평생 동안 공식적으로든 비공식적으로든 발전하고 상호 작용한다. 성인들은 학교 교육이나 성인 교육에서 배우는 것에 집중하거나 자기

---

[17] 약간 다른 형태의 목록은 다음을 참조하라. Jack Mezirow, "A Critical Theory of Adult Learning and Education," *Adult Education*, 32(1): 7; Mezirow, Transformative Dimensions of Adult Learning, 167-168; or Jack Mezirow, "Learning to Think Like an Adult," *Learning as Transformation* (San Francisco: Jossey-Bass, 2000), 22.
[18] Shawn Lindsay, "Preparing to Teach Adults," unpublished Master of Arts Thesis (2005), Lincoln Christian Seminary (Lincoln, Illinois), 80-4.

주도적 공부 또는 교회 주도적 공부에 참여할 수도 있다. 배우려는 내적 욕구와 외적 "학습 프로젝트"[19]는 확실히 기독교 교육자들이 성인 학습에 참여하도록 명분을 준다.

(2) 성인은 단계, 시기 또는 주기로 학습한다

성인 기독교 교육에 대해 '일률적인' 사고방식을 가지게 되면, 사람들의 영적 형성의 풍요로움 중 일부를 놓치게 된다. 로버트 해비거스트(Robert Havighurst)는 연령에 따른 정상적인 학습 과정을 "발달 과제"라고 설명한다. 교회는 이런 각 단계의 도전 과제에 맞게 교육적 노력을 맞춤화하는 것이 바람직하다. 따라서 교회는 다음과 같은 일들을 할 수 있다.

① 연령 관련 연구

어떤 특별한 스트레스와 부족한 영역이 나타나는지 확인하기 위해 다양한 연령대를 살펴본다. 설문지를 이용한 간단한 설문조사를 사용할 수 있다. 목회자가 다양한 연령대의 성인들을 모아 놓고 질문을 하는 "관심 집단"(focus group)을 만드는 것이 더 효과적이다. 그런 다음 목회자는 토론을 통해 도출되었다고 생각하는 영역을 나열한다. 이어, 영적 리더가 어떤 연구와 설교 시리즈가 성도들의 필요를 해결하는 데 가장 적합할지를 기도하고 결정한다.

② 역할 관련 교육

여기에는 성경적 선례가 있다(제7장 후반부에 언급한 "가르침"에 나오는 내용을 참조하라). 학습자의 연령에 따라 다양한 발달 과제를 분류하거나 연령대를 초월하는 선택 과목을 제공할 수 있다. 나이가 있는 멘토들이 더 어린 사람들을 가르치는 것이 가장 효과적인 사역 활동으로 보이지만, 같은 또

---

[19] Allen Tough, *The Adult's Learning Projects: A Fresh Approach to Theory and Practice in Adult Learning* (San Diego: University Associates, Inc., 1979), 1.

래들도 서로에게서 많은 것을 배울 수 있다.

③ 문제 해결 과정

이런 유형의 교육의 예로는 재무 관리에 초점을 맞춘 연구 또는 이혼 회복, 이혼 가정 자녀, 성 중독, 중독 치료, 혼합 가족 모임, 부부 관계 회복, 결혼 전 준비, 자녀 양육, 양부모 자녀 양육, 대학 선택, 지원, 여러 가지 선택 등의 주제를 다루는 소그룹 시리즈가 있다. 우리가 이끄는 독신 청년 그룹은 여러 소규모 스터디 그룹을 만드는 특징을 가지고 있었다.

매주 목요일 저녁(〈목요일 나이트 라이브〉〈Thursday Nite Live〉라고 불리는 대규모 모임의 밤) 리더 중 한 명이 나와서 실질적인 조언을 해 준다. 치실 쓰는 법, 자동차 정비에서부터 성경 공부에 관한 지침, 일기 또는 기도하면서 하루를 보내는 법에 이르기까지 모든 주제에 대한 발표와 대화 시간을 가졌다.

④ 교육적으로 제공된 것들의 조합

위에서 언급한 세 가지 방법과 중복되는 것은 건전한 구조에 적합할 수 있다. 우리가 목회한 작은 교회에서 우리는 분기/학기 동안 주제를 일관되게 선택할 수 있는 과목들을 두었다. 예를 들어, 성도들은 일요일 아침 성경 공부 시간 동안 일관성 있는 공부에 더욱 집중할 수 있었고, 소그룹이 특정 요구 사항을 해결할 수 있도록 허용했다.

소그룹들은 일관된 교육 전략을 세우기 위해 함께 모이고 시작할 장소가 필요했다. 핵심은 사람들을 그리스도의 형상에 순응시키기 위한 일관된 전략, 즉 당신처럼 이유를 가지고 교육하는 것일 수 있다(롬 8:29).

(3) 성인은 상호적 학습을 원한다

많은 성인이 옛 방식을 가장 좋아한다고 말하겠지만, 교육이 상호적이고, 문제 지향적이며 창의적일 때 사람들은 더 많은 것을 배우게 된다. 무관심,

쓸모 없는 가르침(어떤 멘토는 그 가르침이 "너무도 경건해서 이 땅에서는 아무런 도움이 되지 않는다"라고 묘사한다),[20] 지루한 교육으로는 삶을 변화시킬 수 없다. 한 교회학교 교사는 다음과 같이 설명했다.

"목사님. 장년 주일학교 교사로서 제가 하는 일은 괴로운 사람들을 위로하고 … 위로 받은 사람들을 괴롭히는 것입니다."

(4) 성인은 상호성을 다룰 수 있다

상호성이란 학습에 대한 책임을 함께 공유하는 것이라고 말할 수 있다. 자유분방한 학습자는 많은 교사를 낙심시킨다. 때때로 학습자들이 참여를 꺼리는 것은 너무 많은 교사의 통제와 함께 상호 간의 목표 설정, 평가 또는 경험의 공유가 없기 때문이다. 그렇게 되면 성인 학습자들은 "그들에게 무엇을 해야 할지를 알려 주는" 권위에 의존하게 되고, 교사가 말한 것이 참인지 확인하기 위해 매일 성경을 살펴보는 일을 멈춘다(행 17:11 비교).

(5) 성인 발달 분야는 여전히 적절한 이론을 찾고 있다

조지아대학교 조교수 로라 L. 비에레마(Laura L. Bierema)는 성인 발달 분야 안에 있는 인적 자원 개발(Human Resource Development, HRD)에 관한 전체 전문 분야가 추가적 연구와 HRD 이론에 대한 보다 깊은 사고와 실천을 통한 지식 습득을 통해 발전할 수 있다고 주장한다.[21] 만약 이런 내용이 성인 발달 분야의 사업적 적용에서 사실이라면, 교회 교육에도 똑같이 중요하게 적용될 수 있다.

20　Harold Carlson, conversation with his son, October 1996.
21　Laura L. Bierema, "Moving Beyond Performance Paradigms in Human Resource Development," in *Handbook of Adult and Continuing Education*, Arthur L. Wilson and Elisabeth R. Hayes, eds., (San Francisco: Jossey-Bass, 2000), 287-9.

2. 성인 발달에 대한 성경적/신학적 통찰력

성경은 모든 연령대의 사람에게 일어나는 영적 성장을 이해하도록 돕기 위해 육체적 발달 개념을 사용하는 것처럼 보인다. 성인 발달의 성경적 토대는 영적 성장을 명확히 하고, 조직화하며, 촉진하는 데 도움이 된다. 따라서 성경적 진행 단계를 이해해야 한다(도표 7.1).

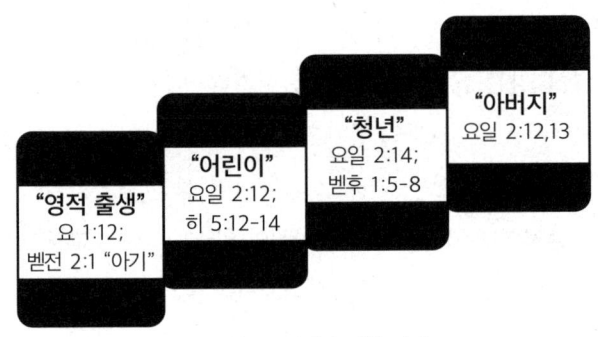

도표 7.1: 성경적 진행 단계

성인 발달의 성경적 진행 단계는 영적 "출생"으로 시작한다.

> 내가 네게 거듭나야 하겠다 하는 말을 놀랍게 여기지 말라(요 3:7).

우리는 너무도 자주 영적 출생이 일어나기도 전에 양육과 영적 형성을 위한 활동에 참여한다. 따라서 모든 영적 형성 과정에서 반드시 복음 전도가 강조되어야 한다. 베드로에게 있어 성장이란 그리스도 안에서 '아기' 단계의 삶이 성숙한 단계로 진행되는 것을 나타내는 것처럼 보인다.

> 갓난 아기들 같이 순전하고 신령한 젖을 사모하라 이는 그로 말미암아 너희로 구원에 이르도록 자라게 하려 함이라(벧전 2:2).

사도 요한은 어린아이, 청년, 부모라는 정상적인 성장 단계를 사용하여 자신의 편지를 읽은 사람들이 성숙하도록 격려한다.

> 자녀들아 내가 너희에게 쓰는 것은 너희 죄가 그의 이름으로 말미암아 사함을 받았음이요 아비들아 내가 너희에게 쓰는 것은 너희가 태초부터 계신 이를 알았음이요 청년들아 내가 너희에게 쓰는 것은 너희가 악한 자를 이기었음이라 아이들아 내가 너희에게 쓴 것은 너희가 아버지를 알았음이요 아비들아 내가 너희에게 쓴 것은 너희가 태초부터 계신 이를 알았음이요 청년들아 내가 너희에게 쓴 것은 너희가 강하고 하나님의 말씀이 너희 안에 거하시며 너희가 흉악한 자를 이기었음이라(요일 2:12-14).

베드로는 우리의 영적 성장 요소들이 발생하는 과정을 묘사한다.

> 그러므로 너희가 더욱 힘써 너희 믿음에 덕을, 덕에 지식을, 지식에 절제를, 절제에 인내를, 인내에 경건을, 경건에 형제 우애를, 형제 우애에 사랑을 더하라 이런 것이 너희에게 있어 흡족한즉 너희로 우리 주 예수 그리스도를 알기에 게으르지 않고 열매 없는 자가 되지 않게 하려니와(벧후 1:5-8).

그렇다면 이 영적 성장 과정에서 우리의 역할은 무엇일까?

그 해답은 영적 성숙이 일어나기 위해 필요한 것을 "추가하기 위해 모든 노력을 기울이는 것"이다. "추가한다"라는 이 동사는 로버트 하비 스트라챈(Robert H. Strachan)이 "고대 아테네 연극에서 시민들은 국가의 명령에 따라 시민으로서의 의무로 합창단의 비용을 부담했는데, 이 의무는 행사를 위해 아낌없는 지출을 유도했다"[22]라고 묘사한 것처럼 호화로운 연극을 위해 필요한 요소들을 제공하는 것을 의미한다.

---

22 R. H. Strachan, "The Second Epistle General of Peter," *The Expositor's Greek Testament*, W. Robertson Nicoll, ed., (Grand Rapids: Wm. B. Eerdmans Publishing Company, 1980), Vol. 5, 126.

바울은 육체적 삶의 두 가지 다른 단계를 설명하고, 이를 영적 삶의 성숙함을 보여 주는 데 사용한다.

> 내가 어렸을 때에는 말하는 것이 어린아이와 같고 깨닫는 것이 어린아이와 같고 생각하는 것이 어린아이와 같다가 장성한 사람이 되어서는 어린아이의 일을 버렸노라(고전 13:11).

히브리서 기자는 성숙을 향해 나아가지 않는 사람들을 꾸짖는다.

> 때가 오래 되었으므로 너희가 마땅히 선생이 되었을 터인데 너희가 다시 하나님의 말씀의 초보에 대하여 누구에게서 가르침을 받아야 할 처지이니 단단한 음식은 못 먹고 젖이나 먹어야 할 자가 되었도다 이는 젖을 먹는 자마다 어린아이니 의의 말씀을 경험하지 못한 자요 단단한 음식은 장성한 자의 것이니 그들은 지각을 사용함으로 연단을 받아 선악을 분별하는 자들이니라(히 5:12-14).

3. 성년에 대한 정의가 있을까?

종종 어린이 사역과 관련된 사람들은 어린이의 책임 연령에 대한 질문을 하는데, 이는 어린아이가 자신의 행동에 대한 책임을 지는 연령을 뜻한다. 성경은 실제로 특정 연령이 되기 전까지는 개인이 자신의 행동을 인지하지 못한다고 암시하는 것처럼 보인다. 그러나 어느 시점에서, 어린아이는 실제로 자신의 행동이 의미하는 것에 대한 책임이 있다.

아마도 제7장의 맥락에서 볼 때 거울 이미지(역자 주: 프랑스의 정신분석학자 자크 라캉⟨Jacques Lacan⟩의 거울 단계 이론에서 유래된 것으로 거울에 비친 자신의 이미지를 자신과 동일시함으로써 자아가 형성되는 과정을 설명하는 이론이다. 어린아이는 거울에 비친 영상을 보면서 점차 그 영상이 실재가 아니라 허구임을 깨닫는다)가 중요할 것이다.

어린아이는 언제 성년이 시작되어 자신의 행동에 책임을 져야 하는가?

> 대저 이 아이가 악을 버리며 선을 택할 줄 알기 전에(사 7:16).

> 너희 시체가 이 광야에 엎드러질 것이라 너희 중에서 이십 세 이상으로서 계수 된 자 곧 나를 원망한 자 전부가(민 14:29).

> 또 너희가 사로잡히리라 하던 너희의 아이들과 당시에 선악을 분별하지 못하던 너희의 자녀들도 그리로 들어갈 것이라 내가 그 땅을 그들에게 주어 산업이 되게 하리라(신 1:39).

신약성경은 이 원칙을 반영한다(롬 14:12; 약 4:17). 일반적 원칙은 성인이 된다는 것은 자신의 영적 및 도덕적 삶을 스스로 인정하고 책임지는 능력을 포함한다는 것처럼 보인다. 그러나 이 구절들만으로 성경에서 말하는 성년의 정확한 나이를 정하기에는 불충분하다.

4. 성인 발달에 대한 기독교적 접근 방식

다음 네 가지 질문은 영적 발달 과정을 통합하고 형성하는 데 도움이 되는 틀이다.

첫째, 성경적 정의
"성숙한" 사람은 어떻게 생겼을까?
성숙한 신자의 특징은 무엇인가?
나는 목사들과 교회 지도자들이 회중 내 성인들의 삶에서 이루고 싶은 것이 무엇인지에 대해 생각하지 않는다는 사실을 너무나도 자주 발견했다. 때때로 "성도들과, 그리스도를 위한 증인"이라는 모호한 대답이 나오기도 하지만, 성경 연구, 문서화된 계획 반영, 관행의 절제, 활발한 토론은 거의 하지 않는다. 우리의 현실은 교회 지도자들이 활용할 수 있는 실행 가능한 내용을 거의 가지고 있지 않다는 것이다. 따라서 바울이 리더의 자격을 설명하기 위해 쓴 구절, 즉 디모데전서 3장과 디도서 1장 또는 높이 평가되는 현 자료들을 살펴봄으로써 성숙한 신자에 관한 프로필을 개발할 필요가 있다.

둘째, 개인적 평가

그런 사람(성숙한 사람)과 어떻게 비교해야 할까?

이것은 매우 개인적인 질문일 수 있지만 동시에 공동체적 사역의 문제이기도 하다. 바울은 디모데와 디도에게 훌륭한 인격을 가진 지도자를 임명하라고 촉구했다. 바울은 고린도 교회의 신자들에게 다음과 같이 경고했다.

> 너희는 믿음 안에 있는가 너희 자신을 시험하고 너희 자신을 확증하라 예수 그리스도께서 너희 안에 계신 줄을 너희가 스스로 알지 못하느냐 그렇지 않으면 너희는 버림받은 자니라(고후 13:5).

셋째, 영적 훈련

어떻게 그런 사람으로 발전할 수 있을까?

에베소서 4장은 이런 발전이 어떻게 일어나야 하는지에 대한 실질적인 내용을 제공한다. 지도자는 준비된 사람이다(엡 4:11-12). 그리스도를 따르는 사람들은 봉사와 교화라는 두 가지 활동에 참여하며(엡 4:12), 그 결과는 하나 됨과 성숙함이다(엡 4:13). 오류와 발달을 저해하는 것은 피해야 한다(엡 4:14). 그 과정은 다음과 같이 요약된다.

> 오직 사랑 안에서 참된 것을 하여 범사에 그에게까지 자랄지라 그는 머리니 곧 그리스도라 그에게서 온 몸이 각 마디를 통하여 도움을 받음으로 연결되고 결합되어 각 지체의 분량대로 역사하여 그 몸을 자라게 하며 사랑 안에서 스스로 세우느니라(엡 4:15-16).

오늘날 이 과정은 어떤 모습일까?

가르침, 친교, 봉사의 목적을 달성하기 위해 개인 및 공동 훈련을 실천하는 교회의 활동으로 보인다. 봉사는 세 가지 예배의 표현으로 설명할 수 있다. 하나님께 드리는 합당한 봉사(롬 12:1), 그리스도의 몸을 세우는 것(엡 4:12-16), 복음 전도(아직 믿지 않는 사람들에게 다가가기 위해, 요 17:20). 그런 다음 우리는 실질적인 교회의 행위들이 성인의 신앙 발달을 위한 환경을 개선할 수 있다는 것을 강조한다. 개인적인 영적 훈련은 성인 발달을 위한 많은 가능성을 보여 준다. 아울러 함께 하는 영적 훈련 또한 중요하기에 무시해서는 안 된다.

넷째, 사역 설계

그런 사람들과 함께 할 사역 계획은 무엇인가?

기독교 교육자는 제7장에서 우리가 제안한 것처럼 제자도의 세 가지 본질에 초점을 맞춘 사역 설계를 갖는 것이 도움이 될 것이다. "가르침 … 친교 … 봉사"의 균형은 영적 형성을 위한 최상의 환경을 제공하는 것 같다. 이런 제자도의 본질을 의사 결정을 위한 기준선으로 삼는 것은 기독교 교육자에게 성경적 진리의 토대, 균형 잡힌 노력의 체계, 그리스도처럼 되는 것이 무엇을 의미하는지에 대한 종합적인 실천의 이행을 제공한다.

5. 그리스도인 형성에 대한 함의

때때로 영적 형성에 혼란이 존재하는 이유는 영적 형성 **과정**과 그리스도 안에서 새로운 사람이 되는 **변화**를 구별하지 않기 때문이다. 달라스신학교의 조직신학 명예교수 로버트 라이트너(Robert Lightner)에 따르면, 중생과 영적 형성 사이에는 세 가지 **대조점**이 있다.

첫째, 중생은 전적으로 하나님의 사역인 반면, 영적 형성은 신자와 하나님의 협력을 필요로 한다.

둘째, 중생은 순간적이고 **완전하지만**, 영적 형성은 점진적이고 불완전하다.

셋째, 중생은 하나님이 주신 선물이지만, 영적 형성은 부분적으로 하나님에 대한 순종과 신실함의 결과이다.[23]

성인 발달과 영적 형성은 예수님의 삶에서도 엿볼 수 있다. 예수님은 열두 살이 되자 육신의 부모에게 물었다.

> 내가 내 아버지 집에 있어야 될 줄을 알지 못 하셨나이까(눅 2:49).

그러나 그후 거의 18년 동안 예수님은 육신의 부모에게 순종하며 살았다. 히브리서 기자는 다음과 같이 요약한다.

> 그가 아들이시면서도 받으신 고난으로 순종함을 배워서(히 5:8).

심지어 우리 주님도 하늘에 계신 아버지께 육체적, 사회적, 정신적, 영적으로 순종하면서 성장하셨다. 예수님의 이 발달적 성장에는 몇 가지 의미가 있다.

첫째, 우리는 교회 교육에서 성경에 대한 강력하고 통합적인 기반으로 돌아가야 한다. 우리는 성경과 일치하는 영적 형성에서 "성숙함을 규정할 수 있는 프로필"과 점진적 성장 단계를 개발해야 한다.

---

23 Robert P. Lightner, "Salvation and Spiritual Formation," The Christian Educator's Handbook on Spiritual Formation, Kenneth O. Gangel and James C. Wilhoit, eds., (Grand Rapids: Baker Books, 1994), 41-3.

둘째, 교회 지도자들은 자신이 맡고 있는 성도들의 삶에 실제로 어떤 일이 일어나는지 볼 수 있을 만큼 용기가 있어야 한다. 지도자들은 성도들의 생활 습관을 성경에서 묘사된 생활 습관과 비교해야 한다. 그런 다음 이런 부족함을 예언적으로 해결하는 역할을 맡아야 한다(그 성공은 요한계시록 2, 3장에 있는 교회에 대한 예수님의 메시지를 참고하라).

셋째, 성인들은 역동적이다. 우리는 어린이 사역과 청소년 사역에서 사용하는 것과 동일한 창의성과 상호 작용성을 사용해야 한다.

넷째, 사역 설계는 가르침, 친교, 봉사를 통해 각 성도 개인의 성장을 극대화하기 위해 교회의 '기계적' 운영을 최소화해야 한다.

다섯째, 아마도 그리스도인 형성에 대한 가장 명백하면서도 언급되지 않은 의미는 지속적인 평생의 과정일 것이다. 성인 발달은 멈추지 않는다. 따라서 그리스도 안에서 지속적으로 성장할 수 있는 잠재력은 나이에 제한을 받지 않는다.

6. 목회 및 교육적 의미

성인 발달의 지배적 이론에 대한 비판은 성경적 조언을 통합하고 교회의 실천으로 확대되는 포괄적 이론의 필요성을 보여 준다. 예를 들어, 대표적인 현대 성인 교육자 샤란 B. 메리엄(Sharan B. Merriam)과 로즈마리 S. 카파렐라(Rosemary S. Caffarella)는 다음과 같이 말한다.

> 안드라고지가 거의 30년 동안 성인학습의 주요 모델이었다는 점을 고려할 때, 상대적으로 그 가정의 타당성 또는 성인 학습 행동을 예측하는 데 있어 유용성을 시험하기 위한 경험적 연구는 거의 이루어지지 않았다.[24]

---

24 Sharan B. Merriam and Rosemary S. Caffarella, *Learning in Adulthood, a Comprehensive Guide*, 2nd ed. (San Francisco: Jossey-Bass Publishers, 1999), 276.

그러나 성경적 교수 모델과의 비교[25]와 인적 자원 개발과 성인 교육이라는 응용 분야에서의 폭넓은 수용을 살펴보면 안드라고지에 대해 더 많은 관심을 갖지 않았다는 것은 놀라운 일이다. 종교 교육에서 이런 문제를 특별히 강조할 수 있다. 다음은 기독교 교육 관행에 적용되는 몇 가지 의견이다.

첫째, 우리는 때때로 학습자의 교육 능력을 최소화한다. 로마서 15장 14절에서 바울이 로마의 학습자들을 묘사하는 것처럼 열정을 가지고 가르치는 경우는 드물다.

> 내 형제들아 너희가 스스로 선함이 가득하고 모든 지식이 차서 능히 서로 권하는 자임을 나도 확신하노라(롬 15:14).

둘째, 우리는 학습 목표를 설정하는 데 있어서 상호 관계가 거의 없으며 성인 학습자의 과거 학습 경험을 무시한다. 소그룹이 일부 성도의 영적 형성에 이렇게 영향을 준 것도 이런 이유 때문일 것이다.

> 가장 좋은 제자 훈련은 모여서 하는 제자 훈련이다. 소그룹 환경에서 훈련받은 사람은 많은 그룹 구성원의 지혜와 분별력을 통해 유익을 얻고, 안전하고 고무적인 환경에서 자신의 은사를 사용할 수 있으며, 그리스도 안에서 여러 형제 자매에게서 도움과 기도를 받을 수 있으며, 팀 사역을 향한 격려를 받을 수 있다.[26]

---

25 Gregory C. Carlson, *Andragogy and the Apostle Paul*. Unpublished doctoral dissertation, University of Nebraska, Lincoln, December 1987.
26 Bill Donahue, *Leading Life-Changing Small Groups* (Grand Rapids: Zondervan Publishing House, 1996), 15.

셋째, 분석가이자 기독교 교육 교수인 할리 앳킨슨(Harley Atkinson)이 제안한 비결에 따라 기능함으로써 우리는 (단순히 소그룹이 기능하는 것이 아니라 전반적으로) 기독교 교육을 위한 교육 환경을 개선할 수 있다.

> 기독교 교육자는 소그룹 참여자들이 주제 또는 문제를 명확히 설명하거나 과제를 철저히 설명함으로써 무엇을 성취해야 하는지 정확하게 알 수 있도록 예방조치를 취해야 한다. … 그룹들이 더 넓은 맥락에서 성취하고 있는 것의 중요성을 이해하는 것이 중요하다. … 학생들은 두 가지 방법으로 소그룹 활동에 대비해야 한다. … 일정량의 실질적인 내용과 … 집단 역동 및 소그룹 행동 … 기독교 교육자는 소그룹 토론을 언제 끝내야 하는지 알아야 한다.[27]

넷째, 우리는 가르침은 있지만 참여가 없는 곳에 교육을 제공해야 한다.

> 아이디어, 태도, 행동 패턴 변화의 주요 요소는 변화되는 사람의 개인적인 상호작용적 개입이다.[28]

다섯째, 우리는 외적 행동의 변화보다는 내적 삶의 변화에 초점을 맞추어야 한다. 두 가지 성경 말씀이 떠오른다. "경건의 모양"은 있으나 참된 신앙의 능력을 부인하는 말세의 사람들에 대한 바울의 서술과 이사야의 이스라엘 묘사가 그것이다.

---

27 Harley Atkinson, *The Power of Small Groups in Christian Education* (Nappanaee, IN: Evangel Publishing House, 2002), 132-33.
28 Julie A. Gorman, *Community That Is Christian: A Handbook on Small Groups* (Grand Rapids: Baker Books, 2002), 98.

주께서 이르시되 이 백성이 입으로는 나를 가까이하며 입술로는 나를 공경하나 그들의 마음은 내게서 멀리 떠났나니 그들이 나를 경외함은 사람의 계명으로 가르침을 받았을 뿐이라(사 29:13).

7. 성인 발달에 대한 성경적 접근 방식

우리가 설명해 온 제자도의 세 가지 본질에 대해 우리는 어떤 성경적 통찰력을 얻을 수 있을까?

1) 가르침

바울이 디도서 2장에서 관계의 적절한 기능을 위해 펼치는 놀라운 주장은 성인 발달에 대한 가르침의 원칙을 확립한다. 특히, 성인은 '교육'을 받아야 하며, 행동은 '교훈에 합당한 것'이라는 자연스러운 부분으로 초점을 맞춰야 한다. 가르침(*didaskalia*)은 '바른 삶'과 관련된 것이었다. "오직 너는 바른 교훈에 합당한 것을 말하여"(딛 2;1). 성인 발달 단계들은 함축적이며 특정한 역할을 수행할 것으로 기대된다. 다음에 나오는 친교에서 신약성경이 말하는 역할에 주목하라.

2) 친교

성경에 묘사된 성인 발달은 "관계의 역할"에 강하게 초점을 맞추고 있다. 이 역할은 성인 발달(예: 일)에 의해 형성될 뿐만 아니라 개인 역시 역할(예: 결혼)에 의해 형성된다.

(1) 가정으로 비유된 노소의 관계

목회서신은 확실히 성인 발달의 사회적 측면에 대한 생각에 많은 기여를 하고 있다. 바울은 디모데에게 권고한다.

> 늙은이를 꾸짖지 말고 권하되 아버지에게 하듯 하며 젊은이에게는 형제에게 하듯 하고 늙은 여자에게는 어머니에게 하듯 하며 젊은 여자에게는 온전히 깨끗함으로 자매에게 하듯 하라(딤전 5:1-2).

연로한 어른들은 존중과 존경심으로 젊은 남성과 여성은 평등함과 순수함으로 대해야 한다.

(2) 성인 발달의 핵심 역할 결혼

오늘날 성인의 행동에서 가장 문제가 되는 제도 중 하나가 결혼일 수 있다. 히브리서 기자는 남편과 아내라는 구체적인 역할의 명예로움을 강조한다.

> 모든 사람은 결혼을 귀히 여기고 침소를 더럽히지 않게 하라 음행 하는 자들과 간음하는 자들을 하나님이 심판하시리라(히 13:4).

이 사회적 합의를 위반했을 때 수반되는 징벌에 주목하라. 바울은 에베소 교회의 성도들에게 남편은 아내를 사랑하고 소중히 여겨야 하고, 아내는 남편을 존중하고 복종해야 한다고 권고했다(엡 5:22-33).

(3) 그리스도를 영화롭게 하는 업무 관계

그리스도인들은 흔히 일할 기회가 죄로 말미암은 타락의 결과인 것처럼 행동하지만, 일 역시 친교 또는 사랑의 관계로 하나님께 영광을 돌릴 수 있는 장이기도 하다.

> 종들아 모든 일에 육신의 상전에게 순종하되 사람을 기쁘게 하는 자와 같이 눈가림만 하지 말고 오직 주를 두려워하여 성실한 마음으로 하라 무슨 일을 하든지 마음을 다하여 주께 하듯 하고 사람에게 하듯 하지 말라 이는 기업의 상을 주께 받을 줄 아나니 너희는 주 그리스도를 섬기느니라(골 3:22-24).

교수이자 목사인 달라스 윌라드는 창조의 원 계획에 대해 다음과 같이 말한다.

> 그러나 그 과업의 광대함에 비추어 볼 때, 하나님은 또한 인류에게 또 다른 매우 중요한 능력, 즉 하나님과 다른 인간에 대한 올바른 관계를 맺고 살 수 있는 능력을 주셨다. 오직 그런 관계에서만, 즉 그런 관계를 건강하고 번성하도록 유지하는 데 필요한 의사소통을 통해서만 맡겨진 일을 성공적으로 완수하기 위해 필요한 모든 것을 찾을 수 있다.[29]

(4) 정부와의 상호 작용과 복종

정부 역시 성인 발달에 영향을 미친다. 바울은 로마의 그리스도인들에게 쓴 편지에서 사랑이라는 최고의 법에 호소한다.

> 모든 자에게 줄 것을 주되 조세를 받을 자에게 조세를 바치고 관세를 받을 자에게 관세를 바치고 두려워할 자를 두려워하며 존경할 자를 존경하라 피차 사랑의 빚 외에는 아무에게든지 아무 빚도 지지 말라 남을 사랑하는 자는 율법을 다 이루었느니라(롬 13:7-8).

따라서 성인의 영적 발달에는 자신이 속한 지역사회의 통치 권위에 대한 인식이 포함되어야 한다.

---

29 Dallas Willard, *The Spirit of the Disciplines* (San Francisco: Harper Collins, 1988), 49-50.

3) 봉사

영적 성숙에 관한 성인 발달에 필수적인 것을 설명할 때 우리가 말하고 있는 것은 무엇인가?

그것은 바로 열매이다!

주님께 드리는 우리의 봉사는 그리스도의 삶에 대한 우리의 친밀감이 흘러 넘치는 것이며 이는 선행으로 이어진다. "열매" 또는 그리스도인의 행위는 다음과 같이 나열할 수 있다.

- 주님께 복종하는 삶은 의로운 삶을 낳는다(눅 6:43-44).
- 신자들은 그리스도라는 포도나무에서 열매를 맺는다(요 15:5).
- 열매는 아버지의 뜻에 따라 구하는 것에 달려 있다(요 15:16).
- 가난한 사람들을 위한 헌금은 열매의 예이다(롬 15:26-28).
- 성령의 열매는 그리스도를 믿는 신자의 섬김의 한 부분이다(갈 5:22-23).
- 선과 의와 진리는 그리스도를 따르는 자의 열매이다(엡 5:9).
- 새롭게 그리스도를 믿는 신자는 열매이다(골 1:6).

모든 선한 일은 섬김의 열매로 요약할 수 있다.

> 주께 합당하게 행하여 범사에 기쁘시게 하고 모든 선한 일에 열매를 맺게 하시며 하나님을 아는 것에 자라게 하시고(골 1:10).

8. 특별 권고 사항

첫째, 당신의 성도들이 성숙한 신자를 어떻게 묘사하는지에 대한 청사진을 개발하라.

교회 지도자 또는 사역 그룹이 자신이 담당하고 있는 사람들에게 기대하는 바에 대한 구체적인 목록이나 정리된 내용을 가지고 있는 경우는 거의 없다. 레지 맥닐(Reggie McNeal) 같은 교회 지도자는 우리 각자에게 다음과 같이 요구한다.

> 북미 교회의 쇄신을 위해 필요한 리더십의 질은 면밀히 검토된 접근 방식을 사용하는 사람들을 필요로 한다. 그래서 그들은 자신들이 단지 다른 사람의 기막힌 아이디어를 모방하는 것이 아니라 왜 자신들이 하고 있는 일을 하는지 알게 될 것이다. … 나는 당신이 하나님을 듣고 찾을 때 당신을 위해 새로운 정신적 풍경을 만드는 것을 도와서 당신이 하나님의 말씀을 들을 수 있는 자리에 있도록 하고 싶다.[30]

둘째, 그리스도인 형성을 평가하는 당신의 방법을 제공하라.

예를 들어, 라이프웨이(Lifeway, 역자 주: 1891년 미국 남침례교단 주일학교 및 성경 공부 교재의 제작 보급을 위해 설립된 출판사로 미국 최대의 기독교 출판사이다)의 영적 성장 평가 과정(Spiritual Growth Assessment Process)[31]은 그리스도인의 삶 프로파일(Christian Life Profile)[32]과 마찬가지로 영적 성장을 측정하고, 교회 지도자들에게 성도들을 상담하고 조언할 수 있는 기회를 제공하는 도구이다.

이런 개인 평가에 도움이 되는 도구들은 일반적인 목회적 역량을 향상시킨다. 그러나 우리는 또한 교회의 전체 프로그램에 대한 평가, 즉 사역 감사(a ministry audit)를 할 필요가 있다. 모든 사역은 현재의 목표가 있어야 하며, 모든 목표에는 사역 전략이 있어야 한다. 사실 그 외에 우리가 활용할

---

30 Reggie McNeal, *The Present Future: Six Tough Questions for the Church* (San Francisco: Jossey-Bass, 2003), xix.
31 Available at www.lifeway.com/discipleship.
32 Randy Franzee, *The Christian Life Profile Assessment Tool Workbook* (Grand Rapids: Zondervan Publishing House, 1998, 2005).

수 있는 자원은 거의 없다.

셋째, 광범위한 기독교 교육에 대한 참여를 촉진하라.

성인 발달에 관한 문학은 영적 형성 사역의 협력자가 될 것으로 보인다. 영적 훈련과 비공식적 학습 관행이라는 두 분야에서의 노력은 이 잠재력을 강조한다. 개인적 영적 훈련의 실행에 많은 관심이 모아지고 있다. 공동적인 영적 훈련 역시 배울 수 있고, 경험할 수 있으며, 증진될 수 있다. 교육자이자 출판인인 케네스 보아(Kenneth Boa)는 훈련된 영성에 대한 통찰력을 제공한다.

> 은혜는 노력이 아니라 소득(earning)에 반대되기 때문에 영적 훈련은 의존적일 수밖에 없다. 오랜 세월에 걸쳐 검증된 신앙 훈련의 여러 가지 유익은 훈련을 통해 우리가 숙련된 노력을 할 수 있도록 준비된 것과 같은 방식으로 영적 형성에 기여한다.[33]

기독교 교육의 가능성을 보여 주는 또 다른 측면은 비공식적 학습 관행을 교회 교육에 적용하는 것이다. 다음은 성인의 영적 발달을 촉진하기 위한 세 가지 전략이다.

- **멘토링**: 한 성인(멘토)이 경험이 적은 다른 성인(멘티)에게 제공하는 개인적이고 전문적인 지원
- **자기 주도 학습**
- **대화 참여**: 영적 발달을 장려하고 촉진하는 사람들 간의 대인관계 및 상호 교류[34]

---

[33] Kenneth Boa, *Conformed to His Image: Biblical and Practical Approaches to Spiritual Formation* (Grand Rapids: Zondervan Publishing House, 2001), 75.

[34] English, "Spiritual Dimensions of Informal Learning," 30-6.

넷째, 그런 사람들과 함께 할 사역을 설계하라.

제자도의 한 측면에만 초점을 맞춘 프로그램이라면 그 어떤 사역 프로그램이라도 그 사역의 영향을 받는 사람들의 성장을 약화시킬 것이다. 어떤 교회들은 설교 내용이 빼곡히 적힌 노트와 교회 지도자들의 넓은 개인 도서관 또는 온라인 블로그를 자랑스럽게 여긴다.

> 그러나 학습자들의 마음속에 있는 그 생각들이 그들의 삶에 어떤 영향을 미쳤을까?
> "친교"를 강조하는 모임에 참석했다가 이 모임과 동창회 사이의 차이를 느끼지 못해 집으로 돌아가지는 않았는가?
> 초자연적이고 세상을 바꾸는 생명을 변화시키는 하나님의 능력은 어디에 있는가?

헌신적인 종들의 지친 삶을 관찰하는 것은 우리가 정말로 영적 성장의 이득을 얻고 있는 것인지 아니면 가장 자발적인 사람들을 지치게 하고 있는 것인지 고민하게 만든다.

성도들 속에서 섬기는 리더로서의 사역을 감당하도록 채우시고 힘을 부어 주시는 하나님의 넘치는 능력은 어디에 있는가?

성인 발달은 성인 교육에 상응하는 상호 의존성을 누려 왔다. 따라서 기독교 교육에 관한 사역 설계를 위해 성인들에 주의를 기울이고 지속적 교육 실천으로 많은 이익을 얻을 수 있다. 연구자이자 성인 교육 전문가인 제인 벨라(Jane Vella)는 성인을 위한 기독교 교육에서 사역 설계에 적용할 수 있는 열두 가지 원칙을 제안한다.

① 요구 분석: 학습자가 학습할 내용을 결정하는 데 참여
② 환경 및 과정의 안전: 안전할 수 있는 학습 환경 조성
③ 교사와 학습자 그리고 학습자들 사이의 건전한 관계

④ 내용 및 강화의 연속성
⑤ 행위(*praxis*): 반성과 함께 행동하거나 실천함으로 학습
⑥ 의사 결정자로서 학습자 존중
⑦ 생각, 감정, 행동: 학습의 인지적, 정서적, 정신운동적 측면
⑧ 학습의 직접성(*immediacy*)
⑨ 명확한 역할 및 역할 발달
⑩ 공동작업(*teamwork*)과 소그룹 활용
⑪ 학습자가 학습하는 내용에 참여
⑫ 책임: 학습자들은 자신이 알고 있다는 것을 어떻게 알까?[35]

9. 결론

1) 가르친다?

하나님이 설계하신 성인 발달 원칙을 준수하라. 분명 우리는 학습 방식에 대해 더 많은 상호 작용과 관심을 포함시킬 것이다.

성인이 성장함에 따라 그들의 필요를 분별할 수 있도록 하라. 즉, 정상적인 연령에 따른 성장 단계와 삶이 가져오는 것과 하나님이 계획하신 것을 다루는 단계 모두에서 성인들의 필요를 분별할 수 있어야 한다.

또한, 훌륭한 교사는 상호 목표를 설정하는 능력을 갖추어야 한다. 당신이 교육하는 사람들에게 가르침, 친교, 봉사가 필요하다는 것에 유념하는 것은 그리스도의 제자를 양성하는 데 필수적이다. 창의성과 관심을 가지고 주님께서 당신에게 목양을 허락하신 사람들을 가르치라.

---

[35] Jane Vella, *Learning To Listen; Learning To Teach* (San Francisco: Jossey-Bass, 2002), 4.

2) 이끈다?

성인들이 어떻게 발달하는지 잘 알아 두라. 필요 사항을 평가하고, 목표를 설정하고, 프로그램을 실행하기 위해 책임을 공유하는 것을 두려워하지 말라. 우리를 따르는 사람들이 어린아이 같은 사고, 추론, 행동의 이해에서 벗어나 성인이 될 수 있도록 하라.

성인 발달 역할에 따라 조언하고 권면할 수 있도록 지혜로워진다면 성장은 미래 기독교 교육의 모범이 될 것이다. 지도자는 자신의 성숙도를 알고, 성숙도에 따른 요구 사항을 평가할 수 있어야 하며, 사역의 효율성을 높이기 위해 개인 및 공동 활동을 수행해야 한다.

3) 계획한다?

사역 내에서 공동 프로그램을 계획할 때 소외되는 영역은 심각한 문제이다. 지나치게 단편화 된 일부 사역 계획은 우리가 전혀 계획하지 않았지만 교회생활의 기본 구조를 깨뜨리는 환경을 조성했다. 일부 교회 지도자의 고도로 구조화된 통제는 반항적인 추종자나 생각 없는 복제인간을 양산한다. 성경에 기반을 두고, 용기 있게 위험을 무릅쓰고, 현명하게 이해하는 사역을 위한 노력에서 활력은 역사상 어느 때보다도 오늘날 절실히 필요한 것이다.

10. 복습을 위한 질문

1. 당신의 교회에서 앞서 살펴본 제자 훈련의 필수 영역인 가르침, 교제, 봉사 중 교육적으로 가장 강력한 것은 어느 것인가?
   당신의 개인적 삶에서 가장 강력한 것은?

2. 성인 발달 전문가들의 통찰력 중 어떤 것을 현재 사역에 적용할 수 있는가?

3. 어떤 성인 발달 모델이 당신의 사역에 가장 잘 적용될 수 있다고 생각하는가?

4. 영적 형성의 진행에 관한 네 가지 질문에서 당신은 어디에 속하는가?

5. 성숙한 사람은 어떤 특성을 가지고 있는가?

6. 성숙한 사람의 특성과 개인적으로 어떻게 비교할 것인가?

7. 성인 교육 프로그램을 수정할 기회가 주어진다면 당신의 교회에서 누가 가장 많은 일을 해야 하는가?

8. 제7장의 내용에서 당신이 가장 의미 있다고 생각하는 성경 구절은 무엇인가?

제8장

영적 발달과 그리스도인 형성

마크 A. 매딕스(Mark A. Maddix)

오늘날 "영적"(spiritual)과 "영성"(spirituality)이란 말은 우리 세상에서 점점 더 흔하게 사용되고 있다. 사람들은 영성과 형이상학적 현실에 관심이 있다. 사람들은 본능적으로 자신을 초월한 무언가에 대한 허기와 갈증을 느끼고 있다.

2005년 「뉴스위크」의 기사 "영성가를 찾아서"(In Search of the Spiritual)에서 우리는 영성에 대한 미국인들의 갈망을 엿볼 수 있었다. 기사에 따르면, "미국인들은 신에 대한 개인적이고 황홀한 경험을 찾고 있다." 또한, 사람들이 영성에는 관심이 있지만 반드시 특정 종교적 성향에 관심을 가지는 것은 아님을 보여 주었다.

우리 문화에서 영성의 성장은 신앙이라는 종교적 표현의 다양함에서 분명하게 나타난다. 이제 기독교는 더 이상 지배적 종교가 아니다. 그러나 사람들은 자신의 영성을 종교와 분리하고 있다. 때문에 제도적 종교는 부정적 표현이 되었다. 많은 구도자가 스스로를 "영적"이라고 생각하면서도 종교적이라고 생각하지는 않는다.[1] 영성이란 용어는 초월자에 대한 인간의 갈망을 반영하거나 삶의 의미를 부여하는 방법으로 세속적 환경에서, 그리고 신성한 환경에서 사용된다.[2]

우리 시대의 영적 갈증은 사회적 현상이 되었다. 각계각층의 사람들과 다양한 종교를 가진 사람들이 새로운 관심을 가지고 영적 중심점을 찾고 있다. 어떤 사람들에게 영성은 그들의 삶에서 가장 중요한 것과의 관계로 묘사되지만 또 다른 사람들에게는 긍정적이고 창의적인 사람이 되는 과정이다. 이런 예들은 초월적 존재가 없는 영성에 대한 갈망, 즉 세속적 영성을 반영한다.[3]

---

[1] Marjorie J. Thompson, *Soul Feast: An Invitation to the Christian Spiritual Life* (Louisville, Kentucky: Westminster John Knox Press, 1995), 2.

[2] James Fowler, *Stages of Faith: The Psychology of Human Development and the Quest for Meaning* (San Francisco: HarperOne, 1995).

[3] Dallas Willard, *Renovation of the Heart: Putting on the Character of Christ* (Colorado Springs, Colorado: Navpress, 2002), 19.

영성이 오직 기독교에서만 사용하는 용어라거나 그 사용이 그저 교회의 특권일 뿐이라고 생각하는 것은 실수이다. 우리 문화에 반영된 영성은 널리 알려져 있다. 예를 들어, 우리는 유대교와 이슬람교의 영성, 불가지론과 무신론의 영성에 대해 이야기할 수 있다. 공공의 영역에서 영성에 대한 이해의 폭이 넓어지면서 사람들이 영성이라는 용어의 의미를 판단하기 어려워 하는 것은 놀라운 일이 아니다.

영성이라는 용어는 "호흡, 생명, 영"을 의미하는 라틴어 스피리투스(*spiritus*)에서 파생되었다. 따라서 가장 넓은 의미에서 영성은 궁극적 현실, 영에 기초를 두고 있으며, 우리의 육체적, 물리적 자아를 초월해 생기를 불어넣어 주는 존재의 영적 차원에 맞춰진 우리의 삶 전체와 관련이 있다.[4] 영적인 것에 대해 말하는 것은 초월적 실재, 즉 영으로 충만한 삶의 차원의 존재를 전제로 하고, 우리 인간은 우리 가운데서 이 초월적 실재를 경험할 수 있고, 경험하고 있으며, 초월적 실재의 이름과 그 이름에 대한 반응에 끌린다고 주장한다.

영성은 인간, 호모 사피엔스(*homo sapiens*)가 분명히 영적 존재, 즉 호모 스피리투알리스(*homo spiritualis*)임을 암시하는 인간의 근본적 차원이다. 인간은 그 대상이 하나님, 자연, 구분되지 않은 단일성으로 이해되는지 또는 심미적 경험으로 이해되는지에 관계없이 초월적 "주체"로부터 부름을 받을 수 있다.[5] 따라서 영적 문제에 대한 모든 논의는 은혜의 형태로 주어지는 신적 활동을 전제로 한다.

웨슬리안 신학자들의 "선행은총"(prevenient grace)에 대한 이해와 칼빈주의 신학자들의 일반은총(common grace)에 대한 이해가 이런 현상에 대한 신학적 설명을 제공한다. 인간은 하나님을 초월할 수 있는 능력이 없다. 오직 하나님의 은혜라는 선물을 통해서만 모든 사람이 하나님을 경험할 수 있다.

---

[4] Barbara E. Bowe, *Biblical Foundations of Spirituality: Touching a Finger to the Flame* (Lanham, Maryland: Rowman & Littlefield Publishers, 2003), 11.
[5] Collins, "What is Spirituality?" 80-1.

제8장은 인간이 하나님의 은혜로 그를 경험할 수 있는 능력을 가진 영적 존재라는 중요한 신학적 전제로 시작한다. 제8장은 영성의 의미를 논한 후 기독교 영성 형성의 정의를 발전시키는 방향으로 나아간다. 영적 형성은 성경적 관점에서 볼 수 있기에 영적 형성을 위한 성경의 역할이 포함된다.

또한, 그리스도인 형성, 기독교 교육 및 영적 형성을 묘사하기 위해 사용되는 용어들에 대해 논의한 뒤, 영성의 여러 측면과 영적 변혁에 관한 역사적 운동을 구별함으로써 영성의 역사에 초점을 맞춘다. 마지막으로, 현재의 영적 실천에 대한 분석을 진행하고, 영적 형성과 발달 이론의 관계에 대한 간략한 토론으로 끝을 맺는다.

1. 영적 형성의 정의를 향해

기독교 영성은 무엇이 다른가?

우리 문화에서 영성에 대한 보다 일반적인 이해와 비교했을 때 기독교 영성만이 가지고 있는 독특한 측면은 무엇인가?

이런 질문들에 답하기 위해, 영적 형성의 정의에 대해 탐구해 보자. 영성이라는 단어는 라틴어 스피리투알리타스(spiritualitas)에서 파생되었다. 어원이 같은 스피리투수(spiritus)와 스피리투알리스(spiritualis)처럼 스피리투알리타스는 "영"을 의미하는 그리스 용어 프뉴마(pneuma)와 프뉴마티코스(pneumatikos)의 적절한 번역이다.

바울은 고린도전서에서 다음과 같이 말한다.

신령한 자는 모든 것을 판단하나 자기는 아무에게도 판단을 받지 아니하느니라 (고전 2:15).

그렇다면 영적인 사람 프뉴마티코스는 성령의 인도 아래 있고, 육적인 사람은 그렇지 않다.[6] 그러므로 기독교 영성은 삼위일체 하나님의 제3위인 성령의 임재와 능력으로 살아가고 있는 사람들을 말한다.

기독교 영성은 세상에 전파되고 궁극적으로 예수 그리스도를 통해 알려진 성령에 반응하는 특별한 방법을 설명한다. 영성은 몸과 마음, 생각과 감정, 감성과 열정, 소망과 두려움과 꿈 등 모든 사람 안에 살아서 역사하시는 그리스도의 영의 능력과 존재로 우리의 삶 전체가 협력한 결과이다.[7]

1) 영적 형성은 "형성되고" "변형되는" 존재에 초점을 맞추는 데서 시작된다

인간은 "그리스도의 형상과 모양"으로 변화되어 가고 있다. 영적 형성은 바울이 쓴 갈라디아서 4장 19절에서 유래했다.

> 나의 자녀들아 너희 속에 그리스도의 형상을 이루기까지 다시 너희를 위하여 해산하는 수고를 하노니(갈 4:19).

바울은 메타몰푸(*metamorphoo*, 변화)와 밀접한 관련이 있는 몰푸(*morphoo*, 형성)라는 단어를 사용한다. 그것은 단순한 외형적 형성이 아니라 본질적 속성의 형성을 의미한다.

바울은 갈라디아 교회의 신자들의 내적 본성이 그리스도와 같이 되어 그리스도가 그들 안에 형성되었다고 말할 수 있게 되기를 기도하고 있다. 갈라디아 교회의 신자들은 신성하지도, 구세주 그 자체도 아니다. 오히려 그들은 더 인간적일 수 있다. 그러나 그들은 그리스도를 닮은 진정한 성품과

---

[6] Ibid., 81.
[7] Bowe, *Biblical Foundations of Spirituality*, 12.

행동을 가질 것이다.[8]

따라서 갈라디아서 4장 19절에 따르면, 영적 형성은 "그리스도를 닮아 성장하고 있는 신자들의 공동체 내에서 하나님과 관계를 맺고 있는 전인(the whole person)으로, 그 관계는 성령이 지시하고 훈련된 생활 방식으로 나타나고, 이 세상에서 구속의 행위로 입증된다"[9]고 정의할 수 있다. 그러면 결국 영적 형성은 인간의 마음과 행동에 하나님의 은혜가 발휘되는 것이라 할 수 있다.

로버트 멀홀랜드(Robert Mulholland)는 다음과 같이 말한다.

> 영적 형성은 그리스도의 형상을 따르는 과정으로 연민의 사람, 용서의 사람, 타인과 세상을 깊이 염려하는 사람이 되는 여정이다.[10]

우리는 그리스도의 형상에 "순응"할 수 없다. 그러나 하나님은 성령의 능력으로 우리를 그리스도에 순응시키고 변화시키신다.

달라스 윌라드(Dallas Willard)는 다음과 같이 말한다.

> 영적 형성은 특별한 종교적 정황이나 전통과는 관계없이 인간의 영 또는 의지에 명확한 '형태' 또는 성격이 부여되는 과정이다.[11]

영적 형성은 우리의 영을 형성하고 우리의 영에 명확한 성격을 부여하는 과정을 의미한다. 다시 말해, 그리스도의 영에 순응하는 우리 영의 형성을 의미한다. 물론, 영적 형성은 성령의 활동을 포함하지만, 그 중심은 우리

---

8 Wesley E. Tracy, et al., *The Upward Call: Spiritual Formation and Holy Living* (Kansas City: Beacon Hill Press, 1993), 9.
9 Tracy, *The Upward Call*, 12.
10 M. Robert Molholland, Jr., *Invitation to a Journey: A Road Map for Spiritual Formation* (Downers Grove, Illinois: InterVarsity, 1993), 25.
11 Dallas Willard, *Renovation of the Heart: Putting on the Character of Christ* (Colorado Springs, Colorado: Navpress, 2002), 19.

영의 형성이다.

윌라드는 영적 형성을 다음과 같이 정의한다.

> 그리스도 안에서 영적 형성은 개인의 내면(마음, 의지 또는 영)이 예수님의 자질 또는 성품을 띠는 과정이다.[12]

멀홀랜드 역시 영적 형성을 "다른 사람을 위해 그리스도의 형상에 순응하는 과정"[13]으로 정의한다. 이 과정은 모두에게 일어난다. 가장 비열한 사람들뿐만 아니라 가장 존경스러운 사람들 모두가 영적 형성을 경험했다. 즉, 그들의 영이나 마음이 형성된 것이다.

영적 형성은 순례자, 다시 말해 더욱 더 그리스도인이 되기 위한 여정에 있는 그리스도인에 관한 것이다. 출애굽기의 이야기는 이런 여정을 보여 준다. 이스라엘 백성이 자유를 향해 인도되었듯이, 영적 형성은 그리스도 안에서 자유를 향해 우리를 인도한다. 이 인도함은 하나님 나라의 약속된 땅을 목표로 하는 분명한 방향성을 가지고 있다. 영적 형성은 기독교적 성숙을 향한 은혜의 성장을 목표로 한다.

2) 영적 형성의 측면은 인간의 참여와 예수 그리스도에 대한 순종에 초점을 맞추고 있다

중요한 것은 우리가 하는 일이 우리를 변화시키는 것이 아니라 우리가 하나님께로부터 받는 '은혜의 수단'에 참여함으로 변화된다는 것을 유념하는 것이다.

---

[12] Dallas Willard, The Great Omission: A Reclaiming: Jesus' Essential Teach*ing on Discipleship* (San Francisco: HarperSanFrancisco, 2006), 53.
[13] Molholland, *Invitation to a Journey*, 12.

제임스 윌호이트(James Wilhoit)는 영적 형성을 정의하면서 영적 형성의 인간적 측면과 신적 측면 모두를 포함시킨다.

> 영적 형성은 성령의 능력을 통해 하나님과의 관계에서 성장하고 그리스도께 순응하는 의도적인 공동체적 과정이다.[14]

윌호이트가 "의도적 과정"에 초점을 맞춘 것은 영적 형성을 영적 삶을 형성하는 모든 문화적 힘과 활동, 경험을 지칭하는 광범위한 의미와 구별하기 위한 방법이다.[15] 윌호이트에게 있어 영적 형성은 사람이 그리스도의 형상으로 변형되는 의도적이고 신중한 행동으로 구성된다. 역사적으로 교회는 성령께서 우리를 계속 변화시킬 기회가 있는 그리스도의 임재에 우리를 머물도록 하는 특정한 규율, 경건의 기술과 실천, 기독교적 봉사 행위를 발견했다.

3) 영적 형성은 공동체적 상황에서 일어나는 평생의 과정이다

서구 기독교는 구원과 영적 형성을 개인주의적이라고 생각한다. 집단주의적 형태의 사회 조직이었던 고대 성경 시대에는 공동체의 중요성을 최우선으로 여기는 것을 당연시했다.[16]

그러나 오늘날 서구 교회는 분열되고 개인주의화되어 영적 형성이 더욱 어려워졌다. 기독교 신앙은 공동체가 결여된 상태에서 종종 실천된다. 그리스도인의 삶은 예배, 친교, 소그룹 및 봉사가 실천되는 공동체 안에 있는 것이 가장 좋다. 이런 맥락에서 영적 형성은 공동체 안에서, 그리고 공동체

---

14 James C. Wilhoit, *Spiritual Formation as If the Church Mattered* (Grand Rapids: Baker Books, 2008), 23.
15 Wilhoit, *Spiritual Formation as If the Church Mattered*, 23.
16 Samuel M. Powell, *A Theology of Christian Spirituality* (Nashville: Abingdon, 2005), 36.

를 통해서 일어난다.

월호이트는 자신의 책 『영적 형성을 위한 교회』(*Spiritual Formation as If the Church Mattered*)의 주요 논지를 통해 영적 형성은 공동적이며 교회의 삶이라는 상황 속에서 일어난다는 주장을 뒷받침한다.[17]

기독교 공동체 참여와 영적 형성 사이의 관계가 가장 가까운 이유는 기독교 공동체인 교회가 종말론적 공동체이기 때문이다. 약속된 성령의 시대가 예수 그리스도의 삶과 죽음과 부활에 이르렀고 예수 그리스도의 사역은 교회 안에서 지속적으로 나타나기 때문에 교회공동체는 종말론적이다.[18] 이 말은 곧 교회공동체가 역사 속에서 하나님 나라의 충만함을 기대한다는 것을 의미한다. 교회는 하나님 나라를 예상하고, 선포하고, 기념하는 공동체이다.[19]

또한, 영적 형성은 일생 동안의 과정이다. 영적 형성과 신앙 형성을 연구하는 많은 사람이 여정(journey)이라는 은유를 사용해 신앙의 삶을 묘사한다.[20]

자넷 해그버그(Janet O. Hagberg)와 로버트 겔리치(Robert A. Guelich)는 다음과 같이 말한다.

> 여정은 과정, 행동, 움직임, 변화, 경험, 중지와 시작, 다양성, 단조로움과 놀라움을 포함한다. 여행(trip)은 목적지에 집중하는 반면, 여정은 전체적으로 볼 때 의미가 있다.[21]

우리의 신앙 여정은 우리의 삶을 전체적으로 볼 때 하나님이 우리에게 말씀하신 것에 대한 우리의 반응 과정과 그 과정의 지나감을 의미한다. 해

---

17 Wilhoit, *Spiritual Formation as If the Church Mattered*, 23.
18 Powell, *A Theology of Christian Spirituality*, 42.
19 Ibid., 43.
20 Fowler, *Stages of Faith*; Molholland, *Invitation to a Journey*; Janet O. Hagberg and Robert A. Guelich, 2nd ed., *The Critical Journey: Stages in the Life of Faith* (Salem, Wisconsin: Sheffield Publishing Company, 2005).
21 Hagberg and Guelich, *The Critical Journey*, 5.

그버그와 겔리치는 제임스 파울러(James Fowler)와 함께 우리의 신앙 여정을 보기 위한 방식으로 신앙의 단계들을 발전시켰다.

파울러에게 있어 이 신앙 단계들은 예측 가능한 삶의 단계들이다. 반면에, 해그버그와 겔리치에게 있어 신앙 단계들은 교회 역사에 기록된 것처럼 신앙의 삶을 통해 발전된다.[22] 어린아이가 신체 발달과 성장의 단계를 통해 자라는 것처럼 우리도 영적으로 성장한다.

영적 형성이 지속적 과정이라는 생각은 즉각적 만족을 추구하는 현 사회에 역행하는 것이다. 영적 형성의 길은 기쁨과 성공뿐만 아니라 힘겨운 몸부림과 낙심을 포함한다. 기독교 역사 대부분은 성장과 성숙의 필수적 측면인 그리스도의 고난에 기초한 몸부림과 괴로움에 초점을 맞추고 있다. 멀홀랜드는 다음과 같이 말한다.

> 삶 그 자체가 영적 발달의 과정이다. 우리가 가진 유일한 선택은 그 성장이 우리를 그리스도의 온전함으로 이끌 것인가 아니면 점점 더 비인간적이고 파괴적인 존재의 모습으로 이끌 것인가 하는 것이다.[23]

그러므로 그리스도인의 여정은 그리스도의 온전함을 향한 평생에 걸친 성장 과정에 대한 의도적이고 지속적인 헌신이다. 그 여정은 우리가 "그리스도의 장성한 분량이 충만한 데까지 이른 온전한 사람"(엡 4:13)으로 성장할 때까지 "범사에 머리이신 그리스도"(엡 4:15)께로 성장하는 과정이다. 이를 위해 하나님은 우리 삶의 매 순간마다 함께하시고 역사하신다.[24]

---

[22] Ibid., 6.
[23] Molholland, *Invitation to a Journey*, 24.
[24] M. Robert Mulholland, Jr., *Shaped by the Word: The Power of Scripture in Spiritual Formation* (Nashville: Upper Room Books, 2001), 24.

4) 영적 형성은 자아 양육과 타인과의 교제를 포함한다

우리는 하나님과의 교제하기 위해 창조되었다. 이 관계는 독특성, 통일성, 호혜성을 특징으로 한다. 삼위 하나님 간의 상호 관계와 유사하게, 인간은 우리의 독특성을 위태롭게 하지 않으시는 하나님과 동시적인 교감을 경험하게 된다. 삼위일체 하나님과 우리의 연합에서 우리가 가진 인간적 독특성은 사라지지 않는다. 하나님은 지배적인 타인으로서가 아니라 "우리가 그를 힘입어 살며 기동하며 존재하느니라"(행 17:28)라고 말할 수 있는 분으로 행동하신다.

하나님과의 관계는 우리의 인간성을 희생시키는 것이 아니라 오히려 하나님이 우리를 창조하시면서 바라셨던 그런 사람이 될 수 있도록 한다. 영적 형성에는 우리 자신을 돌보고 삼위일체 하나님의 빛으로 우리 자신을 양육하는 데 참여하는 것이 포함된다.

발스윅(Balswick)은 다음과 같이 말한다.

> 인간 발달을 위해 하나님을 이해하는 것은 하나님과 다른 인간과의 관계에서 시작된다. 상호 보완적 관계 속에서, 우리는 다른 사람과 가장 완전하게 마주하게 된다.[25]

하나님이 의도하신 영적 형성의 목적은 자신에 대한 이해와 보살핌, 하나님과의 관계, 그리고 서로 얽혀 있다고 우리는 믿는다. 우리가 이 현실 속에서 살 때, 우리는 더욱 온전한 인간이 되고 삼위일체 하나님의 형상을 품게 된다.

영적 형성의 정의에는 인간이 예수 그리스도를 닮아가는 내적 변화에 대한 초점이 포함된다. 이 변화는 인간이 예배, 기도, 성경 공부, 친교, 봉사

---

[25] Ibid., 49.

와 같은 하나님의 은혜의 방편에 참여할 때 일어난다. 이런 의도적인 실천은 삼위일체 하나님과의 교제를 위한 '채널'을 제공한다. 마지막으로, 영적 형성은 인간이 '자기 자신'을 돌보고, 기독교 공동체 내의 다른 사람들과 관계를 맺고, 다른 사람들을 섬기는 과정에서 이루어진다.

2. 기독교적 영적 형성의 성경적 이미지

영적 형성은 교회의 주요 임무이다. 사람들은 예배, 교제, 봉사를 통해 삼위일체 하나님과 만날 때 기독교 공동체의 정황에서 형성되고 만들어진다. 교회의 본질은 하나님의 본성인 하나님의 선교(*Missio Dei*)에 반영되어 있다. 교회를 향한 하나님의 선교는 마태복음 28장 19절의 대위임 명령에 확립되어 있다.

> 그러므로 너희는 가서 모든 민족을 제자로 삼아 …(마 28:19).

교회가 자신의 사명에 충실할 때 삶이 형성되고 '그리스도의 형상과 모양'으로 변화된다.

성경은 영적 삶에 관한 중요한 예를 제공한다. 제임스 윌호이트는 이런 예를 양육(농사, 원예, 인간의 성장, 친밀감), 여정(경주, 전투, 투쟁), 죽음과 부활(그리스도와 함께 죽음, 다시 태어난 존재)이라는 세 가지 이미지로 정리한다.[26]

첫째, 윌호이트는 그리스도인의 삶과 양육의 이미지로 출발한다. 예수님은 참포도나무(요 15장)라는 이미지는 우리가 그리스도와 영적으로 연결되기 위해 필요한 영적 진리를 생생하게 전달한다.[27]

---

[26] Wilhoit, *Spiritual Formation as If the Church Mattered*, 19.
[27] Ibid.,

월호이트는 다음과 같이 단언한다.

> 실제 이미지와 언어가 공동체에 강한 초점을 두고 있을 때 우리는 종종 이 이미지를 단지 '예수님 안에 거하는 것'으로 오해한다. 포도 열매는 가지가 덩굴에 연결되어 있을 때 생산된다.[28]

우리는 생명의 근원이신 예수 그리스도와 계속 연결되어 있을 때 살아 있고 존재한다.

둘째, 월호이트는 그리스도인의 삶의 이미지를 여정과 투쟁이라고 제안한다.[29] 바울은 그리스도인의 삶에서 훈련과 규율의 이미지를 사용한다(즉, 고전 9:24-27). 운동 경기라는 이미지를 강조하는 것은 고린도 교회의 신자들이 그리스도를 따르는 훈련된 운동 선수라는 단일 초점을 채택해야 한다는 요구이다.[30]

이 이미지를 가장 잘 보여 주는 예는 빌립보서 3장 13-14절로, "목표를 향해 힘을 내서 앞으로 나가는" 이미지를 묘사한 구절이다.[31] 아울러 이 여정에는 "앞으로 전진하기"와 "목표 추구하기"(엡 6:12)에 대한 투쟁이 포함된다. 이 전투적 이미지는 투쟁과 위험을 초래하지만 성장과 성화에 반드시 필요하다.

셋째, 월호이트가 제안한 세 번째 이미지는 그리스도인의 삶과 부활의 이미지이다.[32] 성경은 죽음에서 생명으로 옮겨지는 예들로 가득 차 있다.

월호이트는 다음과 같이 단언한다.

---

28 Ibid., 19-20.
29 Ibid., 20.
30 Ibid.
31 Ibid.
32 Ibid., 22.

죽음-중생 패턴은 성경 전반에 걸쳐 존재하는 전형적 패턴이다. 이 패턴은 하나님이 이 세상을 멸망시키실 때(창 6-9장) 홍수 이야기 속에서 나타난다 … 홍수 이후 파멸의 불모지인 이 땅에 생명을 불어넣으신다.[33]

다른 예로는, 그리스도의 죽음과 부활, 요한복음 3장 1-8절에 기록된 거듭남, 그리스도의 죽으심과 합하여 "장사"되었다가 새 생명으로 살리시는 (롬 6:4) 세례의 상징성 등이다.

월호이트에 따르면, 양육, 여정, 투쟁과 죽음/부활의 세 가지 이미지는 영적 형성의 본질적 측면을 담고 있다.[34]

또한, 윌라드는 영적 형성의 주된 이미지는 예수 그리스도의 삶에 있다고 주장한다. 그는 다음과 같이 말한다.

> 그리스도인의 영적 형성은 전적으로 예수님에게 초점을 맞추고 있다. 그 목표는 그리스도 안에서 하나님의 은혜 그리고 의도적인 상호 작용을 통해 성취된 내적 변화에서 발생하는 그리스도에 대한 순종 또는 순응이다.[35]

그는 갈라디아서 4장 19절, "너희 속에 그리스도의 형상을 이루기까지"와 고린도후서 3장 6절, "영은 살리는 것이니라"를 근거로 자신의 주장을 펼친다.[36] 윌라드의 주요 논지는 영적 형성의 성경적 이미지는 따르는 자, 즉 예수 그리스도의 제자로서 가장 많이 반영된다는 것이다. 윌라드에게 제자도는 영적 형성과 실천의 핵심이다.

---

33   Ibid.
34   Ibid.
35   Willard, *Renovation of the Heart*, 22.
36   Ibid., 23.

3. 그리스도인 형성으로서 영적 형성

"영적 형성"이라는 용어는 신앙 전통에 따라 다른 의미를 가지고 있다. 역사적으로 이 용어의 어원은 로마가톨릭 신학에서 비롯된 것으로 제2차 바티칸 공의회 이후의 영성 개념을 나타낸다. 이 기간 동안 이 용어는 개신교계에서 인기를 얻기 시작했다. 제2차 바티칸 공의회 이후 가톨릭 신자들과 개신교 신자들은 영성에 대해 더욱 관심을 갖기 시작했다.

휴즈 올리판트 올드(Hughes Oliphant Old)는 "칼빈주의자들은 보통 '영성'보다는 '경건'이라는 용어를 더 선호했다"라고 지적한다.[37] 개혁주의 신학자들은 보통 로마가톨릭 신자들이 "영성신학"이라고 부르는 것에 대해 말할 때 그리스도인의 삶에 관한 교리를 이야기했다.[38] 올드의 지적처럼 역사 속에서 보이는 영성에 대한 혼동은 영적 형성의 의미를 좁히는 것을 어렵게 만든다. 또한, 기독교 교육 분야 내의 다양한 전통은 "영적 형성", "영적 성장", "신앙 발달", "그리스도인 형성" 같은 수많은 용어로 표현된다.

개신교 내의 훈련으로서 영적 형성은 로마가톨릭의 영성의 영향을 받은 비교적 새로운 운동이다. 개신교의 자의식적 운동으로서 영성과 영적 형성은 기독교 교육이 영혼을 돌보기에는 어느 정도 부족했기 때문에 발생했다.

기독교 교육은 특히 성경의 오랜 진리를 전달할 때 인지 전달에 초점을 맞춘 모더니즘의 영향을 받는다. 지금까지 기독교 교육은 교리와 믿음을 교훈적으로 가르치는 데 상당한 힘을 쏟았다. 대부분의 기독교 교육자들은 명제적 진리와 믿음이 특히나 신학과 신학적 전통과 관련이 있을 때 이를 전달하는 것이 교육적 과제의 중심이라고 믿는다.

기독교 교육은 또한 이론과 방법의 영향을 받는다. 기독교 교육자들은 효과적인 학습을 위해 측정하고 평가해야 하는 과목의 목표를 개발한다.

37　H. O. Old, "What Is Reformed Spirituality? Played Over Again Lightly," *Calvin Studies*, Vol.7 (1994): 61-8.
38　Willard, *The Great Omission*, 62.

기독교 교육의 새로운 초점에는 변화의 목표뿐만 아니라 지식 전달의 목표도 포함될 것이다.³⁹

또한, 사회는 합리주의와 객관주의에 초점을 맞춘 모더니즘에서 주관성과 연결성을 크게 강조하는 포스트모더니즘으로 반작용적 변화를 거듭해 왔다.⁴⁰ 이런 초점의 변화로 인해 관련 문헌들은 기독교 교육과 영적 형성을 아우를 수 있는 보다 포괄적인 용어를 제공하기 위해 "그리스도인 형성"이라는 용어를 점점 더 사용하고 있다.

4. 다양한 영적 형성 전통의 구별

영성의 역사에서는 영성의 독특한 요소와 특성에 따라 다양한 유형의 영적 전통을 기술하는 것이 도움이 되었다. 바바라 보우(Barbara Bowe)는 "부정"(apophatic)과 "긍정"(kataphatic)이라는 두 가지 유형의 영적 전통을 제공한다.⁴¹ 보우는 "부정의(apophatic, '거부', '부정'을 의미하는 그리스어 *apophasis*에서 유래) 영적 전통은 하나님에 대한 절대적 알 수 없음을 단언하고 하나님에 대하여 구체적 이미지로 이름을 짓고, 상징화하고, 이야기하는 모든 개념적 시도를 거부한다"라고 말한다.⁴²

부정의 방식(apophatic way)은 이미지의 부정과 포기, 어두움, 그리고 미지의 것에 대한 항복을 통해 하나님께로 가는 것이다. 보우가 이 영적 방식을 증명할 수 있는 주목할 만한 예로 든 것은 출애굽기 19-20장에 등장하는 거룩한 산 시내/호렙에서 모세를 향한 하나님의 계시이다.⁴³

---

39 Paul Bramer, "Christian Formation: Tweaking the Paradigm," *Christian Education Journal*, 4:2 (2007): 356.
40 Ibid.
41 Bowe, *Biblical Foundations of Spirituality*, 16-8.
42 Ibid., 16.
43 Ibid., 16-7.

그곳에서 여호와는 "내가 빽빽한 구름 가운데서 네게 임한다"(출 19:9)고 말씀하신다. 모세가 십계명을 받은 후 "백성은 멀리 서 있고 모세는 하나님이 계신 흑암으로 가까이 갔다"(출 20:21). 모세의 이런 모습은 그리스도인들이 '모든 것을 뒤로'하고 하나님을 따르도록 권고하는 '부정의 방식'을 통해 교회가 어떻게 영성에 초점을 맞추었는지 보여 준다.

부정의 전통과는 대조적으로, 영성의 역사는 풍부한 긍정의('확인'을 의미하는 그리스어 카타파시스⟨kataphasis⟩에서 유래) 영적 전통의 예를 가지고 있다.[44] 보우는 "이런 영적 전통은 창조된 세계에서 인간의 경험에서 나온 이미지, 상징, 개념을 통한 비유로 창조주 하나님을 알 수 있음을 확인한다"라고 말한다.[45] 이 전통의 핵심에는 하나님은 근본적으로 자신을 세상에 알리려 계시하시는 하나님이라는 확신이 있다.

특히, 이 영적 방식은 신구약 성경의 지혜 문헌이라는 깊은 성경적 토대를 가지고 있다.[46] 지혜 문헌의 구절들에서 하나님을 찾는 사람들은 모든 피조물 안에서 하나님의 존재를 분별하도록 권유받는다.

기독교 영성을 위해 하나님은 그의 아들 예수 그리스도의 계시를 통해 알려졌다.

> 나를 본 자는 아버지를 보았거늘 어찌하여 아버지를 보이라 하느냐(요 14:9).

> 본래 하나님을 본 사람이 없으되 아버지 품 속에 있는 독생하신 하나님이 나타내셨느니라(요 1:18).

이와 같은 본문들은 하나님이 예수 그리스도 안에서 그리고 예수 그리스도를 통해 경험되고 알려질 수 있다는 확신을 근거로 한다. 이런 종류의 그

---

44 Ibid., 17.
45 Ibid.
46 Ibid.

리스도 중심적 긍정의 영성은 기독교 영성을 지원하고 뒷받침한다.[47]

1) 관상적 영성과 사도적 영성

영성의 역사의 또 다른 고전적 구분은 관상적 차원의 영성과 사도적 차원의 영성의 차이이다. 보우의 정의에 따르면, "관상적"이라는 용어는 "하나님의 신비를 향해 사랑 안에서 변화하고 연합하는 움직임"이다.[48] 관상은 하나님이 모든 피조물 속에 살아 계시다는 깨달음과 함께 하나님에 대한 인간의 열망이나 그리움을 포함한다.

이는 하나님의 임재를 스스로 인식하기 위해서 그에 상응하는 노력을 기울인다는 의미이다. 관상적 영성은 종종 모든 사물의 내적 조화를 보고 영과 물질, 신과 인간을 반대하는 어떤 이원론적 삶의 관념도 거부하는 신비한 신앙의 차원과 연결되어 있다.[49] 관상가들은 고독(폐쇄적 전통)과 공동 환경(수도원 전통)에서 하나님을 찾았다. 이런 관상가들은 하나님의 임재를 경험하기 위해 사회를 벗어났다.

그 예가 마이스터 에크하르트(Meister Eckhardt, 1260-1327), 노리치의 줄리안(Julian of Norwich, 1343-1415), 아빌라의 테레사(Teresa of Avila), 십자가의 요한(John the Cross) 등이다. 가장 널리 알려진 관상가 중 한 명인 토머스 머튼(Thomas Merton, 1915-68)은 영성에 대한 광범위한 저술을 남겼다. 이들을 비롯해 다른 관상가들은 관상생활을 하나님과 연합하고 모든 생명의 연합을 인식하는 방법으로 여긴다.

사도적 영성은 세상과 단절된 관상적 삶을 대비하기 위해 신자들이 참여하는 적극적인 제자 훈련 방법과 더 나아가 그들의 구원 사명에 초점을 맞

---

[47] Ibid.
[48] Ibid.
[49] Ibid., 18.

추고 있다.⁵⁰ 사도적 전통의 핵심은 예수 그리스도의 사명, 즉 대위임 명령(마 28:19-20)을 수행하는 것이다. 사도적 전통은 첫 사도들의 모범을 통해 계속 성장하고 있다. 그들은 예수님의 가르침, 치유, 화해, 그리고 모든 사람을 예수님의 충만한 삶으로 부르는 사명을 나누었다.

기독교 영성의 대부분은 기독교 신앙과 실천의 중심인 제자도에 초점을 맞추고 있다. 제자들은 날마다 "십자가를 지고" 예수님을 "따르라"는 권고를 받는다.

윌라드는 그의 책 『잊혀진 제자도』(*The Great Omission*)에서 기독교 제자도는 선택 사항이 아니라고 주장한다. 그는 다음과 같이 말한다.

> 제자는 그리스도처럼 되고자 하는 사람으로 그리스도의 '신앙과 실천'에 거하며, 그 목적을 위해 자신의 일을 체계적이고 점진적으로 재배치하는 사람이다. 오늘날에도 우리는 이런 결정과 행동으로 그리스도의 훈련에 참가하고 그리스도의 제자가 된다. 제자가 되기 위한 다른 방법은 없다.⁵¹

관상적 영성과 사도적 영성 모두 하나님께 응답하는 방법이다. 이 둘은 하나님의 신비한 타자성(the mysterious otherness of God)을 경외하고 모든 생명의 중심에서 하나님의 영과 임재를 인식하는 핵심을 공유한다. 두 영성 모두 예수 그리스도의 사역에서 드러나는 세상 삶에 대한 하나님의 계획과 목적을 수용한다.⁵²

로마가톨릭교회와 동방정교회, 그리고 성공회와 같은 일부 신앙 전통은 관상적 영성을 더 중시하는 반면, 대부분의 개신교 교단은 사도적 영성을 더 중시한다. 두 영성 모두 효과적인 영적 성장과 형성을 위해 필요하다.

---

50 Ibid.
51 Willard, *The Great Omission*, 7.
52 Bowe, *Biblical Foundation of Spirituality*, 18.

보우는 "관상적 영성이 하나님이 사랑하시는 모든 것에 대한 관심과 연합에 있어서 완전히 사도적인 것처럼 사도적 영성 또한 인간 관계의 중심에 있는 하나님의 신비를 분별하고 도움이 필요한 형제 자매의 얼굴에서 그리스도의 얼굴을 묵상한다"라고 기술한다.[53] 그러므로 진정한 영성은 관상적 영성과 사도적 영성을 모두 포함하는 영성이다.

2) 교회의 여섯 가지 역사적 운동

레노바레(Renovare)의 설립자 리처드 포스터(Richard Foster)는 교회의 역사는 여섯 개의 운동 또는 전통으로 특징지을 수 있다고 단언한다. 이 운동들은 하나님의 영이 특정 사명을 가진 개인과 집단을 어떻게 움직이셨는지 보여 준다.[54] 이 운동들은 각기 다른 신앙 전통들이 영적 형성을 어떻게 이해했는지를 알아보는 경로를 제공한다. 이 운동들은 모두 장단점을 가지고 있다.

포스터는 모든 것이 영적 형성에 대한 균형 잡힌 접근을 위해 필요하다고 말한다. 아래에 제시된 역사적 운동의 요약은 제임스 브라이언 스미스(James Bryan Smith)와 린다 그레이빌(Lynda Graybeal)의 『영적 형성 워크북』(*A Spiritual Formation Workbook*)에서 발췌했다.

(1) 관상기도 운동(Contemplative Movement)

4세기부터 5세기까지 많은 신자가 도시를 떠나 고독, 명상, 기도의 중요성을 강조하는 수녀원 또는 수도원을 찾았다. 이집트의 성 안토니오(Antony of Egypt)는 "사막 교모와 교부"(Desert Mothers and Fathers)의 초기 지도자였

---

[53] Ibid., 19.
[54] James Smith and Lynda Graybeal, *A Spiritual Formation Workbook: Small-Group Resources for Nurturing Christian Growth* (Englewood, Colorado: Renovare, 1999), 26.

다.[55] 포스터는 관상 운동은 그리스도께서 하나님께 헌신하는 삶을 반영한다고 주장한다.[56] 그러나 관상 운동에 연관된 사람들의 약점은 세상 속에서 하나님의 창조적 사역에 동참하지 못했다는 것이다.

(2) 성결 운동(Holiness Movement)

18세기 초, 존 웨슬리(John Wesley)와 그의 친구들은 도덕적 해이와 그리스도인들이 죄악 된 습관을 극복해야 할 필요성에 중점을 둔 "신성회"(Holy Club)라는 단체를 결성했다. 그들은 "방법"(method, 역자 주: 존 웨슬리와 신성회 멤버들이 사용했던 개인 일기이다)을 개발했고, 교회는 죄를 심각하게 받아들였다. 감리교의 정화 효과는 극적이었다.[57]

포스터에 따르면, 성결 운동은 생각, 말, 행동에 있어서 고결한 그리스도의 삶의 측면을 반영했다.[58] 그러나 이 도덕주의적 접근 방식의 약점은 죄와 도덕성에 대한 집중으로 인해 인간에 대한 연민을 무시하는 결과를 낳는다는 것이다.[59]

(3) 은사주의 운동(Charismatic Movement)

17세기 들어 교회는 조지 폭스(George Fox)가 이끄는 "퀘이커"(Quakers)라고 불리는 신자들의 삶에서 새롭게 발현되는 성령을 목격했다. 신자들의 삶에 임하는 성령의 적극적 임재는 수많은 회심에 힘을 실어 주는 원칙이 되었다. 예배의 중심에는 성령의 적극적 역할이 있었으며, 성령은 신자들을 전도, 선교, 사회적 관심으로 이끌었다.[60]

---

55 Ibid., 27.
56 Ibid., 28.
57 Ibid., 27.
58 Ibid., 28.
59 Ibid., 29.
60 Ibid., 28.

포스터는 은사주의 운동이 성령에 의해 권능을 받은 그리스도의 삶을 반영한다고 주장한다.[61] 이 운동이 가지는 약점은 복음 선포를 소홀히 한다는 것이다.[62]

(4) 사회정의 운동(Social Justice Movement)

12세기 후반 아시시의 프란치스코(Francis of Assisi)와 그의 추종자들은 이전의 삶을 버리고 병든 사람, 가난한 사람, 저는 사람들을 돌보기 위해 나섰다. 신자들은 프란치스코의 선례를 따라 남성과 여성으로 나뉘어 프란치스코회(Franciscan)와 클라라동정회(Poor Clare) 명령서를 만들었다. 질병과 빈곤에 미치는 그들의 영향은 주목할 만했다.[63]

포스터는 사회정의 운동은 그리스도의 삶과 모든 사람, 특히 병들고 가난한 사람들에 대한 그리스도의 연민을 반영한다고 주장한다.[64] 이 운동의 약점은 행동에 집중하느라 하나님의 말씀을 듣지 못하는 것이다.[65]

(5) 복음주의 운동(Evangelical Movement)

16세기 마틴 루터(Martin Luther)를 비롯한 일단의 사람들은 성경에서 새로운 메시지를 발견한 후 예수 그리스도의 복음을 선포했다. 성직자와 평신도는 설교, 선교적 노력, 개인적 증언을 통해 소망과 승리의 메시지를 표현했다.[66] 복음주의 운동은 복음의 기쁜 소식을 선포하는 데 초점을 맞춘 그리스도의 삶을 반영한다.[67] 그러나 복음주의 운동의 약점은 성령의 역사에 대한 강조가 부족하다는 것이다.[68]

---

61 Ibid.
62 Ibid., 29.
63 Ibid., 28.
64 Ibid.
65 Ibid., 29.
66 Ibid., 28.
67 Ibid.
68 Ibid., 29.

(6) 성육신 운동(Incarnational Movement)

18세기에 니콜라스 루트비히 폰 진젠도르프(Nicholas Ludwig von Zinzendorf) 백작은 박해받던 모라비아 교회의 남은 자들이 그의 사유지에 헤른후트 (Herrnhut, 역자 주: '주님이 보호하시는 곳'을 의미하며 모라비아교의 한 분파) 마을을 건설하는 것을 허락했다. 초기 분열돼 있었던 이 단체는 진젠도르프가 매일 성경 공부를 이끌고 "형제선서"(Brotherly Agreement)를 공식화한 후 강력한 성령의 임재를 경험하면서 통합되었다.

모라비아 교인들은 빵을 굽고, 옷감을 짜고, 가족을 양육하는 가운데서도 기도하고, 전도하고, 다른 사람들을 돕는 일을 하면서 하나님을 기쁘게 섬겼다. 성육신 운동은 신앙과 일 사이의 조화를 이루는 그리스도의 삶을 반영하지만,[69] 은밀하고 해로운 죄를 드러내지 못한다는 약점을 가지고 있다.[70]

포스터의 여섯 가지 역사적 운동과 함께 영성에 대한 차등적 접근 방식을 볼 때, 그리스도인들은 자신의 영성을 측정하고 평가하는 틀을 가지고 있다. 신앙공동체와 결합된 영적 형성에 대한 균형 잡힌 접근 방식은 우리가 영적 삶에서 균형을 유지하는 데 도움이 된다. 각 접근 방식은 신앙생활과 기독교적 실천의 중요한 측면을 반영한다.

우리가 이런 접근 방식을 실천할 때 우리와 그리스도와의 관계 성장에 도움이 될 것이며 궁극적으로 우리가 다른 사람들에게 그리스도의 사랑을 더 명확하게 반영하는 데 도움이 될 것이다.

3) 고전적인 영적 형성

기독교 전통에서 가장 널리 알려진 영적 변화의 모델 중 하나는 흔히 "세 가지 길"이라고 불리며, 정화 (purgation), 조명(illumination), 연합(union)의 과

---

[69] Ibid., 28.
[70] Ibid., 29.

정을 포함한다.[71] 13세기에 이르러 이 세 가지 길은 영적 성장에 대한 기독교적 이해를 형성하는 중요한 도식(schema)이었다. 따라서 기독교적 전통 안에서 이 영적 변화의 역동성에 가장 열정적으로 집중하며 살았던 분들의 증언에 귀를 기울이는 것은 지극히 당연하다.

첫째, "정화"는 일반적으로 "자각"의 경험과 관련이 있다. 사람은 자신의 삶이 죽음을 향하고 있다는 새로운 인식을 깨닫는다. 구도자의 이런 솔직함은 "제거"의 기회를 제공한다.[72] 이 고통스러운 경험이 일부 신비주의자와 관상가가 말하는 "영혼의 어두운 밤"이다. 이 어둠의 여정을 통해 사람은 새로운 존재에 대한 약속을 찾고, "조명"의 방식을 경험하게 된다.

여기서 사람은 하나님의 임재 안에서 새로운 기쁨과 평화를 경험한다. 아울러 정화의 기간 동안 사람은 하나님의 뜻과 일치하지 않는 자신의 삶의 옛 측면을 다뤄야 할 수도 있다. 여기서 자범죄(deliberate sins) 또는 "하나님의 알려진 뜻에 대한 고의적 범죄"를 용서받을 수 있다. 정화는 또한 무의식적 죄와 삶의 부족한 부분을 살핀다. 하나님의 영이 우리의 시야에 보이지 않고 영적 성숙을 향한 성장을 방해한 우리의 내면을 드러내는 곳이 바로 이곳이다.

둘째, "조명"은 사람들이 하나님의 임재에 비추어 새로운 세상을 해석하게 되면서 사람들을 변화시킨다. 사람들은 자신의 능력에 의존하기보다는 하나님께 의존하는 법을 배운다. 조명은 사랑 안에서 하나님께 전적으로 헌신하는 경험이다. 하나님과 나의 관계를 내가 주관하는 것이 아니라 하나님께서 주관하시는 것이다.[73]

---

[71] Roger Ray, *Christian Wisdom for Today: Three Classical Stages of Spirituality* (St. Louis, Missouri: Chalice, 1999).

[72] F. LeRon Schults and Steven J. Sandage, *Transforming Spirituality: Integrating Theology and Psychology* (Grand Rapids: Baker Books, 2006).

[73] Molholland, *Invitation to a Journey*, 94.

또한, 조명은 의무감 때문이 아닌 타인을 향한 하나님의 사랑에 대한 깊은 인식으로 인해 사회적 관심을 증가시키는 특징이 있다. 조명 과정 중에 우리의 동기가 근본적으로 바뀌는 패러다임 전환이 일어난다. 즉, 하나님과 우리의 관계에 대해 지나치게 신경을 쓰기보다는 하나님을 향한 사랑에 마음이 불타오른다.[74]

셋째, 그렇게 되면, 사람은 하나님과 "연합"한다. 역사적으로 이 "연합의 방식"은 하나님과의 관계적 일치의 경험을 통해 이루어지는 과정을 말한다.[75] 그것은 모든 이해를 뛰어넘는 경배와 찬양, 깊은 평화에 사로잡혀 있는 자신을 발견하는 특징, 즉 하나님과의 완전한 하나 됨을 특징으로 한다. 슐츠(F. LeRon Shults)와 샌디지(Steven J. Sandage)는 말한다.

> 바로 '경험' 그 자체의 의미는 하나님과의 친밀함이라는 이 '연합'에서 변형되는데, 이는 때때로 하나님의 임재라는 절대적으로 은혜로운 선물의 '주입'으로 묘사되기도 한다.[76]

정화, 조명, 연합의 단계를 거치는 여정은 영적 성장과 형성에 필요한 변화의 패턴을 제공한다. 이 패턴은 우리의 삶이라는 자동차가 그리스도의 온전함을 향하도록 하는 '네비게이션'을 제공한다. 종종 이 패턴을 통해 하나님은 변혁과 변화가 일어나도록 우리의 삶에 간섭하시고 삶을 혼란스럽게도 하신다.

멀홀랜드는 아래 도표 8.1에서 변화에 대한 전통적 접근 방식의 예를 제공한다. 그는 변화의 첫 단계가 살아 계신 하나님과의 만남을 통해 일어난다는 것을 보여 주기 위해 그의 패턴에 "자각"이라는 범주를 포함시켰다.

---

74 Molholland, *Invitation to a Journey*, 97.
75 Schults and Sandage, *Transforming Spirituality*, 27-8.
76 Ibid., 27.

단계	양상
자각	하나님과의 만남, 자신과의 만남, 편안함, 위협
정화	노골적 죄 포기, 고의적 불복종 포기, 무의식적 죄와 인생의 부족함, 존재와 행동의 깊이 있는 구조, 신뢰
조명	사랑으로 하나님께 전적으로 헌신, 내적 경험의 하나님, 존재의 통합, 끊임없는 기도, 사회적 관심 증가
연합	은혜에 대한 포기(Abandonment to Grace, 역자 주: 하나님의 은혜를 위해 다른 모든 것을 포기하는 것을 의미한다), 고요함의 기도, 감각의 어두운 밤, 완전한 연합/황홀한 연합, 영혼의 어두운 밤

도표 8.1: 전통적 기독교 순례[77]

5. 영적 형성으로서 성경

그리스도인들은 성경이 기독교 신앙과 실천에 대한 권위를 가지고 있다고 믿는다. 그들은 성경을 통해 신앙을 실천하는 방법에 대한 지침, 영감, 지식을 얻는 동시에 성경이 거룩한 영감을 통해 주어진 하나님의 특별계시이며 영적 형성의 중심이라고 믿는다. 그러나 그리스도인들은 주로 정보를 얻기 위한 활동으로 성경을 읽었다. 즉, 성경은 정보를 가르치고, 교육하고, 제공하는 수단으로 읽혀졌다.

멀홀랜드는 다음과 같이 말한다.

> 우리는 우리가 세상을 살아가는 방식에 도전하거나 맞서지 않고 기독교 신앙에 대한 우리의 이해를 높일 수 있는 흥미로운 정보를 더 자주 찾고 있다.[78]

최근 몇 세기 동안, 성경 연구의 해석적 관행은 성경 본문이 특정한 역사적 맥락에서 쓰여졌기 때문에 '본문이 의미하는 바'에 관한 문제에 초점을 맞추는 경향이 있었다. 그러나 주어진 성경 본문을 역사적, 고정적 실체로

---

77 Molholland, *Invitation to a Journey*, 81.
78 Mulholland, *Shaped by the Word*, 52.

보고 그 본문의 역사적 의미를 찾으려는 일반적인 해석적 접근 방식은 종종 성경이 실제로 현대적 환경에 있는 오늘날의 교회에 무슨 말을 할지에 대한 궁금증을 불러일으켰다.

즉, 성경을 역사적 관점에 집중해서 해석하게 되면 성경이 기록될 당시의 저자와 청중을 포함한 성경의 원래적 정황 속에서 성경 본문을 읽고 이해하는 풍성한 방법을 교회에 부여할 수는 있지만, 현재와 관련된 참신한 메시지를 등한시할 수도 있다. 이럴 때 성경의 권위에 대한 우리의 열정적 확증은 종종 공허하게 들린다.

그러나 성경을 정보가 아닌 변화의 수단으로 해석하고 읽으려는 새로운 관심이 일고 있다. 성경 내용에 대한 통달을 통해 얻는 정보 이상으로 성경은 우리를 만들고 변화시킨다.[79] 성경은 애초에 교회를 위해 기록되었다.

스티븐 파울(Stephen E. Fowl)은 다음과 같이 말한다.

> 기독교 공동체는 말씀과 성찬을 통해 그리스도 안에서 합당한 목적에 비추어 성경을 읽기 위해 형성된다.[80]

교회는 그리스도인들이 그리스도를 닮기 위한 목표를 향상시키는 방식으로 성경을 해석할 때 형성되는 곳이다. 따라서 성경은 정보에 관한 책이 아니라 그리스도인의 형성과 변화에 관한 책이다. 성경 읽기를 통해 정보를 얻는 방식에서 우리는 추상적 개념화(역자 주: 직접 경험하거나 지각할 수 없는 사물이나 대상을 나타내는 여러 관념 속에서 공통적이고 일반적인 요소를 만들 수 있는 능력으로 경험을 통해 경험하지 않은 것조차 느끼게 해 준다는 것이다), 즉 정신적 동의가 일어난다.

---

79 Paul R. Stevens and Michael Green, *Living the Story: Biblical Spirituality for Everyday Christians* (Grand Rapids: Eerdmans, 2003), x.
80 Stephen E. Fowl, "Further Thoughts on Theological Interpretation," in A. K. M. Adams, et.al., *Reading Scripture with the Church: Toward a Hermeneutic for Theological Interpretation* (Grand Rapids: BakerAcademic, 2006), 127.

그러나 우리가 읽는 것에 대해 개인적으로, 친밀하게, 공개적으로, 수용적으로 관여하지는 않는다. 종교개혁 기간 동안 루터(Martin Luther)와 칼빈(John Calvin)은 성경 본문을 단순히 역사적으로 읽는 것에 대해 경고했고 결과적으로 단순한 역사적 신앙에 대해서 경고했다. 루터는 성경의 중심에서 그리스도를 찾기 위해 단순한 단어가 아닌 진정한 주제에 주의를 기울이면서 형식적 읽기가 아닌 내적, 외적 읽기를 주장했다.[81]

어쨌든 성경 본문은 특정한 역사적 맥락과 상황에서 쓰여졌고, 따라서 본문의 원배경과 관련된 수많은 역사적 변수와 불가분의 관계에 있기 때문에 역사적으로 성경 학자들의 임무는 '본문이 의미하는 것'에 대한 해석, 즉 역사적 맥락에서 성경을 해석하는 것이었다.

최근 수십 년 동안, 성경 해석에 대한 역사적 관심은 분문 배후에 있는 신학적 영향과 신구약 성경 모두를 포함한 다양한 성경의 구성과 신학적 수사학의 측면 모두에 세심한 주의를 기울임으로써 과거 수십 년 동안 '성경신학'이 가지고 있던 많은 오류를 수정하는 데 기여했다. 역사적(본문 중심) 접근 방식에서 해석에 대한 서술적(독자 중심) 접근 방식으로의 이동은 영감 받은 성경이 기독교 공동체의 맥락에서 해석될 수 있다는 가정에 기반을 두고 있다. 사람은 성경에 대한 전문 지식에 상관없이 성경을 읽고 하나님을 만날 수 있다.

형성적 성경 읽기(formation reading, 묵상)는 본문을 향해 우리 자신의 마음을 여는 것을 포함한다. 성경을 읽을 때 우리는 성경 본문을 하나님의 말씀으로 여겨 하나님의 말씀이 우리 삶 속에 침투하고, 우리를 다루고, 우리를 만나도록 한다. 우리가 본문에 영향을 미치는 것이 아니라 본문이 우리에게 영향을 미칠 수 있도록 한다. 우리는 본문의 주인이 아니라 말씀을 듣고, 받고, 응답하고, 말씀의 종이 되기 위해 열린 마음으로 본문을 대한다.

---

81 Hans W Frei, *The Eclipse of Biblical Narrative: A Study in Eighteenth and Nineteenth Century Hermeneutics* (New Haven, Connecticut: Yale University Press, 1974), 19.

산드라 슈나이더스(Sandra M. Schneiders)는 성경적 영성은 개인의 변화 과정이며 성경 본문에 대한 공동의 참여라고 말한다. 비전문가는 역사적 기록이나 문학적 매개체가 아닌 하나님의 말씀으로서 본문에 단순하게 접근할 수 있다.[82] 역사적 분석과 비판적 분석이 항상 변혁으로 이어지지는 않는다. 오히려 하나님의 말씀과 성령의 사역에 의해 독자의 주관성이 항상 변화된다.

변화와 정보를 위해 성경을 읽으면서 그리스도인들은 새로운 흥분과 에너지로 성경을 읽을 것이다. 형성적 성경 읽기는 새로운 규율의 개발, 즉 준비가 필요한데 준비는 하나님 앞에서 잠잠하고, 포기하고, 당신의 삶을 내려놓기 위해 (퀘이커교의 문구를 사용하면) "집중"(center down)의 시간이 필요하다.[83]

1) 렉시오 디비나(Lectio Divina): 하나님의 말씀 경험하기

변화를 위한 성경 읽기 방식은 "거룩한 독서"를 의미하는 렉시오 디비나(lectio divina)라는 고대의 관습이다. 그 뿌리는 6세기에 누르시아의 성 베네딕토(St. Benedict of Nursia)가 세운 베네딕트회(Benedictine)에 있다. 전통적으로 렉시오 디비나는 일련의 기도가 포함된 과정으로 설명된다. 렉시오 디비나를 통해 독자들은 성경 본문 그리고 그 본문을 더 생동감 있게 만드는 성령과 깊은 교류의 단계로 이동한다. 렉시오 디비나에는 다음 내용이 포함된다.

- **침묵(Silencio)**: 성경 및/또는 기도에 접근할 때 신자는 개방적이고 수용적으로 경청해야 한다.

---

82 Sandra Schneiders, "Biblical Spirituality," *Intrepretation: A Journal of Bible and Theology* (2002): 136.
83 Mulholland, *Shaped by the Word*, 60.

- **읽기(*Lectio*)**: 상상력을 불러일으키기 위해 성경 본문을 소리 내어, 천천히, 그리고 신중하게 읽는다. 성경 본문을 들으면 하나님의 말씀이 생각나게 된다.
- **묵상(*Meditation*)**: 묵상하는 것은 읽은 내용을 생각하거나 정신적으로 '곱씹는' 것이다. 읽었던 말씀을 느긋하게 생각하고 숙고할 기회를 지닌다.
- **기도(*Oratio*)**: 기도는 친밀한 관계에서 하듯이 하나님과 대화하는 것이 포함된다. 하나님께 말하라. 가급적 큰 소리로 기도하거나 일기에 기도를 쓰라.
- **관상(*Contemplatio*)**: 멈추고 하나님 앞에서 조용히 쉬어라. 성령께서 주시는 것은 무엇이든 받으라.
- **공감(*Compassio*)**: 하나님에 대한 관상의 열매는 하나님과 이웃에 대한 사랑이다. 성경에서 어떤 통찰력, 느낌, 또는 헌신이 나타나든지 간에 다른 사람들과 은혜로 나누어야 한다.[84]

6. 영적 실천: 은혜의 수단

영적 성장은 다양한 기독교적 실천을 통해 이루어진다. 감리교의 창시자인 존 웨슬리(John Wesley)는 이런 실천을 "은혜(은총)의 수단"이라고 불렀다. "은혜의 수단"이라는 용어는 하나님께서 당신의 백성에게 은혜를 전달하시는 특정한 경로를 설명하기 위해 개신교와 로마가톨릭에서 사용된 특별 용어였다.

웨슬리는 자신의 설교 〈은혜의 수단〉에서 다음과 같이 선포했다.

---

84 Doug Hardy, "Lectio Divina: A Practice for Reconnecting to God's Word," *Preacher 5 Magazine: A Preaching Resource in the Wesleyan Tradition* (2009): 39-41.

은혜를 통해 하나님이 제정하신 외적 표징, 말, 행동은 인간들에게 선행 은혜, 칭의 은혜, 성화 은혜를 베푸시려는 목적을 위해 하나님이 정하신 평범한 통로입니다.[85]

웨슬리는 때때로 "법령"이라는 단어와 함께 "수단"이라는 단어를 사용하여 하나님이 이런 참여를 요구하셨음을 드러낸다.[86]

은혜의 수단 자체는 구원의 가치가 없지만, 성령이 특별한 방식으로 역사하는 통로였다. 그 수단은 은혜와 마찬가지로 웨슬리가 "구원"이라고 부르는 것을 아직 경험하지 못한 사람들까지도 모두가 이용할 수 있었다.[87]

웨슬리는 "은혜의 수단"을 제도적 은혜의 수단(Instituted means of grace)과 가변적 은혜의 수단(Prudential means of grace)으로 나눴다. 제도적 은혜의 수단은 예수 그리스도께서 정해 주신 실천으로 기도, 성경 연구, 주님의 만찬 참여(성체성사, Eucharist), 금식, 그리스도인의 모임(소그룹) 등이다. 특별히 공동으로 표현되는 이런 은혜의 수단들은 교회의 의도적이고 지속적인 성스러운 삶을 반영한다.

가변적 은혜의 수단은 교회가 정한 실천으로 신자가 할 수 있는 모든 선을 행하고, 하나님을 예배하는 모든 사적, 공적 예배에 참석하는 것이다. 웨슬리는 가난한 사람들을 돌보고 이웃을 사랑함으로써 신자가 할 수 있는 모든 선을 행하려고 노력해야 한다고 믿었다. 그는 또한 정기적인 공예배 참석의 중요성을 인정했다. 가변적 은혜의 수단은 신자의 필요를 충족시키기 위해 만들어진 것이므로 개인의 특정한 역사적 상황이나 맥락에 적응할 수 있다. 은혜의 수단은 영적 형성과 제자도를 위해 필요한 개인 및 공동적 측면을 모두 가지고 있다.

---

[85] John Wesley, *The Works of John Wesley*, 3rd ed. (Peabody, New Jersey: Hendrickson Publishers, 1832, 1986), 187.
[86] Ibid., 185.
[87] Dean Blevins, "Worship: Formation and Discernment," *Wesley Theological Journal*, 33: 1 (Spring, 1998): 120-1.

웨슬리는 하나님의 은혜를 단지 이런 관행에만 국한시키지 않았다. 그는 은혜를 하나님의 사랑스럽고 아직 창조되지 않은 현존으로 이해했기 때문에, 다른 많은 활동이 은혜의 수단이 될 수 있다고 믿었다. 따라서 은혜는 세례, 성체성사, 성경 공부와 같은 특정한 수단을 이용할 수 없는 사람들 사이에서도 여전히 활동적이다.

그러나 웨슬리는 제도적 은혜의 수단에 참여함으로써 신자는 주기적으로 하나님의 용서와 능력을 의식할 수 있다고 믿었다. 웨슬리의 치유의 초점은 그리스도께서 "은혜의 성례로 그의 사랑을 인치심으로 우리 안에 사랑의 삶을 심으시고 자라게 하셨다"라는 확언을 그의 성도들에게 정기적으로 묵상하도록 요청하는 것에서 분명히 드러난다.[88] 따라서 하나님의 은혜로 더 많은 능력을 필요로 하는 모든 신자가 제도적 은혜의 수단에 신실하게 참여해야 한다.

"은혜의 수단"은 영적 형성 과정에서 영적 훈련이나 영적 실천이 담당하는 역할을 논의하는 한 가지 방법이다.

윌라드는 다음과 같이 말한다.

> 훈련을 구성하는 활동 그 자체에 가치가 있는 것이 아니다. 영적 삶의 본질적 목적은 금식, 기도, 찬송, 검소한 생활 등이 아니라 오히려 우리가 놓여 있는 평범한 모든 일상에서 하나님과 인류에 대한 적극적 사랑이라는 효과적이고 완전한 즐거움이다.[89]

윌라드는 계속해서 영적 훈련은 사람을 "영적으로 우월하게" 만드는 것이 아니라 은혜가 더 자유롭게 흐를 수 있는 조건을 만드는 것이라고 덧붙였다.

---

88 Randy L. Maddox, *Responsible Grace: John Wesley's Practical Theology* (Nashville: Abingdon Press, 1998), 200.

89 Dallas Willard, *The Divine Conspiracy: Rediscovering Our Hidden Life in God* (San Francisco: Harper Collins, 1998), 137.

1) 내적, 외적 및 공동 실천

퀘이커 교도인 리처드 포스터는 그의 책 『영적 훈련과 성장』(*Celebration of Discipline*)에서 영적 형성에 대한 근본적인 소명은 영적 훈련에 참여하는 것이라고 소개한다.[90] 포스터와 윌라드는 영적 형성의 주요 수단은 그리스도에 대한 순종과 영적 실천에 대한 신실한 참여를 포함하는 성령 안에서 훈련된 삶에 기초한다고 주장한다.[91]

영적 실천 그 자체가 우리를 형성하는 것은 아니지만, 영적 실천은 우리가 그리스도께 순종하는 삶을 실천할 수 있는 길을 제공한다. 그러나 많은 그리스도인이 개인적인 영적 실천과 공동적인 영적 실천을 개발하는 데 어려움을 겪는다. 오늘날 즉각적 만족을 요구하는 문화 속에서 필요와 욕망은 영적 실천에 참여하는 시간을 허락하지 않는다.

그러나 이런 흐름의 반대편에는 영적 훈련을 기독교 신앙의 합법적이고 절대적인 필수 조건으로 만듦으로 영적 훈련의 원래 목적을 망각하는 사람들이 있다.

멀홀랜드는 다음과 같은 유익한 경고를 한다.

> 영적 훈련이 엄격한 생활 체계가 되어 하나님의 섭리나 은혜를 용납할 여지가 없는 사람들에게 영적 훈련은 행위를 통한 의(works righteousness)가 될 수 있다.[92]

분명 훈련을 회피하는 것과 훈련에 구속되는 것 사이에는 균형 잡힌 영적 훈련의 전체적 실천이 있으며, 이는 우리를 그리스도의 형상으로 만들

---

90 Foster, *Celebration of Discipline* (1998).
91 Dallas Willard. *The Divine Conspiracy: Rediscovering Our Hidden Life in God* (San Francisco: Harper Collins, 1998), 137.
92 Mulholland, *Shaped by the Word*, 103.

려는 하나님의 은혜의 수단이 된다.[93]

파커 팔머(Parker Palmer)와 찰스 포스터(Charles Foster)는 영적 형성은 "실천"이 필요하다고 말한다.[94] 높은 수준의 성과를 달성할 때까지 행동을 반복하는 것은 학습에서 매우 중요한 요소이다.

포스터는 다음과 같이 말한다.

> 그리스도의 지혜와 연민을 구현하려는 공동체에서 살고 있는 사람들에게 제2의 본성이 되는 습관, 태도, 감성의 중심에는 실천이 있다.[95]

실천은 우리의 개인적 신앙 및 예배에 활력을 불어넣는 핵심이 된다. 만약 우리가 영적 훈련을 실천하지 않았다면 기도하거나 찬양하거나 사도신경을 암송할 수 없다. 포스터는 "그리스도인은 신앙 안에서 실천을 통해 만들어지고 양육된다"라고 주장한다.[96] 이 실천 또는 훈련은 우리의 제2의 본성이 되고 우리의 신앙 생활에 중요한 의미를 제공한다. 그러므로 이 평범한 훈련 또는 실천을 통해 우리는 그리스도 예수의 모습으로 변화된다.

역사적으로 영적 훈련 또는 실천은 내적 영역, 외적 영역, 그리고 공동 영역(도표 8.2)이라는 세 영역으로 나뉜다. 인간 내면의 변화와 발전에 초점을 맞춘 내적 영역은 기도, 성경 읽기, 묵상, 침묵, 금식, 그리고 일기를 포함한다. 외적 영역은 영적 형성의 사회적, 행동적 측면에 초점을 맞춘다. 영적 실천에는 복된 비우기(삶 속에서 특정한 것을 제거하기), 고독, 은혜로운 행동, 운동, 휴식/안식, 십일조가 포함된다.

---

[93] Ibid.
[94] Parker J. Palmer, *To Know as We Are Known* (San Francisco: Harper & Row, 1983); Charles Foster, Educating Congregations: The Future of Christian Education Nashville: Abingdon, 1994).
[95] Foster, *Educating Congregations*, 76
[96] Ibid., 78.

공동 영역은 공동체와 예배를 통해 책임감을 가지고 실천에 참여할 수 있도록 도와준다. 영적 실천으로는 죄에 대한 공개적 고백, 공예배 참여, 기념(성찬), 영적 책임자 또는 소그룹 리더의 책임 등이 있다. 이 세 가지 영역이 모두 실행되면, 사람은 전인적으로 형성된다.

내적 영역	외적 영역	공동 영역
이 영역은 사람의 내적 의를 중심으로 하며, 일반적으로 묵상, 기도, 금식, 공부와 같은 훈련을 포함한다.	이 영역은 단순함, 복종, 섬김의 의미에 대한 개인의 요청에 중점을 둔다.	이 영역은 사람들이 신앙공동체의 구성원으로서 고백, 예배, 인도, 축하의 분야를 탐구하는 데 도움이 된다.
영적 실천: 기도, 성경 읽기, 묵상, 침묵, 금식, 일기	**영적 실천**: 복된 비우기, 고독, 은혜로운 행동, 운동, 휴식/안식, 십일조	**영적 실천**: 고백, 예배(Liturgy), 영적 목표, 기념

도표 8.2: 영적 형성 영역

이런 전통적인 영적 형성 실천과 함께 교회에서 고대 기도와 전례를 부활시키는 것에 대한 관심이 다시 높아지고 있다.

예배에 있어서 기독교 성상(icon)에 대한 관심이 높아지고, 주간 성체식(Eucharist: 미로 묵상〈Labyrinth〉, 십자가의 길〈Stations of the Cross〉 기도, 이그나티우스 관상〈Ignatian examen〉 등)에 참여하는 것은 영적 형성에 관해 새로운 길을 찾기 위한 개신교계의 새로운 관심을 보여 주는 예이다.[97]

(역자 주: '미로 묵상'은 도무지 방향을 종잡을 수 없는 미로 형태의 길을 따라 걸으며 묵상하는 기도의 형태로 한가운데 다다르면 관상기도를 한 뒤 되돌아 나온다. '십자가의 길 기도'는 예수 그리스도의 마지막 시간을 기억하며 구원의 신비를 묵상하는 서방 기독교의 기도이며 '고통의 길'이라고도 한다. '이그나티우스 관상'은 성경의 사건에 상상력을 가지고 적극적으로 참여하는 기도를 말한다.)

---

[97] Tony Jones, *The Sacred Way: Spiritual Practices for Everyday Life* (Grand Rapids: Zondervan, 2005), 87; Keith Drury, *Spiritual Disciplines for Ordinary People* (Indianapolis: Wesleyan Publishing House, 2004).

또 다른 예로는 예배에 참여하기 전에 '십자성호'(sign of the cross)를 긋거나 무릎을 꿇고 몸을 굽히는 기도 등이 있다.[98] 많은 개신교 신자에게 이런 형태의 기도, 신조, 예배의 양상은 전혀 새로운 것일 수 있다. 그러나 그런 실천들은 신세대 그리스도인들에게 가톨릭 교회에 대한 새로운 연대감을 심어 주고 있다.

7. 영적 형성과 인간 발달

제8장은 주로 영적 형성의 성경적, 역사적, 실제적 측면에 초점을 맞추었다. 그러나 영적 형성 과정에서 발달 이론이 수행하는 역할을 살펴보는 것 역시 중요하다.

테드 워드(Ted Ward)는 영적 형성의 과정을 인간 발달의 생태학적 체계와 비교했다. 그는 인간 발달의 다섯 가지 경험적 영역, 신체적, 지적, 정서적, 사회적, 도덕적 영역이 "영적 핵심을 오가는 입력 및 출력의 기능"으로 작용한다고 주장했다.[99]

워드는 "생태학은 창조에서 각 구성 요소가 서로 다른 구성 요소에 대한 상호 의존을 나타낸다"라고 말했다.[100] 이런 각 구성 요소가 상호 관련된 발달 체계이다.

워드는 손 이미지를 사용하여 인간을 대표하는 여섯 개의 차원을 구별한다(도표 8.3). 이 여섯 측면은 완전한 인간으로서 우리가 어떤 존재인지를 형성하는 복잡한 요인에 대한 확실한 경험적 정보를 제공한다.

---

[98] Tony Jones, *The Sacred Way: Spiritual Practices for Everyday Life* (Grand Rapids: Zondervan, 2005), 175.
[99] Ted Ward, "Forward," *Nurture That Is Christian*, James Wilhoit and John Dettoni, eds., (Wheaton, Illinois: Victor Books, 1995), 16.
[100] Ibid., 14.

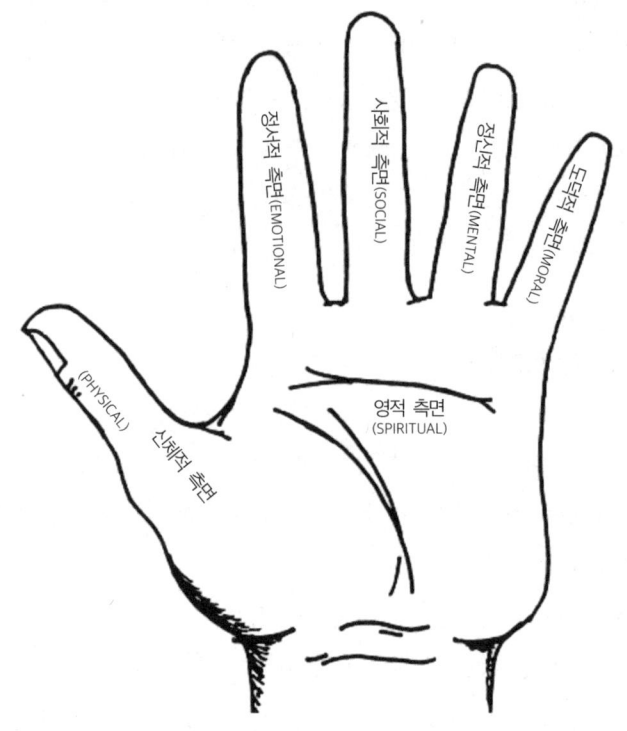

도표 8.3: 인간의 여섯 가지 측면

엄지 손가락은 인체에 특히 주의를 기울여 신체에 수반되는 모든 것을 포함하는 신체적 측면을 나타낸다. 검지 손가락은 정서적 측면이나 정서적 영향을 나타낸다. 중지 손가락은 사회적 측면과 다양한 사회적 역할을 가정하여 다양한 사회적 환경에서 다른 사람들과 소통하고 상호 작용하는 우리의 능력을 나타낸다. 약지 손가락은 우리가 생각할 수 있게 하는 지적 측면 또는 인지적 기능을 나타낸다. 소지 손가락은 도덕성과 윤리의 문제를 품고 고려하는 도덕적 측면을 나타낸다.

끝으로 손바닥은 예수 그리스도와의 개인적 만남을 통해 살아나는 영적 측면을 나타낸다. 그러나 이 영적 측면은 모든 인간이 하나님의 형상대로 창조되었기에 모든 인간에게 잠재적으로 존재한다. 신약성경은 이러한 능력, 즉 창조적 인간 구조는 죄로 말미암아 죽었지만, 그리스도를 믿는 믿음

을 통해 "더 활발해"지거나 살아 있다고 가르친다.[101]

손은 영적 형성에 대한 전인적 접근 방식을 보여 준다. 하나님은 우리를 그리스도의 형상으로 만들기 위해 우리의 자연적 측면이나 인격을 통해 역사하신다. 영적 형성은 각 개인의 개별적 측면을 포함하지만, 한 측면을 다른 측면과 분리하는 것은 불가능하다. 이 모델에서 영적 발달은 성장에 대한 동일한 발달 패턴을 띠고 있는 다른 발달 능력들 가운데 자리잡고 있다. 그렇다면 우리는 영적 발달을 가장 핵심적인 통합적 측면의 인격이라고 생각하게 된다.

유진 룄케파르타인(Eugene C. Roehlkepartain)은 다음과 같이 말한다.

> 비록 증거는 불충분하지만, 편집자들은 영적 발달이 인지 발달, 정서 발달 또는 사회 발달 만큼 중요한 인간의 삶과 경험의 측면이라고 가정한다. 이런 모든 발달 측면은 상호 연관되어 있다. 사람이 발달의 여러 측면을 통합하려고 노력할 때 가장 많이 관여하는 것이 영적 측면이다.[102]

영적 형성은 인간 발달의 다른 측면만큼이나 중요하지만, 영적 형성은 인간의 전 생애에 걸쳐 펼쳐지는 성숙이라는 동일한 과정을 포함한다. 우리는 의도적으로 손바닥에 영적 측면을 위치시켰다.

손바닥은 손의 나머지 부분에서 분리되어 마치 다른 성장 법칙을 가지고 움직이는 것처럼 취급될 수 없다. 영적 발달에 대해 가르치는 성경적 방법론은 영적 영역에서 사물이 어떻게 성장하는지에 대한 이해는 항상 자연 영역에서 사물이 어떻게 성장하는지에 대한 예증으로 시작되기 때문에 우

---

[101] Stephen Lowe and Mary Lowe, *Spiritual Formation in Theological Distance Education: An Ecosystems Model as Paradigm* (Unpublished paper for National Consultation on Spiritual Formation in Theological Distance Education, 2007), 13-5.

[102] Eugene Roehlkepartain, et.al., *The Handbook of Spiritual Development in Childhood and Adolescence* (Thousand Oaks, California: Sage, 2006), 9.

리를 다른 결론으로 이끌 수 없다.[103] 대부분의 발달 체계 이론은 "생물학적, 심리학적, 행동적 특성" 측면에서 개인 전체를 식별하거나,[104] "생물학, 인지, 성격, 행동"의 관점에서 다양한 측면을 식별한다.[105]

간혹 "생물학, 정신 체계, 잠재의식의 과정, 가치, 규범, 동기, 목표, 자기 구조와 자기 인식, 행동 특성" 등이 포함된 보다 정교한 목록이 제시되기도 한다.[106] 사람이 전인적 인간의 다양한 측면을 나누고자 하는 것은 모두 개별 인간을 "통합적이며, 복잡하고, 역동적인 총체(totality)"로 바라보려는 시도이다.[107]

인간의 자연적인 측면을 포함하는 영적 형성에 대한 전체론적 접근 방식은 그리스도인이 "그리스도의 장성한 분량이 충만한 데까지"(엡 4:13) 이른 사람으로 변화되기를 원할 경우 여섯 가지 측면 중 어느 것 하나라도 무시하거나 소홀히 할 수 없음을 의미한다. 사람이 지적 성장을 멈추기로 결정하면 영적 형성에 영향을 미친다. 사람이 그리스도의 몸, 즉 교회 안에서 관계를 발전시키지 않기로 결정하면 그 사람의 성장은 멈추게 된다. 따라서 사람이 영적으로 성숙하기 위해서는 사람의 다섯 가지 측면을 육성하고 발전시켜야 한다.

영적 형성에 대한 전체론적 접근 방식은 '그리스도의 충만함의 전체 척도'를 반영한다. 신약성경에는 이 전체성의 특정 측면이 분석과 강조의 목적으로 명시되어 있다. 예를 들어, 바울은 그리스도인 공동체에 다음과 같이 요청한다.

> 너희 몸을 하나님이 기뻐하시는 거룩한 산 제물로 드리라(롬 12:1).

---

103 Lowe and Lowe, *Spiritual Formation in Theological Distance Education*, 13-5.
104 R. M. Lerner, ed., *Concepts and Theories of Human Development* (Mahwah, New Jersey: Lawrence Erblaum Associates, 2002), 176.
105 Ibid., 178.
106 Ibid.
107 Ibid.

또 다른 경우에서 바울은 교회에 구약의 율법을 상기시키고, 심령이 새롭게"(엡 4:23) 될 것을 요청한다.

예수님은 우리에게 다음과 같이 말씀하신다.

> 네 마음을 다하고 목숨을 다하고 뜻을 다하고 힘을 다하여 주 너의 하나님을 사랑하라 하신 것이요 둘째는 이것이니 네 이웃을 네 자신과 같이 사랑하라 하신 것이라 이보다 더 큰 계명이 없느니라(막 12:30-31).

이 전인적 헌신은 우리가 하나님과 이웃을 사랑하는 다양한 방식을 세분화하여 나눈 것이 아니다.

인간의 이 여섯 가지 측면을 육성하고 관심을 기울일 때, 우리는 그리스도의 형상과 모양으로 형성되면서 완전한 인간에 가까워진다. 하나님은 인간의 자연적 측면을 통해 우리가 영적으로 형성되고 모양을 갖추도록 역사하신다. 종종 영적 형성에 대한 접근 방식은 영적 형성의 인간적 측면의 중요성을 부정한다. 그러나 효과적인 영적 형성은 인간의 모든 측면을 발전시킬 것을 요구한다.

8. 결론

그리스도인 형성과 발달의 한 측면은 영적 형성의 과정이다. 그리스도인 형성과 영적 형성의 목표는 "그리스도 예수의 형상과 모양으로 형성되고 모양을 갖추는 것"으로 동일하다. 영적 형성은 기독교의 역사, 영성, 그리고 최근에는 탈근대성(postmodernity)이라는 문화적 변화에 영향을 받은 그리스도인 형성에 관한 토론에서 뚜렷한 '지위'를 부여한다. 기독교 교육자, 목회자, 교회 지도자들은 영적 형성이 그들의 삶과 교회의 삶에 미치는 영향에 대해 새로운 낙관론을 가지고 있다.

교회의 고전적인 영적 훈련, 영감을 주는 성경 읽기, 신앙공동체 참여함으로써 우리의 삶은 지속적으로 형성되고 변화되고 있다. 삼위일체 하나님의 은혜와 성령의 역사로 우리의 내면은 그리스도의 형상으로 계속 형성되고 있다. 우리가 그리스도를 더욱 닮아 감에 따라 하나님과 다른 사람들, 그리고 세상을 섬기는 가운데 하나님의 사랑과 은혜를 나타낼 수 있기를 바란다.

9. 복습을 위한 질문

1. 영적 형성을 자신의 말로 정의하라.
   그 정의에 영향을 미친 요소는 무엇인가?

2. 영적 형성과 그리스도인 형성의 차이점은 무엇인가?

3. 제8장에서 설명하는 영적 형성의 여섯 가지 역사적 운동을 원하는 순서대로 배열하고 그 이유를 말해 보라.
   관상기도, 성결, 은사주의, 사회정의, 복음주의, 성육신.

4. 가장 자주 실천하는 영적 실천(내적, 외적, 공동)은 무엇이며, 그 이유는 무엇인가?

5. 어린이 사역자, 청소년 사역자, 장년 사역자는 왜 영적 형성을 다르게 다루어야 하는가? (인간 발달을 참조하라)

제9장

문화 발달과 그리스도인 형성

조나단 H. 킴(Jonathan H. Kim)

신앙은 문화의 영향을 받을까?

그리스도인의 의식 속에 깊이 얽혀 있는 문화가 그리스도인의 영적 삶에 어느 정도 영향을 미치는지 이해하는 것은 보통의 신자들에게는 어려운 일이다. 평범한 그리스도인은 그 관계를 종종 모호하거나 심지어 잘못 이해할 수 있는 반면, 그 영향은 실제적이며, 많은 사람이 그 영향을 인지하고 있다.

어떻게 교회는 그리스도인이 문화와 영적 삶의 관계에 대해 바르게 이해할 수 있도록 도울 수 있을까?

문화가 그리스도인의 믿음과 실천에 점점 더 많은 영향을 끼치고 있음에도 불구하고 복음주의자들은 문화가 영적 발달에 어떤 영향을 미치는지에 대해 거의 설명하지 못한다. 이 문제에 대한 적절한 연구가 부족한 이유는 아마도 과거에 교회가 문화에 대해 부정적인 입장을 취했기 때문일 것이다. 글로벌 시대에 변화의 주체로서 문화와의 관련성을 유지하기 위해 그리스도인들은 문화에 대한 깊은 이해가 있어야 한다. 교회 사역은 점점 더 문화적 정황에 대한 적절한 지식을 필요로 한다.

제9장의 목적은 문화와 그리스도인 형성의 상호 관계를 연구하는 것이다. 이 연구를 진행함에 있어 기본, 즉 신앙과 발달의 본질, 다시 말하면 신앙의 종교성에 대한 문화적 영향의 정도를 탐구한다. 다양한 사회문화 및 인류학 이론을 바탕으로 문화 규제 의식(culture-regulated consciousness)의 상위 형태와 그리스도인의 삶 사이의 복잡한 연관성을 탐구할 것이다. 이 장의 기본 전제는 신학적 토대와 마찬가지로 그리스도인 형성에서 문화적 맥락을 더 이상 외면할 수 없다는 것이다.

모든 개인은 세상 속에서 자신의 신앙을 만들고 실천하기 때문에 우리는 의미가 담긴 문화적 의식이 그리스도인의 일상에 미치는 영향을 연구함으로 영적 삶의 구성과 유지에 미치는 문화의 영향 정도를 더 잘 이해할 수 있다. 문화를 제대로 이해하면 그리스도인 형성에 대한 이해가 강화될 것이다.

제9장은 다섯 부분으로 나누어진다.

첫 번째 부분은 집단주의와 개인주의와 관련된 문화의 정의를 다룬다.
두 번째 부분은 로스바움(Fred Rothbaum)과 그의 동료들이 제시한 사회문화적 발달 이론의 이론적 개요를 소개한다.[1]
세 번째 부분은 문화 속 그리스도인 형성에 대한 성경신학을, 그리고 기독교 사상 속 문화의 위치에 대해 논한다.
네 번째 부분은 문화의 상호 관계와 믿음과 종교성이라는 신앙의 두 영역에 대해 설명한다.
다섯 번째 마지막 부분에서는 네 번째 부분과 더불어 사역의 의미와 결론을 제공한다.

이제 문화의 정의부터 살펴보겠다.

1. 문화란 무엇인가?

'문화'라는 단어를 들으면 어떤 생각이 드는가?

어쩌면 당신은 문화란 사람들이 생각하고, 행동하고, 먹는 것이라고 생각할 수 있다.

이것이 정말 문화일까?

아니면 그보다 훨씬 더 깊고 본질적인 무엇일까?

'문화'라는 말은 '농업 및 원예처럼 경작하고, 보살피고, 돌본다'는 의미의 라틴어 콜레레(*colere*)에서 유래되었다. 이는 자연스럽고 내재적인 것과는 대

---

1 Fred Rothbaum, Martha Pott, Hiroshi Azuma, Kazuo Miyake, and John Weisz, "The Development of Close Relationships in Japan and the United States," *Child Development*, 71(5): 1121-42.

조적으로 분해되고 개선된 것에 대한 생각을 암시한다.[2] 사실 문화는 지식, 이념, 예술, 언어, 패션, 심지어 물리적 유물과 같이 의도하든 의도하지 않든 우리가 만들고, 구축하고 다른 사람들에게 전달하는 모든 것이다. 인간의 사고라는 주관적 영역에 속하는 문화는 뒤에서 언급하겠지만 어쨌든 사람들이 가지고 있는 특정 세계관에 자리잡은 생각, 경험, 표현의 총합을 나타낸다.

'문화'라는 단어의 광범위한 사용에도 불구하고 학자들이 보편적으로 동의하는 단일한 정의는 없다.

마이클 모핏(Michael Moffitt)[3]과 찰스 너콜스(Charles Nuckolls)[4]를 포함한 많은 학자가 문화라는 개념을 단일 정의로 제한하는 것에 반대한다.

왜 그럴까?

그들은 문화의 개념과 관련된 복잡성과 다양한 의미를 몇 마디로 설명할 수 없다고 주장한다. 문화를 둘러싼 의견 차이에도 불구하고 일부 학자는 문화를 이해하는 기준이 될 수 있도록 논쟁의 요소가 덜한 정의를 도출하는 힘든 작업을 시도했다. 그 노력의 결과로 나온 정의 중 하나가 영국의 퀘이커 교도로 옥스퍼드대학교의 인류학 교수였던 에드워드 타일러(Edward B. Tylor)가 내린 정의이다.[5]

그는 자신의 책 『원시문화: 신화, 철학, 종교, 언어, 기술, 그리고 관습의 발달에 관한 연구』(*Primitive Culture: Researches into the Development of Mythology, Philosophy, Religion, Language, Art, and Custom*)에서 문화를 지식, 신념, 예술, 도덕, 법, 관습 및 사회 구성원으로서 인간이 획득한 기타 능력과 습관을 포

---

[2] William Smith, *Dictionary of Greek and Roman Antiquities* (New York: Harper and Brothers, 2008), 315; Michael P. Gallagher, *Clashing Symbols: An Introduction to Faith and Culture* (New York: Paulist Press, 2003), 12.

[3] Michael L. Moffitt, *The Handbook of Dispute Resolution* (San Francisco: Jossey-Bass, 2005), 199.

[4] Charles W. Nuekolls, *Culture: A Problem That Cannot Be Solved* (Madison, Wisconsin: University of Wisconsin, 1998), 12.

[5] Edward B. Tylor, *Primitive Culture: Researches into the Development of Mythology, Philosophy, Religion, Language, Art, and Custom* (New York: G. P. Putnam's Sons, 1920), 1.

함하는 복합적인 전체로 정의한다. 문화에 관한 타일러의 책은 폭넓은 호평을 받았으며 후대 연구자들이 문화 연구에 뛰어 들도록 영향을 미쳤다.

타일러의 연구를 위시해서 문화에 관한 수많은 정의와 이론이 학술 서적에 수록되어 이 문제에 대한 다양한 견해와 의견을 다시 제시했고, 슈미트(Alvin Schmidt) 역시 그런 견해들 중 하나를 제시했다.[6]

타일러의 연구를 비롯해 다른 영향력 있는 문화 연구를 바탕으로 슈미트는 문화에 대해 타일러보다 조금 더 간결한 정의를 제안했다. 슈미트가 정의한 문화는 "인간의 상호 작용을 통해 배우는 사회의 제도화된(확립된) 가치, 규범, 지식, 관행"이다.[7] 슈미트의 정의가 지나치게 단순한 것처럼 들릴 수도 있지만, 너무 모호하지도 또 너무 제한적이지도 않다. 사실 슈미트의 정의가 오히려 목적에 맞는 정의이다.

슈미트는 문화가 전체적으로 인간 존재의 형이상학적, 인식론적, 가치 철학적, 물리적 파생물들을 모두 포괄적으로 나타낸다고 주장한다. 타일러와 슈미트의 정의를 통합함으로 우리는 문화를 두 가지 영역, 즉 가치와 신념이라는 이념 체계로 구성된 내부 영역과 태도, 행동, 의사소통 패턴, 심지어 물리적 유물과 같은 사회문화적 관행과 표현으로 구성된 외부 영역으로 개념화할 수 있다.

2. 집단주의

문화에 대해 더 깊이 이해하기 위해 학자들은 사람들이 자기 세계의 기본 구성에 대해 가지고 있는 통합된 전제 조건의 집합인 세계관과 관련하여 문화의 해체를 모색했다. 다른 의견이 여전히 존재하지만 학자들은 일반적으로 문화에 대한 두 가지 세계관, 즉 집단주의와 개인주의가 있다는

---

[6] Alvin Schmidt, *Veiled and Silenced: Haw Culture Shaped Sexist Theology* (Macon, Georgia: Mercer University Press, 2000).

[7] Ibid., 4.

데 동의한다(도표 9.1 참조).⁸

집단적 세계관은 사회를 상호 관계의 필요성을 중시하는 동질적 전체로 보는 반면, 개인주의적 세계관은 사회를 자기 자치의 필요성을 중시하는 개인의 집합체로 인식한다. 이런 방향성은 사회가 개인의 요구보다 집단의 요구를 충족시키는 것에 상대적으로 중점을 두고 있음을 보여 준다.⁹

다시 말하면, 자신이 다른 사람들과 연결되거나(즉, 상호 연관성) 분리되는 (즉, 자율성) 양극단을 가진 세계관의 연속선상에서 다른 사람들로부터 자신을 위치시키는 정도를 반영한다(도표 9.1 참조). 대개 집단주의는 아시아, 아프리카, 라틴 아메리카에서 가장 잘 드러나는 반면, 개인주의는 영국, 미국, 캐나다와 같은 서방 국가에서 가장 잘 드러난다.

일반적으로 집단주의는 우리-의식(We-consciousness)을 중앙화하고 나-의식(I-consciousness)을 주변화하는 세계관이다(도표 9.2 참조, 역자 주: 나-의식은 나와 관련된 모든 것으로, 독자적인 자신의 모습뿐만 아니라 관계성의 측면까지 포함하는 총체적인 것이다. 반면에 우리-의식은 나와 너가 모여 친밀한 교류 과정을 통해 일체감을 느끼며 개개인과는 다른 독특한 집단 정체성을 형성하는 것이다).

집단주의는 개인의 권리에 대한 의무, 개인의 자유에 대한 사회적 책임, 개인의 성취보다는 집단의 발전을 중시한다. 집단주의는 문화가 개인의 집합체가 아니라 그 자체로 결정력이 있는 초월적 구조(metastructure)라고 가정하고, 결과적으로 각 개인은 이 초월적 구조의 구성 요소로 간주된다.

집단주의는 상호 의존성과 균질화를 받아들였기에 자율적 자아가 사회의 핵심 요소라는 개념은 거부된다. 공통의 목표, 가치, 규범은 복잡한 계층적 네트워크를 통해 사회 영역으로 확산된다. 우리 의식의 결과는 집단

---

8 Gert H. Hofstede, *Cultures and Organizations: Software of the Mind* (New York: McGraw-Hill, 1991); *Culture's Consequences: Comparing Values, Behaviors, Institutions and Organizations across Nations* (Thousand Oaks, California: SAGE, 2003); Moffitt, *The Handbook of Dispute Resolution*; Hazel R. Markus and Shinobu Kitayama, "Culture and the Self: Implications for Cognition, Emotion, and Motivation," Psychological Review, 98(2): 224-53.

9 Moffitt, *The Handbook of Dispute Resolution*, 121.

적이고, 사회중심적이고, 전체론적이고, 연결되고, 관계적 자아 정체성의 발달이다(도표 9.2참조).

특징 비교	집단주의	개인주의
정의	사회적 정황과 연결	사회적 정황과 분리
구조	유연하고 가변적	경계가 있고 단일하며 안정적
주요 특징	외적, 공적(법규, 역할, 관계)	내적, 사적(능력, 사고, 감정)
과제	소속, 어울림. 적당한 장소를 차지하라. 적절한 조치를 취하라. 다른 사람의 목표를 도우라. 간접적으로 행동하라: "다른 사람의 마음을 읽으라"	독특해지라. 자기 자신을 표현하라. 내적 자질을 구현하라. 자신의 목표를 고취하라. 직접적으로 행동하라: "당신의 마음을 말하라"
다른 사람의 역할	자기 정의: 특정 정황에서 다른 사람들과의 관계는 자신을 정의한다.	자기 평가: 다른 사람들은 사회 비교(social comparison), 반영 평가(reflected appraisal)에 중요하다.
자존감의 기초	자신을 조정하고 자제하며 사회적 정황과 조화를 유지하는 능력	자신을 표현하고 내적 자질을 검증하는 능력

도표 9.1: 집단주의와 개인주의의 주요 차이점[10]

흥미롭게도 집단주의에는 수직과 수평이라는 두 가지 변형이 있다.[11] 수직적 집단주의는 권력 관계의 위계질서에 기반을 두고 있다. 이 관점은 자신을 집단 전체의 불평등한 한 부분 또는 한 측면으로 규정하고, 사회적 네트워크는 권위주의적 위계질서(예: 아시아인, 아프리카인)에 의해 강화된다. 반면에, 수평적 집단주의는 계층 구조를 기반으로 한다. 이 관점은 자신을 권력과 권위의 동일한 지위를 공유하는 집단 전체의 동등한 부분으로 보는 순응주의적 구조라고도 한다(예: 포스트모던).

---

10 Markus and Kitayama의 "Culture and the Self: Implications for Cognition, Emotion, and Motivation," 230 를 개작했다.
11 Theodore M. Singelis, Harry C. Triandis, Dharm P. Bhawuk, and Michele J. Gelfand. "Horizontal and Vertical Dimensions of Individualism and Collectivism: A Theoretical and Measurement Refinement," *Cross-Cultural Research*, 29(3): 240-75.

사회적 네트워크는 공동체적 나눔과 보상 체계에 기반을 두고 있으며, 문화적 전통과 신념이 구성원들을 결속시키는 데 중요한 역할을 한다. 집단주의 내의 이런 차이는 사회구조, 행동, 의사소통 패턴의 다른 패턴을 야기한다.

3. 개인주의

집단주의와 정반대인 개인주의는 나 의식(I-consciousness)을 중앙화하고 우리 의식(We-consciousness)을 주변화하는 세계관이다(도표 9.2 참조). 집단주의와는 반대로 개인주의는 의무보다는 개인의 권리를, 사회적 책임보다는 개인의 자유를, 집단적 발전보다는 개인의 성취를 중요시한다(도표 9.1 참조).
'개인주의'라는 용어는 프랑스 혁명 기간 동안 집단주의에 적대적인 세계관을 묘사하기 위해 처음 사용되었다. 그런 세계관은 개인주의적이고, 자기 중심적이며, 독립적이고, 자율적이며, 자족적인 자아 정체성의 발전을 초래한다(도표 9.2 참조).
개인주의에는 자아 개념, 자기 표현, 관계성이라는 세 가지 주요 뿌리가 있다.

첫째, 자아 개념과 관련하여 개인주의는 자율적 자아에 대한 생각을 제시하고, 각자가 자신의 개성 정도에 따라 정체성을 정의하도록 장려한다. 개인주의는 인간의 기본적 존재와 노력에 대해 이미 운명 지워진 목적인 긍정적 자존감의 발달과 보존을 중요하게 생각한다. 개인적 성공, 만족, 성장은 자신에 대한 긍정적 개념에 매우 중요하다.
둘째, 자기 표현과 관련하여 개인주의는 인간 본성은 자기 표현을 추구하고 개인의 목표와 개인의 권리를 달성하도록 장려한다고 가정한다. 개인주의적인 사람들은 성공이나 실패가 행복과 만족에 대한 긍정적이거나 부정적인 감각을 불러일으키기 때문에 종종 개인의 권리와 목표를 추구하는 것에 효과적으로 반응한다. 결과적으로 자아의 발달은 사회적 맥락보다 개인을 지향한다.

셋째, 관계성과 관련하여 개인주의는 관계성을 암시한다. 관계는 높이 평가되지만, 자기 이익과 자기 관련 목표의 우선 순위는 사람이 가지게 될 관계의 유형을 결정한다. 관계를 맺거나 끊는 것은 개인적 관심과 목표가 변경됨에 따라 발생한다. 그런 삶의 방향성의 결과는 다른 사람들과의 구속력 없는 비집중적 관계에 있다.

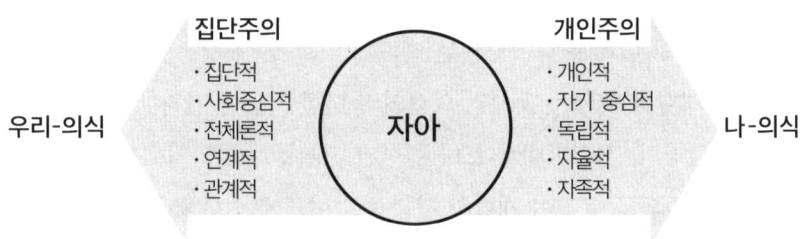

도표 9.2: 집단주의 vs. 개인주의[12]

집단주의 및 개인주의적 성향과 관련하여 문화를 이해했으니 이제 로스바움의 사회문화적 이론으로 눈을 돌리도록 하겠다. 다음 부분에서 제시된 이론적 관점은 새로운 문화 발달 이론에 대한 철저한 설명을 의미하는 것이 아니라 오히려 자아 발달에서 사회문화적 의식의 기능에 대한 개념적 개요에 국한된다.

로스바움의 이론은 문화가 그리스도인 형성에 어떤 영향을 미치는지 명확히 할 수 있다는 점에서 우리의 연구에 도움이 된다. 지식과 존재가 어떻게 위치하는지에 대한 강조를 통해 우리는 집단 문화의 그리스도인들이 개인주의 문화의 그리스도인들과 어떻게 다른 영적 표현을 가지고 있는지 더 잘 이해할 수 있을 것이다. 로스바움의 이론에 대한 연구를 통해 우리의 이

---

12 Markus and Kitayama, "Culture and the Self: Implications for Cognition, Emotion, and Motivation," 226-7 를 개작했다.

해는 더욱 발전할 것이다.

4. 사회문화적 발달 이론

문화와 신앙의 관계에 대한 기존의 연구는 에릭슨의 심리사회적 이론(1950)과 보울비(John Bowlby)의 애착 이론(1969)같이 개인의 사회적 환경과 관련된 일련의 결정 요인으로 제한되었다. 이런 이론들은 그리스도인 형성에 대한 우리의 이해를 증가시키는 촉매제 역할을 한 것은 분명하지만, 인간 발달에 영향을 미치는 문화적 의식의 정당한 기능을 간과했다.

문화와 신앙의 관계에 대한 보다 향상된 체계를 개발하기 위해 여기서는 로스바움과 그의 동료들이 개발한 사회문화 이론에 중점을 둔다.[13] 비록 로스바움의 연구가 사회문화적 연구에만 국한되지는 않았지만 그의 이론은 문화와 자아 형성 사이의 관계에 대한 사람들의 이해를 확실히 증대시켰다. 에릭슨과 보울비의 이론이 자아와 심리사회적 범주 사이의 중요한 연결 고리를 제공했다면, 로스바움의 이론은 자아와 심리문화적 범주 사이의 연결 고리를 제공했다.

로스바움은 자아 정체성을 한 사람의 사회문화적 의식의 산물로 이해하고 일본과 미국의 교차 문화적 환경을 토대로 에릭슨과 보울비의 논문을 더 탐구했다. 특히, 그의 연구는 우리 자신(We-self)과 나 자신(I-self)의 발달에 있어서 사회문화적 의식의 의미와 기능에 초점을 맞추었다. 그 결과 로스바움은 에릭슨과 보울비의 이론의 보편적 주장에 분명한 이의를 제기하고 집단적 동양과 개인적 서양 사이의 인간 발달의 차이를 설명했다. 다음은 로스바움의 사회문화 이론에 대한 자세한 설명이다.

---

[13] Rothbaum, et. al., "The Development of Close Relationships in Japan and the United States."

5. 유아기: 연합 vs. 재연합

문화적 차이는 생애 초기부터 나타난다. 로스바움은 유아기를 시작으로 부모와 자녀의 상호 작용 방식에서 중요한 문화적 차이를 발견했다. 그는 집단적 문화에서 엄마에게 의존하며 결합하려는 유아의 욕구와 개인주의적 문화에서 어머니와 분리/재결합하려는 유아의 욕구에는 차이가 있다고 주장했다(도표 9.3 참조).

그는 또한 그 차이가 언어 사용에서도 두드러진다고 언급했다. 집단적인 동양의 어머니들은 유아들이 자신에게 적응할 수 있도록 달래기, 의성어, 관용구와 같은 정서 지향적 언어를 더 많이 사용하여 양육하는 반면, 개인주의적인 서구의 어머니들은 유아들을 외부 세계에 친숙하게 만드는 정보 지향적 언어를 주로 사용한다.[14]

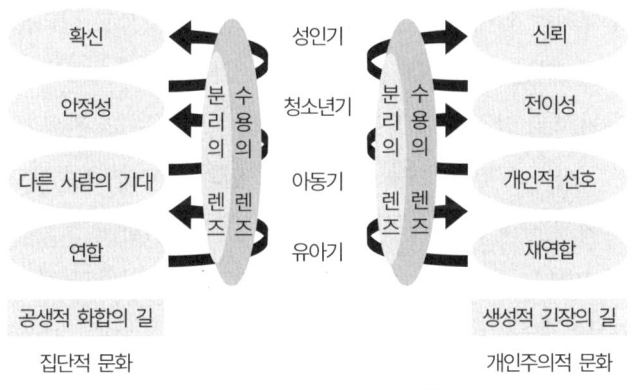

도표 9.3: 문화 발달 이론[15]

이런 다양한 모성 행동이 자아 발달에 영향을 미치는 정도는 매우 분명하다. 집단적 문화의 유아는 어머니와 거의 끊임없는 결합을 통해 안정감

14　Ibid., 1126.
15　Ibid., 1125.

을 얻는 경향이 있다. 이와는 대조적으로, 개인주의적 문화의 유아들은 세계를 탐험하고 탐험 이후 어머니와의 재결합에서 안정감을 확립한다. 이런 각각의 경우에서 사람들은 이런 차이로 인해 삶에서 타율적이거나 자율적인 지향을 개발하게 된다.

6. 아동기: 타인의 기대 vs. 개인적 취향

어린 시절의 문화적 차이는 집단적 문화 속에서 의무에 대한 관심과 개인주의적 문화 속에서 개인적 선호에 대한 관심으로 형성된다(도표 9.3 참조). 로스바움은 집단적 문화에 속한 아이들은 의무의 중요성과 다른 사람의 기대를 존중하면서 양육된다는 것을 발견했다. 아이들은 집단의 화합과 결속력을 유지하는 데 있어 다른 사람들의 기대에 대한 더 높은 관심 때문에 자신의 개인적 의지와 선호를 표현하지 못하는 것으로 나타났다.

자신이 선호하는 것과 필요를 주장하는 것은 일반적으로 집단적 문화에서 사회적 가치로 간주되지 않는다. 대신에, 아이들은 그 관심이 가족 구성원의 것이든 아니든 간에 그들 자신보다 집단의 이익을 존중하도록 장려된다. 아이들에게 중요한 다른 사람을 돌보고 다른 사람과 조화로운 관계를 유지하는 것이다. 이런 의미에서 개인의 정체성은 커다란 사회구조 안에 놓이고 자신이 누구인지보다는 누구와 관련이 있는지에 따라 정의된다.

가족과 사회가 매우 밀접하게 얽혀 있는 상황에서, 집단적 문화의 아이들이 개인주의적 문화의 아이들보다 집단의 화합에 더 신경을 쓰고, 의사결정(예: 친구, 배우자 선택)에 도움을 받기 위해 가까운 사람들에게 자주 눈을 돌리는 것은 놀라운 일이 아니다.

이와는 대조적으로, 개인주의적 문화에서 자라는 아이들에게는 개인적 선호와 자기 표현에 대한 관심이 중요하다. 개인주의적 문화에서 자녀 양육의 주요 관심사는 자기 주장과 일치하는 독창적이고 특별한 성격을 가진 자녀를 키우는 것이다. 정서적 표현력, 자기 주장, 심지어 불순종도 건강한 성격을 나타내는 중요한 지표로 간주된다.

따라서 아이들은 자신을 다른 사람들과 구별할 수 있는 내적 자질과 자기 주장의 관점에서 스스로를 고려하도록 배운다. 비록 여전히 적절한 행동에 중점을 두지만, 개인주의적 문화의 아이들은 타인에 대한 개인적 선호를 협상하고 주장하도록 배운다.

7. 청소년기: 안정성 vs. 전이성

청소년기의 문화적 차이는 충성의 중심적 위치에서 비롯된다. 집단적 문화의 청소년은 여전히 가족에 대한 충성을 유지한다. 따라서 그들은 가족 관계에서 안정을 유지하는 반면, 개인주의적 문화의 청소년은 가족에서 친구로 충성을 옮긴다(도표 9.3 참조). 가장 큰 차이는 청소년들이 높은 수준의 충성도를 보이는 곳이다.

집단적 문화는 부모와 자녀의 관계의 조화를 중요시한다. 자녀의 연령에 상관없이 친밀한 가족관계의 견고함과 지속성에 대한 요구가 예상된다. 심지어 성인들조차도 강력한 사회적 관계를 유지하고 이 집단과 자신을 동일시해야 한다. 사회적으로 가치 있는 청소년기의 과제는 부모와 형제 자매와, 심지어 먼 친척들과 친밀한 관계를 발전시키는 것이다. 관계를 관리할 때 집단적 문화권의 청소년은 일반적으로 가까운 사람들과의 조화로운 관계를 발전시키고 유지하는 데 상당한 시간과 에너지를 투자한다.

집단적 문화는 대체로 청소년들이 자립을 위해 노력하면서도 가족 구성원들과 밀접한 관계를 유지하기를 기대한다. 부모와 청소년이 관계적 유대감 측면에서 서로를 매우 강하게 바라보고 그런 관계가 결혼 후에도 평생 지속될 것으로 기대하는 것이 바로 이런 전통 요소이다.

이와는 대조적으로, 개인주의적 문화는 부모-또래 관계가 동시에 발생하는 것을 중요하게 여긴다. 개인주의적 문화 속에서 청소년들은 가족의 영향 아래 머물러 있을 것을 기대하지 않는다. 오히려 그들은 자신의 또래들과 더 강하게 동일시함으로 부모에게서 자신을 분리(individuate)시키려고 한다.

로스바움은 가족 밖에서 새로운 관계를 확보하기 원하는 청소년들이 어떻게 청소년의 영구적이고 생성적인 긴장을 조성하는지를 보여 준다.[16] 이 긴장은 상호 의존성 또는 독립성이라는 자아의 두 가지 뚜렷한 방향에 해당하는 결합(togetherness)와 분리(separation) 사이의 긴장을 의미한다. 결과적으로 청소년들은 자신의 충성심을 부모에게서 또래로 옮긴다. 이런 유형의 개인주의적 성향은 많은 서구 문화에 반영되어 있다.

8. 성인기: 확신 vs. 신뢰

성인기의 자기 구성 양식의 차이는 확신에 기반한 집단 효능감(즉, 충성에 기반한 사랑)과 신뢰에 기반한 자기 효능감(즉, 신앙에 기반한 사랑)이라는 두 가지 뚜렷한 근원 때문이다(도표 9.3 참조). 집단적 효능감은 상호의존적 자아에 대한 관심을 요구하고, 자기 효능감은 개별화된 자아에 대한 관심을 요구한다.

이런 방향의 가변성은 성인 자아의 발달에 영향을 미치고 많은 경우에 성인들이 가식 없이 생각하고, 행동하고, 다른 사람들과 관계를 맺는 방식에 영향을 미친다. 특정 신념 아래 양육되고 문화 집단의 다양한 요구에 부응한 성인은 자신에 대한 독특한 해석을 갖게 된다.

---

16 Ibid., 1132.

집단적 문화에서 성인기는 집단 효능감에 대한 믿음, 즉 집단 역량에 대해 집단이 공유하는 신념과 목표를 달성하기 위한 집단 의존도에 크게 영향을 받는다. 집단 문화권에 있는 성인은 자신만의 고유한 내적 속성을 표현하는 것이 일반적이지만, 자신을 둘러싼 보다 큰 문화적 기풍에 따라 자신의 정체성을 재정의하고 재정립할 가능성이 더 높다. 대부분의 경우, 확신(집단주의자들이 일반적으로 실천하는 충성심에 기초한 사랑)은 사회적 관계망 및 관계의 연속성을 보장하는 접착제 역할을 한다.

개인주의적 문화에서 성인기는 사람이 얻을 수 있는 가장 완전한 자율성을 수반한다. 자기 자율성과 밀접한 관련이 있는 개념은 자기 효능감, 즉 목표를 달성하기 위한 자기 신념과 자립의 기본적 수준을 믿는 것이다. 성인기는 인생의 도전을 처리하고, 올바른 결정을 내리고, 그 결정을 끝까지 따르는 데 있어 완전한 자기 효능감을 갖는 것을 의미한다. 삶의 선택과 통제는 오로지 개인에게 달려 있다. 자신의 선택과 통제를 세상에 투영할 수 있는 능력을 갖는 것은 성인기의 분명한 신호이다.

9. 요약

로스바움의 사회문화 이론은 자신과 문화 사이의 변증법적 관계를 인식하여 세계관 지향과 우리-자아(We-self) 또는 나-자아(I-self)의 발전 사이의 상호 작용을 강조한다. 집단주의자들이 더 선호하는 발달 경로인 공생적 화합의 길(the path of symbiotic harmony)은 사람들을 수용과 상호 의존을 향하게 하는 반면, 개인주의자들이 더 선호하는 발달 경로인 생성적 긴장의 길(the path of generative tension)은 사람들을 개별화하는 경향이 있다(도표 9.3 참조).

그러나 우리는 이런 성향이 미리 결정되거나 영구적인 것이 아니라 문화적 틀에 의해 영향을 받는 일반적 경향이라는 점에 유의해야 한다. 두 가지 경향은 개인이 사회화된 문화의 가치를 내면화한 정도에 따라 달라질 수 있다.

　기능적 의미로서, 이런 발달적 성향은 인간 발달의 문화적 차이를 의미한다. 집단적 문화의 구성원들은 상호 의존성, 복종, 문화적 규범 준수와 관련하여 우리-자아 정체성에 초점을 맞추는 경향이 있는 반면, 개인주의적 문화의 구성원들은 자기 자치, 개인의 권리, 자기 실현과 관련하여 나-자아 정체성에 초점을 맞출 가능성이 더 높다.

10. 문화 속 그리스도인 형성의 성경적 신학[17]

　성경에는 수메르인, 가나안인, 히브리인, 이집트인, 앗수르인, 바벨론인, 페르시아인, 유대인, 헬라인, 로마인 등 많은 민족이 등장하지만 성경의 역사적 서술을 보면, 마치 문화의 존재를 인정하지 않는 것처럼 보인다. 성경이 고대 언어로 기록된 사실만 보더라도 성경에 문화가 결여된 것은 아니다. 그러나 하나님의 말씀은 특정 문화가 다른 문화보다 우월하다고 주장하지 않는다.

　바울이 선교 사역을 할 때, 그의 의도는 이방인들에게 유대 문화를 강요하는 것이 아니라 문화를 초월한 하나님과 이방인들이 교제하도록 하는 것이었다.

　그러나 성경은 또한 각 문화에 대한 민감성을 보여 주는데 그 대표적인 예가 바울이 설교를 통해 유대인 청중들(행 17:1-3, 16-17)과 아테네의 그리스 지식인들(행 17:18-34)에게 기독교적 메시지를 전달했을 때이다. 그러나 제9장의 목적은 단순히 성경과 문화에 관해 얘기하는 것이 아니다.

---

[17] James Riley Estep, Jr., CE605: Human Development and Ministry Course Notes, Lincoln Christian University (Lincoln, Illinois) and CE661: Theological Foundations of Education Course Notes, Lincoln Christian University (Lincoln, Illinois)를 개작했다.

이 장에서 보다 구체적으로 말하고 싶은 것은 성경은 그리스도인 형성에 대한 문화의 영향을 어떻게 묘사하고 있느냐는 것이다. 다음은 신약성경 속에서 문화와 그리스도인 형성이 만나는 네 가지 방식이다.

첫째, 예수님에 대한 믿음은 문화에 관계없이 신약성경 전반에 걸쳐 일관되게 나타난다. 그분이 메시아(히브리어)로 간주되든, 그리스도(헬라어)로 간주되든 그분은 여전히 예수님이다. 따라서 빌립은 유대교로 개종한 것으로 보이는 에티오피아 내시와 만났을 때 예수님을 전했다.

> 빌립이 입을 열어 이 글(사 53:7-8)에서 시작하여 예수를 가르쳐 복음을 전하니(행 8:35).

심지어 유대인과 헬라인 청중들에게 보내는 바울의 메시지를 보면, 그 내용의 상당 부분이 바뀌고 논증 방법이 바뀌는 동안에도 바울은 불가불 예수 그리스도에 대한 부름으로 끝을 맺는다.

둘째, 그리스도인 형성을 촉진하기 위해 고안된 실천과 훈련은 종종 문화적 기반을 가지고 있지만, 기독교 공동체 전체가 보편적으로 실천하는 것은 아니다. 예를 들어, 로마서 14장에는 문화에 그리스도인 형성을 촉진하는 종교적 관습에 대한 몇 가지 역설적 견해가 기록되어 있다.

- 비채식주의자 vs. 채식주의자(2절)
- 특별한 날 vs. 모두가 똑같은 날(5절)
- 부정한 음식 vs. 부정한 음식은 없음(14절)
- 금주 vs. 음주(21절)

로마 교회 안에서 유대인과 이방인 사이에 어느 정도 갈등이 있었다는 것을 부분적으로나마 확인하는 것은 그리 어려운 일이 아니다. 그러나 바울은 일반 원칙을 제시함으로 이런 논쟁을 넘어선다.

> 네게 있는 믿음을 하나님 앞에서 스스로 가지고 있으라 자기가 옳다 하는 바로 자기를 정죄하지 아니하는 자는 복이 있도다 의심하고 먹는 자는 정죄되었나니 이는 믿음을 따라 하지 아니하였기 때문이라 믿음을 따라 하지 아니하는 것은 다 죄니라(롬 14:22-23).

신앙은 그리스도인 형성을 위한 종교적 관행의 결정적 표시이다.

셋째, 그리스도인 형성은 개인이 아닌 공동체 안에서 이루어지며, 그 공동체가 바로 문화적 환경이다. 더글라스 무(Douglas J. Moo)는 "예수 그리스도의 복음을 통해 하나님은 개인을 변화시키고 공동체를 형성하고 계신다"라고 말한다.[18] 기독교 공동체인 교회는 초문화적(*transcultural*) 공동체이지만, 무문화적(*acultural*) 공동체는 아니다.

교회는 문화의 다양성을 인정한다. 신약성경 안에서도 성도들은 자신들을 구성하는 여러 집단의 존재를 인정했다. 아마도 가장 분명한 인정이 바로 유대인과 이방인일 것이다. 바울은 다음과 같이 권면한다.

> 그러므로 그리스도께서 우리를 받아 하나님께 영광을 돌리심과 같이 너희도 서로 받으라(롬 15:7).

이는 우리가 무문화적 신앙공동체의 일부가 아니라 단순한 관용이 아닌 수용으로 문화를 초월하는 신앙공동체의 일부라는 것이다.

> 너희는 유대인이나 헬라인이나 종이나 자유인이나 남자나 여자나 다 그리스도 예수 안에서 하나이니라 너희가 그리스도의 것이면 곧 아브라함의 자손이요 약속대로 유업을 이을 자니라(갈 3:28-29).

다시 말하면 다음과 같다.

---

[18] Douglas J. Moo, "Romans," *The NIV Application Commentary* (Grand Rapids: Zondervan Publishing House, 2000), 482.

거기에는 **헬라인이나 유대인이나 할례파나 무할례파나 야만인이나 스구디아인이나 종이나 자유인이** 차별이 있을 수 없나니 오직 그리스도는 만유시요 만유 안에 계시니라(골 3:11).

그렇다. 이런 사회와 문화의 요소들은 교회 안에 존재한다. 그러나 이 요소들이 기독교 공동체의 주된 요소는 아니다. 오늘날 우리와 마찬가지로 초대 교회의 경우에도 예수님은 문화적으로 다양한 신앙공동체를 하나로 묶는 공통분모가 되신다.

마지막으로, 때때로 문화의 특정 측면은 그리스도인 형성에 독특한 도전들을 제시한다.

고린도 교회는 예루살렘 교회와는 다른 문화적 도전에 직면하지 않았을까?

신약성경에 나오는 교회의 문화적 환경은 분명 그 교회의 그리스도인 형성에 영향을 미쳤다. 고린도 교회의 그리스도인들은 고린도 지역의 토착 신앙에 대한 도전, 예를 들어 우상에게 바친 고기를 먹는 도전(고전 8:10)에 직면했다. 예루살렘의 신자들은 유대교로부터 공격을 받았지만, 여전히 모세의 율법에 묶여 있었다(행 15:1이하). 어떤 사람은 이런 문제들이 신학적 문제라고 말하겠지만, 이것들은 문화적 상황의 문제이기도 하다.

11. 그리스도인 형성과 니버의 『그리스도와 문화』

그리스도인의 문화적 기대는 무엇인가?

그리스도인은 대체로 사회와 어떤 관계를 맺고 있는가?

이런 질문에 대한 대답은 문화의 의미에 대한 우리의 이해에 달려 있다. 문화를 대하는 대부분의 기독교 학자들은 문화가 창조의 연장이라고 주장한다. 창조가 선한 것처럼 문화 역시 선하다. 그러나 문화는 또한 타락의

영향 가운데 있고 구원(redemption)받아야 한다.[19]

문화는 인간의 자연과의 상호 작용과 해석, 즉 하나님의 창조이자 일반 계시에서 비롯된다. 따라서 문화는 한쪽 끝의 타락과 한쪽 끝의 선 사이에서 가변적으로 움직이는 것(sliding scale)으로 간주되고, 타락과 선의 가운데서 회복된다(도표 9.4 참조).

타락한 문화	회복된 문화	선한 문화
타락	정화	순결

도표 9.4. 문화에 대한 기독교적 관점

기독교 공동체 내의 문화에 대한 이런 다양한 인식을 바탕으로 교회, 문화 및 그리스도인 형성의 관계에 관한 수많은 응답이 나올 수 있다. 그러나 가장 포괄적인 응답은 이미 리처드 니버(H. Richard Niebuhr)가 제시했다.

니버는 그의 책 『그리스도와 문화』(*Christ and Culture*)에서 고대부터 현대에 이르기까지 교회사에서 묘사된 문화와의 관계, 즉 교회가 좋든 나쁘든 공동체와 공유해 왔던 다섯 가지 관계를 가정했다(도표 9.5 참조).

---

[19] Cf. Kevin J. Vanhoozer, Charles A. Anderson, and Michael J. Sleasman, *Everyday Theology: How to Read Cultural Texts and Interpret Trends* (Grand Rapids: Baker Academic, 2007); David K. Naugle, *Worldview: The History of a Concept* (Grand Rapids: Eerdmans, 2002); Nancy Pearcey, *Total Truth: Liberating Christianity from Its Cultural Captivity* (Wheaton, Illinois: Crossway Books, 2004); H. Richard Niebuhr, *Christ and Culture* (New York Harper and Row, 1951).

접근 방식	지지자	정의	그리스도인 형성에 대한 접근 방식
문화와 대립하는 그리스도	요한1서 터툴리안 톨스토이	분리주의: 신앙의 문화화나 상황화에 대한 근본적 거부.	문화는 구원할 수 없는 것으로 간주되어 거절이 필요하다. 따라서 그리스도인 형성은 사회로부터 분리되고 자신의 신앙을 반문화적인 것으로 간주함으로써 문화로부터 분리되려고 한다.
문화 속의 그리스도	영지주의 아벨라르 칸트 리츨	수용: 문화는 규범적이며 신앙은 문화에 예속되어 있다. 즉, "문화적 프로테스탄트주의"	문화는 비평이 아니라 긍정만 필요로 하는 본질적으로 좋은 것으로 간주된다. 그리스도인 형성은 개인의 신앙과 신념을 문화에 수용함으로써 촉진되는 문화와 조화를 이루려고 한다. 기독교 신앙은 단지 더 넓은 문화의 일부이다.
문화 위에 있는 그리스도	저스틴 마티르 클레멘트 오리겐 아퀴나스	종합: 문화의 무비판적 수용을 긍정하고, 문화를 기독교 신앙과 혼합하는 것.	문화는 중립적인 것으로 간주되며, 기독교적인 문화로 수용되기 위해서는 '표식'(labeling)이 필요하다. 그리스도인 형성은 문화의 모든 측면에서 그리스도의 임재를 보려고 애쓰는 것으로, 모든 문화를 기독교적 용어와 이론적 근거로 종합(synthesizing)하지만 실제로 문화의 본질을 바꾸지 않으면서 촉진된다.
문화와 역설적 관계에 있는 그리스도	바울 루터 이단자 마르시온	이원론: 그리스도인은 명확한 지시가 없는 규범의 근원들 사이의 긴장 속에 존재한다.	문화는 가치 있는 것으로 보이지만 부분적으로는 타락하고 부분적으로는 선한 이중적 본성을 가지고 있다. 그리스도인 형성은 하나님과 또 다른 권위(예: 국가) 모두에게 충실하기를 추구하며, 따라서 개인의 충성과 상황에 따라 다소 일관성이 없을 것이다. 그리스도인 형성은 신앙을 문화에 통합하는 것이 아니라 오히려 둘 사이의 경계에서 살기를 원한다.
문화를 변혁하는 그리스도	요한복음 어거스틴 모리스	전환: 문화는 하나님의 상호 작용에 관한 표현으로써 선하다. 따라서 문화는 하나님의 임재를 반영해야 한다. 예: 어거스틴의 『하나님의 도성』.	문화는 개인이 구원받을 수 있는 것처럼 그리스도에 의해 내적으로 구원받을 수 있는 것으로 간주된다. 문화는 선하지도 타락하지도 않고 그리스도에 의해 변혁된 것이다. 그리스도인 형성은 개인과 그가 살고 있는 문화적 상황의 전체적 변혁을 추구하는 전체론적인 것이다. 그리스도인 형성은 회심을 목적으로 문화에 지속적으로 참여하는 과정이다.

도표 9.5: 문화와 그리스도인 형성[20]

따라서 교회와 교회의 문화가 공유하는 관계는 앞서 언급한 스펙트럼과 만나면서 실제로 그리스도인 형성에 대한 개인의 개념에 영향을 미치며 대

---

[20] 니버(Niebuhr)의 *Christ and Culture*를 토대로 James Riley Estep, Jr.가 만들었다.

체로 그리스도인 형성을 묘사하는 체계를 제공한다.

12. 문화에 대한 기독교적 접근 방식과 이 접근 방식이 그리스도인 형성에 미치는 영향

사회문화 이론에 대해 논의하고 문화에 대한 성경신학적 통찰을 조사한 결과, 우리는 개념적 통합으로 초점을 전환할 것이다. 제9장의 나머지 부분은 문화와 그리스도인 형성 사이의 관계에 대한 통합적 성찰을 제공한다. 좀 더 명확하게 하기 위해 통합적 성찰은 신앙의 두 영역, 즉 믿음과 종교성으로 구분된다(도표 9.6 참조).

13. 믿음: 신앙의 본질적 영역

그리스도인 형성을 연구할 때 신앙의 본질적 영역과 경험적 영역을 구분하는 것은 매우 중요하다. 본질적 영역은 계시된 진리인 성경에 대한 지적 동의를 토대로 믿음을 얻는 신앙의 내용적 차원을 나타내는 반면, 경험적 영역은 신앙이 전유되고 실행되는 실제적 차원을 나타낸다. 이런 영역은 각각 신앙의 내용과 구조로 알려져 있다(도표 9.6 참조).

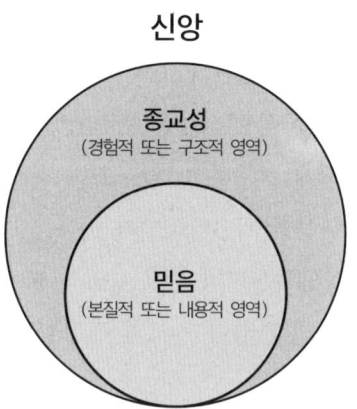

도표 9.6: 신앙의 본질적 영역과 경험적 영역

신앙은 문화적 제한 내에서 정해지지만, 그 본질은 문화적 영향과는 무관하다. 문화는 어느 정도까지는 신앙의 경험적 영역을 형성하지만 신앙의 내용은 상황에 따른 영향이나 해석의 대상이 되지 않는다.

앞서 언급했듯이 문화는 인간의 산물로 단지 인간의 존재와 표현의 일부에 불과하다. 따라서 문화는 신앙의 내용을 판단하거나 검증할 정당한 권한이 없다. 오직 성경만이 신앙의 유일한 근거이자 기준이다(딤후 3:16-17; 롬 10:17; 히 11:6).

이런 자명한 이치에도 불구하고 포스트모던 신학자들은 신앙을 문화에 예속시키려고 노력해 왔다. 다수의 이념적이고 해석학적인 변형들이 존재하는 한편, 강한 구속력은 없지만 토착화신학(Indigenous Theology) 운동에 대한 연대의 모습이 존재한다. 상황화신학(Contextual Theology)이라고 불리는 토착화 운동은 여성신학, 흑인신학, 해방신학, 동성애신학, 민중신학(한국), 달리트신학(Dalit, 역자 주: 인도의 전통 카스트 제도에서 최하 계급에 속하는 사람), 생태신학, 해체주의 신학, 재창조신학 등 많은 사상적 학파를 포함하는 포괄적 용어이다.[21]

---

21 Stephen B. Bevans, *Models of Contextual Theology* (Marynoll, New York: Orbis Books, 2002); John Parratt, *An Introduction to Third World Theologies* (Cambridge, England: Cam-

일반적으로 말해서, 이런 신학적 신념들은 주로 자아, 본문, 의미에 대한 포스트모던적 이해 안에서 구성된다. 상황화신학의 영역은 광범위하고 다양하지만, 위에 열거한 신학적 관점들은 오직 성경으로(sola scriptura)라는 복음주의적 입장을 일관되게 거부하고, 탈구조적 해석학(poststructural hermeneutics)에 따라 신앙의 내용을 재정의하고자 한다.

탈구조적 해석학은 상황화신학의 주요 이념적 요소로, 성경 본문은 불완전하며 원저자의 의도와 상관없이 독자가 결정할 수 있는 무한한 의미를 포함하고 있다고 주장한다.

이 해석학의 근간에는 주관성을 인식하고 어떤 객관적 구조의 가능성에 대한 거부로 생성된 지식이 궁극적인 실재를 구성한다는 기본적인 전제가 깔려 있다. 이런 결함을 가진 탈구조적 해석의 깊이와 범위는 포스트모던적 전제, 즉 모든 신학은 신학이 전달되는 문화적 상황과 신학이 소통되는 문화적 상황을 강조하기 때문에 맥락적이라는 전제에 둘러싸여 있다. 이런 유형의 이념적 신념의 최종 결과는 지식의 다양성을 수용하고, 성경의 실존적 의미와 맥락적 의미에 초점을 맞추고, 신앙을 문화적으로 조절된 인간의 마음, 경험, 전통으로 재정의하는 것이다.

이런 전제는 분명 성경을 문화 속에서, 문화를 위해, 문화의 역사적 관점으로 기록된 문화의 산물로 간주하는데, 이는 절대로 말도 안 되고 터무니없는 견해이다. 신앙은 예수 그리스도의 인격과 사역에 대한 완전한 신뢰를 생성하는 성경의 객관적 사실과 진리에 대한 문화 초월적(metacultural) 믿음이다. 신앙은 문화의 한계를 넘어선다. 신앙의 내용은 성경에 기록된 그 이야기를 바탕으로 진실을 말한다. 그러나 문화는 현실에서 사실일 수도 있고 아닐 수도 있는 이야기를 전한다.

신앙의 내용을 문화에 예속시키는 것은 무의미하고 비성경적이다. 신앙이 진행되는 내용 기반은 오로지 문화, 언어, 전통의 틀을 초월하는 성경중

---

bridge University Press, 2004).

심주의에 기초하기에 매우 정확하고 독립적이다. 그리스도인들에게 이것은 어떤 이유로도 타협할 수 없는 기본 중 하나이다. 문화는 신앙의 내용(즉, 믿음)에 영향을 미치지 않는다. 이런 이해를 염두에 두고 문화와 종교성의 상호 관계에 대한 일련의 성찰을 살펴보자.

14. 종교성: 신앙의 경험적 영역

우리의 신앙을 깊이 있게 형성한 믿음이라는 공통적인 핵심에도 불구하고 집단적인 동양과 개인주의적인 서구의 그리스도인들 사이의 불균형을 어떻게 설명할 수 있을까?

집단적인 동양에서 영적 삶에 대한 개념은 정서-행동(affect-behavior) 지향적인 반면, 개인주의적 서구에서는 인지-행동(cognitive-behavior) 지향적이다(도표 9.6 참조). 주의 깊게 관찰하면, 신앙의 정서-행동 개념은 관계적 앎(예: 경험주의)의 형태로 영성을 표현하는 경향이 있는 반면, 인지-행동 지향적 개념은 이성적 앎(예: 합리주의)의 형태로 영성을 표현하는 경향이 있다.

아마도 이 불일치는 종교적 행동(즉, 종교성)에 영향을 미치는 심층적이고 근본적인 심리문화적 범주에 의해 발생했을 가능성이 높다. 이 범주는 개인의 문화에 의해 조절된 복잡한 활동들이 신앙의 전유와 적용에 영향을 미치고 구체화하는 곳이다.

사람이 신앙을 통해 살아갈 때 문화, 특히 세계관적 틀은 개인의 생각(근본적 신념이 아님), 감정, 행동에 영향을 미치는 내재된 이데올로기적 힘 중 하나의 역할을 한다. '종교성'이라는 용어는 '신에 대한 경외'와 '삶의 방식'을 의미하는 라틴어 렐리지오(*religio*)에서 유래했다. 이 두 의미를 합치면 종교성은 기본적으로 '행동에 대한 믿음이나 하나님에 대한 믿음을 드러내는 삶을 사는 것'을 의미한다.

이미 주장했듯이, 문화적 차이는 종교성의 형태로 영적 삶으로까지 이어진다. 신앙의 본질적 영역은 문화 전반에 걸쳐 일정하게 유지되는 반면, 신앙이 전유되고 실행되는 경험적 영역은 문화의 영향을 받는다(도표 9.7 참조).

사실, 종교성에 영향을 미치는 문화적 요소들로 인해 그리스도인의 모임들은 서로 구별된다. 집단적인 동양의 종교적 표현은 개인주의적인 서구의 종교적 표현과 확연히 다르다. 앞서 지적한 바와 같이, 우리-의식과 정서-지향적 언어/행동에 대한 집단적 문화의 성향은 그리스도인들의 존재 자체에 구축된 세계관이며, 그리스도인들이 신앙을 전유하고 표현하는 방법에 분명히 영향을 미친다.

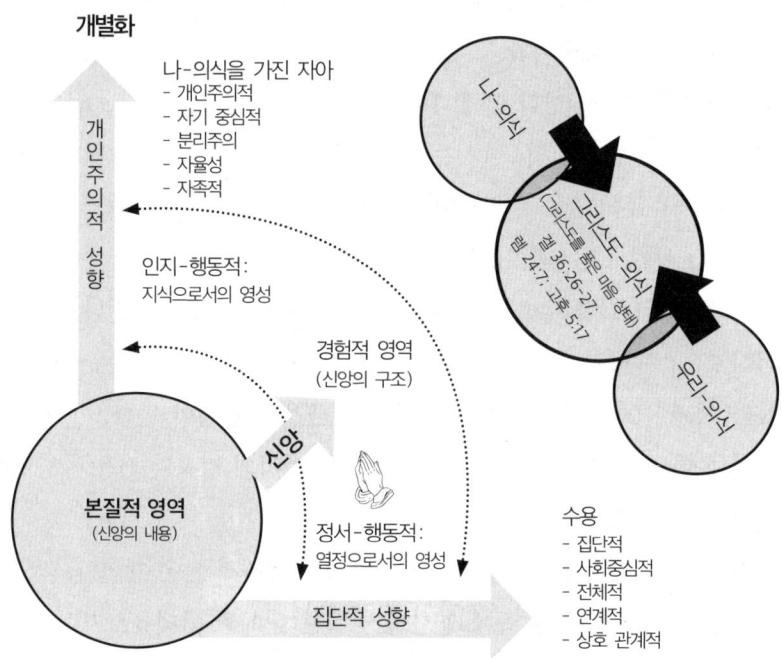

도표 9.7: 문화와 그리스도인 형성에 대한 통합적 성찰

개혁신학(즉, 믿음)에 대한 믿음에도 불구하고 이런 그리스도인들의 종교적 성향은 매우 은사주의적이다(즉, 종교성).

그러나 개인주의적인 서구의 그리스도인들은 나-의식과 인지-지향 언어/행동의 사용에 더 관심이 있다. 따라서 그들의 종교적 성향은 인지-행동적인 경향이 있다(도표 9.7 참조). 예를 들어, 신앙과 영성에 대한 현대적 복음주의의 입장은 확실히 마음으로 아는 지식(즉, 정서)보다 머리로 아는 지식(즉, 인지)에 더 국한되어 있다.

결론에 앞서 지금까지 살펴본 바를 간략히 요약하면 영적-나(spiritual-I: 즉, 자기 중심적인 영적 정체성)와 영적-우리(spiritual-we: 즉, 타인 중심적인 영적 정체성) 사이의 경계는 개인주의적 문화에서는 명확하게 정의되지만 집단적 문화에서는 정의되지 않는다. 그 결과, 집단적 동양에서 종교성의 표현은 한결같고, 정서적이며, 매우 친밀한 경향이 있는 반면, 개인주의적 서방의 종교적 표현은 다양하고, 인지적이며, 매우 개인적인 경향이 있다(도표 9.7 참조).

그러나 집단적 동양의 그리스도인들이 모두 자신의 신앙을 관계적(즉, 정서-행동적)으로 표현하는 것은 아니며, 개인주의적 서양의 그리스도인들 모두가 합리적(즉, 인지-행동적)으로 신앙을 표현하는 것은 아니라는 점에 유의해야 한다. 영적 표현은 개인이 자신의 문화적 가치와 신념을 내면화하는 정도에 따라 사람마다 다를 수 있다.

15. 목회 및 교육적 의미

지금까지 문화와 그리스도인 형성의 관계를 탐구했다. 제9장에서 이미 살펴보았듯이, 사람들의 종교성에는 차이가 있다. 이 차이는 다음과 같은 분명한 질문으로 이어진다.

교회는 그런 차이에 어떻게 대응해야 하는가?

종교성의 차이를 존중하거나 용인하는 것이 적절한가?

문화적 다양성이 하나님의 교회 안에서 더욱 뚜렷해지고 있기 때문에 이 질문에 대한 대답은 교회 사역의 미래에 매우 중요하다. 이 결론의 광범위한 목적은 문화와 신앙에 대한 이해의 의미를 검토하는 것이며, 그 결론은 관심 분야를 강조하고 추가적인 검토를 위한 권고안을 도출한다.

오늘날 그리스도인들이 직면하고 있는 중요한 과제 중 하나는 문화와 그에 따르는 다양한 도전에 어떻게 적절하게 대응할지 균형을 찾는 것이다. 슬프게도 적절한 대응을 위한 탐구는 사랑과 증오라는 연속선을 따라 그리스도인들을 양극화시켰다(도표 9.4 참조). 어떤 이들은 문화를 지나치게 수용하는 반면, 어떤 이들은 여전히 적대적이다.

근대화 시대에 그리스도인들은 문화에 대해 부정적 입장을 취했다. 그들은 문화에 대해 적대적이거나 무관심했다. 문화를 정의할 때 배제 기준(exclusionary criterion)을 적용했다. 그러나 21세기에 들어서면서 그리스도인들이 문화에 대해 낙관적 입장을 취해야 한다는 새로운 목소리가 교회에 등장했다. 그 목소리는 그리스도인들이 은혜와 진리로 그리스도 중심의 문화적 갱신에 참여하도록 부르고 있다(요 1:14, 17).

문화와의 관계를 비판적으로 이해하고 문화가 사역에 야기시키는 도전에 적절히 대응하기 위해서는 이전에 소개한 니버의 다섯 유형을 숙고할 필요가 있다.

> 문화와 대립하는 신앙
> 문화 속의 신앙
> 문화 위에 있는 신앙
> 문화와 역설적 관계에 있는 신앙
> 문화를 변혁하는 신앙[22]

---

22 Niebuhr, *Christ and Culture*.

이들 주제는 기독교 공동체에서 부각되고 광범위한 논의를 거친 문화와 신앙과의 관계에 대한 다양한 관점을 나타낸다. 특히, 우리는 신앙과 문화의 관계에 대한 깊이 있는 이해를 위해 니버의 다섯 번째 주제인 변혁적 접근 방식에 의존할 것이다.

첫째, 문화와 대립하는 신앙은 둘 사이의 관계에 대한 엄격한 분리주의적 입장을 드러낸다. 문화는 신앙과 다투며 때로 신앙을 파괴하는 역할을 하는 타락한 세계의 피할 수 없는 영역으로 간주된다. 결과적으로, 이 관점을 가진 사람들은 문화를 배제하고 무시한다.

둘째, 문화 속의 신앙은 둘 사이의 조화를 제안한다. 이 관점은 이념적 차이에 관계없이 문화와 신앙 사이의 모든 적대감을 부인하고 융합을 추구한다. 신앙을 문화와 같은 기반에 두고 있는 두 번째 관점의 사람들은 기독교를 다면적 문화 현상이라고 주장하면서 신자들에게 문화를 무비판적으로 수용할 것을 요구한다.

셋째, 문화 위에 있는 신앙이라는 관점을 통해 처음 두 관점에 싫증을 느낀 사람들이 신앙과 문화의 계층적 합성을 촉진한다. 이들은 인류를 향한 하나님의 은혜 행위의 부산물로서 문화의 정당성을 긍정하는 한편, 양자택일이 아니라 둘 모두라는 견해를 창조하고자 한다. 이 견해는 신앙의 우위를 강조한다.

넷째, 문화와 역설적 관계에 있는 신앙이다. 이 견해는 문화와 신앙 사이의 긴장을 강조하고 문화와 신앙이 결속할 가능성을 거부한다. 따라서 이 관점은 신성한 이원론과 세속적 이원론의 공존을 긍정한다. 분명 잘못된 이 이원론적 관점은 신앙과 문화, 두 영역의 사고방식을 유지한다는 점에서 이전의 세 가지 관점과는 다르다.

비록 이 관점이 신앙과 문화 사이의 상호 작용을 장려하지만, 신앙과 문화의 구획화로 이어질 우려가 있다. 이는 우리가 종교적이며 세속적인 이중 성격을 가진 그리스도인들을 갖게 된다는 것을 의미한다. 역설이라는 개념은 신앙과 문화 사이의 긴장을 자연스럽게 암시하는 것처럼 보이지만 실상은 이중성이라는 개념을 암시한다.

다섯째, 문화를 변혁하는 신앙은 성경적이며 그리스도인들이 21세기 사역의 새로운 패러다임으로 지지해야 할 관점이다. 이 관점은 그리스도인들에게 문화를 개혁할 책임을 강조하면서 높은 신앙관을 유지하고 있다. 이 관점은 문화에 대한 역설을 표현하고 있지만, 그 내부 구조는 역시 문화를 하나님의 변화시키는 사역의 장으로 단언한다. 개인적, 문화적 갱신이라는 신성한 가능성에 대한 믿음과 함께 니버는 문화 갱신의 주요 주체로서 신앙인들을 옹호했다. 그러나 그리스도인들이 변혁의 대리자가 되기 위해서는 그들이 먼저 그리스도에 의해 근본적으로 변화되어야 한다.

그리스도는 그리스도인을 통해 문화를 구원하고 계신다. 그리스도는 사람들을 나-의식과 우리-의식으로 변화시킨 다음 그리스도를 품은(Christ-ed) 마음 상태, 즉 본질적으로 성경이 믿는 자들에게 약속하는 새로운 마음인 그리스도-의식(Christ-consciousness)을 전가함으로써 문화를 구원하신다(겔 36:26-27; 렘 24:7; 고후 5:17)(도표 9.7 참조). 새로운 마음은 개인이 하나님, 그리고 다른 사람들과 교통할 수 있는 영적 의식을 갖게 하여 그리스도 안에서 궁극적 연합을 경험하게 한다(요 6:56; 고전 6:17; 12:27-28).

그러나 이런 영적 의식을 받는 것은 오직 그리스도의 구속의 사랑에 초점을 맞춘 믿음이라는 유일한 기조 위에서만 가능하다. 만물의 근원인 그리스도는 영원한 진리의 구현이기에 신앙의 핵심이다(신 32:4; 요 14:6; 1:14; 17:17; 9:32). 문화적 차이에도 불구하고 그리스도를 품은 마음 상태(즉, 그리스도-의식)를 가지고 영적 연합을 이룰 수 있다. 교회는 이미 이런 형태의 연합이 이루어지고 있는 곳이다. 문화적 차이가 존중되는 반면, 그리스도 안에서의 영적 연합은 모든 사람을 하나님 안에서 하나 되게 한다.

16. 결론

문화는 신앙에 영향을 미칠까?

지금까지의 토론을 통해 우리는 이제 이 질문에 더 잘 답할 수 있게 되었다. 이미 살펴보았듯이, 제9장이 말하고 있는 주요 측면은 믿음의 항상성(즉, 신앙의 본질적 또는 내용적 영역)과 종교의 주관성(즉, 신앙의 경험 또는 구조적 영역)을 이해하는 데 있다. 서로 다른 문화는 우리 모두가 그리스도 안에서 공유하는 일반적인 믿음에도 불구하고 서로 다른 종교적 표현을 가지고 있다.

이런 이해를 통해 사람들은 교회 안에서 문화적으로 다른 사람들을 존중하면서도 예수 그리스도의 인격과 변화시키는 성령의 역사를 통해 하나님 안에서 궁극적 연합을 향해 나아갈 수 있어야 한다(요 3:16; 고후 5:15). 결국, 이것은 예수님이 십자가에 못박히시기 전에 모든 믿는 자를 대신해 하나님께 드린 바로 그 기도였다. 요한복음 17장 20-23절의 예수님의 기도에 귀를 기울이라.

> 내가 비옵는 것은 이 사람들만 위함이 아니요 또 그들의 말로 말미암아 나를 믿는 사람들도 위함이니 아버지여, 아버지께서 내 안에, 내가 아버지 안에 있는 것같이 그들도 다 하나가 되어 우리 안에 있게 하사 세상으로 아버지께서 나를 보내신 것을 믿게 하옵소서 내게 주신 영광을 내가 그들에게 주었사오니 이는 우리가 하나가 된 것같이 그들도 하나가 되게 하려 함이니이다 곧 내가 그들 안에 있고 아버지께서 내 안에 계시어 그들로 온전함을 이루어 하나가 되게 하려 함은 아버지께서 나를 보내신 것과 또 나를 사랑하심 같이 그들도 사랑하신 것을 세상으로 알게 하려 함이로소이다(요 17:20-23).

17. 복습을 위한 질문

1. 문화란 무엇인가?
   문화에 대한 당신의 견해를 표현하라.

2. 대중문화에 대한 당신의 비판은 무엇인가?
   대중문화는 어떻게 그리스도인 형성에 이익 또는 해가 되는가?

3. 개인주의와 집단주의를 비교하고 대조하라.
   이런 문화적 지향이 인간 발달에 어떤 영향을 미치는가?
   또 영적 삶에 대해서는 어떤 영향을 미치는가?

4. 로스바움의 사회문화적 발달 이론을 설명하고 비판하라.
   로스바움의 이론은 당신의 사역에 어떤 도움이 될까?

5. 문화와 영성의 관계에 대한 당신의 견해는 무엇인가?
   당신은 니버의 그리스도와 문화에 관한 다섯 관점 중 어디에 속하는가?

6. 요즘 청년들 사이에서 인기를 얻고 있는 떠오르는 영적 아이디어에는 어떤 것들이 있는가?
   대중문화 속에서 몇 가지 예를 들어 보라.

CLC 기독교 교육 시리즈

1. **복음주의 기독교 교육론**
   베르너 C. 그랜도르 지음 | 김국환 옮김 | 신국판 | 578면

2. **주일학교 역사**
   로버트 W. 린 지음 | 신서균 옮김 | 신국판 | 178면

3. **기독교 교육의 기초**
   신서균 지음 | 신국판 | 504면

4. **기독교 교육학**
   김영규 지음 | 신국판 | 226면

5. **새로운 기독교 교육의 접근**
   J. 고든 체임벌린 지음 | 신서균 옮김 | 국판 | 176면

6. **현대 기독교 교육**
   짐 윌호이트 지음 | 신서균 옮김 | 신국판 | 172면

7. **기독교 교육 원리**
   벤톤 이비 지음 | 박영호 옮김 | 신국판 양장 | 1,528면

8. **교회와 청소년 교육**
   로이 주크 지음 | 박영호 옮김 | 크라운판 | 508면

9. **기독교 교육사**
   케니스 O. 갠글 외 1인 지음 | 유재덕 옮김 | 신국판 | 428면

10. **교회 교육의 회복**
    이철승 지음 | 신국판 | 272면

11. **기독교 평생교육론**
    박경호 지음 | 신국판 양장 | 512면

12. **전인적 기독교 교육**
    이동규 지음 | 신국판 | 256면

13. **6하 원칙을 통해 본 기독교 교육**
    최성훈 지음 | 신국판 | 400면

14. **교육 다시 읽기**
    조용순 지음 | 신국판 | 200면

15. **성경: 기독교 교육의 교과과정**
    이병은 지음 | 신국판 | 200면

16. **웨슬리의 교육 이야기**
    박광수 지음 | 신국판 | 208면

17. **타문화 교육**
    제임스 E. 프루드만 지음 | 백인숙 옮김 | 사륙판 | 274면

18. **다음 세대를 구하는 7가지 법칙**
    김일국 지음 | 국판변형 | 216면

19. **개혁주의 교육학**
    루이스 벌코프, 코넬리우스 반틸 지음 | 이경섭 옮김 | 신국판 | 240면

20. **신본주의 교육**
    프랭크 E. 개블라인 지음 | 이창국 옮김 | 국판변형 | 204면

21. **기독교 교육 개론**
    마이클 J. 앤서니 지음 | 정은심 최창국 옮김 | 신국판 | 568면

22. **기독교 노인교육 프로그램 이론과 실재**
    이명희 | 사륙배판 | 220면

23. **바이블 교육학으로 읽다**
    박야청 | 사륙변형 | 280면

24. **공교육 속에서 기독교교육**
    ACTS 기획연구소 기획 편집 | 신국판 | 192면

25. **칼빈의 제1차 신앙교육서**
    존 헤셀링크 | 이승구, 조호영 | 신국판 양장 | 512면

26. **성경신학자들이 말하는 성경 속 교육**
    ACTS교육연구소 편 | 신국판 무선 | 184면

27. **신학 교육 개혁과 교회 갱신**
    박정근 지음 | 신국판 무선 | 224면

28. **웨슬리의 교육 이야기**
    박광수 지음 | 신국판 무선 | 208면

29. **성경: 기독교 교육의 교과과정**
    이병은 | 신국판 | 200면

30. **어린이 교육과 전도(개정 증보판)**
    박영호 지음 | 신국판 | 312면

31. **기독교 교육과 전도**
    엘머 타운스 지음 | 박영호 옮김 | 신국판 | 178면

32. **교회의 아이들**
    크리스티안 그레트라인 지음 | 김상구, 김은주 옮김 | 신국판 | 304면

33. **제자됨, 그 위험한 여정**
    데릭 쿠퍼 & 에드 싸이체프스키 지음 | 박상희 옮김 | 신국판 | 320면

34. **교육의 심리학적 이해**
    이윤상, 오윤선 지음 | 신국판 | 336면

35. 타문화 사역과 교육
   주디스 E. 링겐펠터,· 셔우드 G. 링겐펠터 지음 | 김만태 옮김
   | 신국판 | 176면

36. 성경적 효 교육(신학박사 논문시리즈 22)
   양주성 지음 | 신국판 | 280면

37. 기독교 교육학 사전
   마이클 J. 앤서니 편집 | 한국복음주의 실천신학회 옮김 |
   신국판 변형 | 1046면

38. 유아 교육
   강병진 지음 | 신국판 | 358면

39. 예수님의 교육 방법론
   헤르만 호온 지음 | 박영호 옮김 | 신국판 | 260면

40. 기독교 교육 방법론
   벤톤 이비 지음 | 박영호 옮김 | 신국판 | 246면

41. 그리스도인의 성교육
   허버트 J. 마일스 지음 | 장기순 옮김 | 신국판 | 236면

42. 교회와 장년 교육
   로이B. 주크, 제인A. 게츠 지음 | 신청기 옮김 | 신국판 | 464면

43. 교육 심리학
   이윤상 지음 | 신국판 | 330면

44. 고대 세계의 교육 사상
   윌리암 바클레이 지음 | 유재덕 옮김 | 신국판 | 336면

45. 그리스도인 형성
   제임스 라일리 이스텝 주니어, 조나단 H. 킴 지음 |
   노은성 옮김 | 신국판 | 344면